KB206171

신앙
大戰

신앙대전

개혁교회 신앙과 현대교회 신앙의 차이

2019년 10월 1 일 초판 1쇄

지은이 | 임진남

펴낸이 | 신덕례

디자인 | 이하양

편집 | 권혜영

교열교정 | 허우주

유통 | 기독교출판유통

펴낸곳 | 우리시대

경기 고양시 덕양구 마상로 102번길 53

woorigeneration@gmail.com

ISBN 979-11-85972-22-0

개혁교회 신앙와 현대교회 신앙의 차이

신앙 大戰

임진남 지음

우리시대

추천의 글1

서철원

(전 총신대 조직신학 교수)

임진남 목사는 복음선포에 전심하는 목회자입니다. 이 책 『신앙대전』의 주제는 복음선포로 삼위일체 하나님을 경배하는 것이 바른 그리스도교이고 구원의 교회의 직임을 강조하고 복음선포로 삼위일체 하나님을 섬기지 않고 다른 길로 가는 것은 성경적 신앙에서 벗어나는 것임을 강조하고 있습니다.

현금 한국 교회의 상황은 바른 믿음과 진리에서 벗어나 있는 것들이 너무도 많이 있어 무엇이 참된 기독교인지를 구분할 수가 없을 정도입니다. 임 목사님께서 저술한 『신앙대전』은 이렇게 혼란스러운 현금의 기독교의 모습을 아주 정확하게 지적하고 한국 교회의 제일 두드러진 이탈이 기복주의임을 반복적으로 강조하고 밝히고 있습니다. 사실 이러한 기복주의에서 벗어날수 있는 길은 오직 복음선포의 강력한 불의 역사 외에는 어려울 것입니다. 또한 교회가 사업의 성공을 위해서 성경 말씀을 부적처럼 사용하는 것도 너무 인본주의적임을 밝힙니다. 사랑의 덕을 우리 그리스도인의 삶의 방식과 태도로 이해하지 않으면 은사의 하나로 보게 된다고 알려 줍니다. 한 번 믿을 때 회개했으면 더 이상 회개가 필요 없다는 방식으로 살므로 회개하고 죄를 멀리하는 삶의 방식이 완전히 상실되었음을 지적합니다. 구원파의 그릇된 가르침이 우리 삶에 많이 들어와 있음을 우리는 잘 인식하지 못하고 살아왔습니다. 모든 문제들을 해결하는 답은 복음을 선포하여 사람들로 하나님의 말씀을 듣게 하는 것입니다.

복음선포로 삼위일체 하나님을 경배하지 않고 특별 예배들을 만들어 사람을 높이는 것이 얼마나 성경에 배치되고 참람한 일인지를 밝히고 있습니다. 저자는 모든 문제들의 해결이 복음선포로 삼위일체 하나님 섬김에 있음을 강조하고 있습니다. 이런 강조는 결코 지나치지 않습니다. 또 도르트신경의 가르침, 곧 은혜의 주권성대로 믿고 살아야 하는데 그렇게 믿지 않고 아르미니우스적인 가르침대로 살고 있음을 지적하고 있습니다. 하나님의 은혜의 역사가 아니고 내 힘으로 구원의 성취 등을 이루고 사는 것으로 착각하고 살고 있습니다. 복음선포로 변화된 종교개혁신경의 입장에서 고쳐야 할 것들이 너무 많음을 보고 우리는 놀랍니다. 그것들을 고치고 바로 서는 길은 복음선포로 하나님의 말씀을 듣고 순종하는 것임을 밝히고 있습니다.

임진남 목사가 저술한 『신앙대전』을 읽으시고 비성경적이고 비종교개혁적인 그릇된 삶의 방식과 풍습을 고치는 것이 참으로 시급하고 절박함을 깨닫고 부디 이 책을 통해 많은 목회자들이 바른 복음선포를 통해 올바른 목회 방향으로 나가길 바랍니다.

추천의 글2

신원균

(분당한마음개혁교회, 웨스트민스터 신학회 회장,

대신총회신학연구원 조직신학 교수)

'오직 성경!'

참으로 좋은 말이며, 종교개혁의 중요한 표어다. 하지만 오늘날처럼 '오직 성경'이라는 말이 제각기 이해되어 사용되는 때도 드물 정도로 이 말은 심각하게 남용되고 있다. 어떻게 해야 성경으로 돌아갈 수 있으며, 어떻게 해야 성경에 잘 머물러 있을 수 있을까?

'개혁주의, 개혁파 신앙, 장로교회, 청교도로!'

이 표현도 자유주의 신앙과 대조하여 보수신앙을 대표하는 아주 좋은 표현이며 훌륭한 단어들이다. 하지만 오늘날 이 단어들도 목사들과 성도들에 의해서 "그 때에 이스라엘에 왕이 없으므로 사람이 각각 그 소견에 옳은 대로 행하였더라"(삿 21:25)는 말씀처럼 제각기 자기 마음대로 해석되고 적용되고 있다. 그 결과 어떻게 해야 개혁주의 신앙으로 돌아갈 수 있는지, 어떻게 해야 장로교회를 잘 유지할 수 있는지를 더욱더 알 수 없는 큰 혼란과 어지러움을 겪게 되었다.

저마다 자신의 생각대로 '오직 성경'을 부르짖고, '개혁주의'를 말하고 있다. 자칭 개혁주의자들은 자신과 다른 방식으로 '오직 성경'과 '개혁주의' 를 제시하면 자유주의자들이나 불신자들에게보다 동료에게 더 큰 비판과 공격을 한다. 마침내 주관적 성경해석과 적용, 지나친 감성적 역사 해석과 이해는 성경으로 돌아가는 수많은 길들을 만들어 냈고, '신비주의적 개혁주의', '자유주의적 개혁주의', '세대주의적 개혁주의', '알미니안적 개혁주의' 를 만들어 냈다.

이 혼란한 한국 교회의 시대에 오직 성경으로 돌아가는 방법과 역사적 개혁주의와 객관적인 정통 개혁주의로 돌아가는 바른 방법을 제시하는 귀한 책이 임진남 목사님을 통해서 출간되어 매우 기쁘게 생각한다. 임 목사님은 목회 현장에서 직접 목회하며 겪은 한국 교회의 현실과 아픔을 온 몸으로 느끼셨고, 또한 주변에 개혁신학의 좋은 선생님들과 동료들과의 교제와 연구를 통해서 교회가 바르게 나가야 할 방향을 실천적으로 드러내 주셨다.

임 목사님은 현장의 목회자만이 느낄 수 있고 볼 수 있는 문제점들을 정확히 파악한 후 그 대안과 회복의 방법을 제시했다. 그래서 성경 해석의 부패와 설교자의 설교 내용의 타락을 가장 심각한 내용으로, 제일 우선적인 내용으로 언급한다. 설교의 문제점을 필두로 교회 현장에서 나타나는 각종 비성경적인 내용들을 역사적인 개혁파 신학과 성경의 원리에 기초하여 진단하고 대안적인 바른 내용들을 소개하고 있다. 단순히 학술적인 저술이 아니라 목회 현장에서 느낀 교회의 부패와 성도들 신앙의 문제점을 있는 그대로 드러내어 신선한 충격을 주고 있다. 많은 분들이 교회 현장의 심각성을 함께 고민해 볼 수 있도록 하며, 개혁주의 입장에서 어떤 대안을 제시해야 하는지를 생각하게 한다.

역사적이고 가장 객관적인 정통 장로교회, 개혁주의는 "개혁교회와 장로교회의 신학이란 구주대륙의 칼빈 개혁주의에 영미의 청교도 사상을 가미하여 웨스트민스터 표준에 구현된 신학이며, 한국 장로교회의 신학적 전통이란 이 웨스트민스터 표준에 구현된 영미장로교회의 청교도 개혁주의 신학이 한국에 전래되고 성장한 과정이다"라고 박형룡 교수가 지적한 것처럼 지나친 주관적 신앙이나 해석에 기초한 것이 아니라 가장 객관적인 공교회적 교리표준인 웨스트민스터 신앙고백에 기초한다.

이런 바른 개혁주의 신앙에 대한 이해는 "우리의 신학은 개인신앙의 주관적 학적 표명(表明)이 아니라 역사적 기독교회의 교회성을 본질로 하는 교회신조(敎會信條)에 의한 객관적 학적 석명(釋明)이다. 이 같은 의미에서 우리는 칼빈주의를 표방(標榜)한다. 이는 우리의 신학이 칼빈 한 사람 개인의 신학을 의미하는 것이 아니라 칼빈의 신학적 입장이 성경의 계시 진리를 역사적 기독교회가 신조 또는 교회의 신학자들의 저술 형태로 고백해 온 체계적 진리를 옹호하고 있기 때문이다. 우리의 신학은 역사적 기독교회의 공동신조(共同信條)를 비롯하여 어거스틴, 루터, 칼빈, 베자, 16·17세기 개혁파 신학자들, 16·17세기 개혁파교회의 신조들, 19세기와 20세기의 개혁파 교회 신학자들에 의해 변증, 변호, 보존되어 온 역사적 기독교회의 정통적 입장이다"라고 설명한 조석만 교수의 글에도 잘 드러나고 있다.

금번 임 목사님의 책을 통해서 바른 개혁주의 신앙, 장로교회의 회복을 기대해 본다. 모든 분들이 이 책을 통해서 '오직 성경'으로 돌아가는 바른 길을 찾기를 바란다. 또한 '개혁주의, 장로교회'를 잘 보존하는 방법을 찾기를 바란다. 좋은 동료이며, 귀한 개혁주의 목회자인 임 목사님의 책을 기쁜 마음으로 추천한다.

저자 서문

"네 선조가 세운 옛 지계석을 옮기지 말지니라"(잠 22:28)

사도 바울은 교회 안에서 주 예수 그리스도의 복음이 거짓 선지자들과 거짓 교사들에 의해 훼손당할 것을 알고 오직 주 예수 그리스도를 믿는 믿음으로만 하나님께서 자신의 백성을 구원하신다는 것을 계속 가르쳤습니다. 이 복음은 선지자들이 구약의 백성들에게 증거하였던 복음이었습니다. 그러므로 신약의 백성들과 구약의 백성들은 하나의 복음, 즉 하나님의 아들을 믿는 그 믿음으로 구원을 받습니다. 결국 성경은 이 진리를 처음부터 계시하였고 그것은 복음의 실체이신 하나님의 아들 주 예수 그리스도가 오셨을 때 아주 선명하게 사람들에게 나타났습니다.

선지자들과 사도들의 터 위에 교회는 세워집니다. 즉, 선지자들과 사도들이 증거하고 가르쳤던 그 내용은 오직 하나님의 아들 주 예수 그리스도에 대한 믿음인 것입니다. 그것을 교부들과 종교개혁자들이 동일하게 증거하였고, 교회는 교리문답을 만들어 어린 자녀들과 모든 성도들에게 가르쳤습니다. 따라서 우리가 가지고 있는 교리문답은 성경이 계시하고 있는 하나님의 아들 주 예수 그리스도의 구속의 역사와 하나님의 섭리적 구원이 어떻게 성도들에게 적용되고 그것을 믿음으로 받는 성도들은 어떻게 살아야 하는지를 가르치는 안내서와 같은 것입니다. 그런데 현대교회 안에서 복음을 전하는 교사들, 목사들은 이러한 교리를 전혀 가르치지 않습니다. 교회 성장과 부흥이라고 하는 목표를 이루기 위해 실용주의 목회방법만을 추구합니다. 이러한 목회 현장에서 복음의 실체이신 예수 그리스도를 만나고 찾기란 어려운 실정이 되었습니다.

칼빈은 교회에서 하나님의 백성들이 죄를 사함받는 은혜에 대하여 매 순간 강단에서 주 예수 그리스도의 피, 즉 복음이 선포될 때 성도들은 자신들의 죄를 용서받는다고 강조하였습니다. 이것은 복음을 전하는 목사들이 철저하게 해야 할 가장 중요한 사역입니다. 강단에서 오직 복음만을 전하고 가르치는 일이 목사의 일입니다. 이 일을 하지 않으면 목사라고 할 수 없습니다. 그런데 이 가장 중요한 일을 해야 할 목사들이 다른 일들에 더 열심을 내고 성도들을 푸른 초장, 쉴 만한 물가로 인도하지 않고 있습니다. 어떻게 보면 현대교회는 교회의 공적인 사역 가운데 죄 사함의 은혜가 성도들에게 선포되는 엄청난 은혜를 버리고 사람의 감정에 호소하고, 감각적인 신앙이 참된 것인 양 기독교를 무너뜨리고 있습니다. 존 그레샴 메이첸은 "기독교는 교리"라고 하였습니다. 이 말은 교리를 무시하고 교회 부흥과 성공에만 미쳐 있는 요즘 목사들에게는 아주 진부하고 버려야 할 메시지가 되었습니다. 그러나 메이첸은 기독교의 교리는 성경에서 나왔기 때문에 성경의 말씀과 같다고 하였습니다. 우리 믿음의 조상들이 성경을 통해 교리를 가르친 것은 오직 삼위일체 한 분 하나님의 구원 사역을 바르게 믿고 그것에 따라 성도가 거룩하게 살아야 하는 길을 제시하기 위함이었습니다. 그러므로 교리를 무시하는 것은 결국 성경을 무시하는 것이고, 그것은 하나님의 구원 사역을 부인함과 같은 것입니다.

만약 우리가 믿고 배운 교리가 불경건하고 성경적이지 않다면 우리의 경험, 그리고 우리의 신앙은 망상에 지나지 않을 것입니다. 또한 우리의 삶도 역시 기만일 수밖에 없습니다. 하지만 조상들이 우리와 후손들에게 주려고 한 기독교의 모든 교리는 성경에서 증거하는 말씀을 요약하여 주고 있으므로 결국 교리는 성경이라고 할 수 있습니다.

현대교회는 이 기독교의 교리를 무시하고 하찮은 것으로 치부하고 있습니다. 그러나 교회와 성도가 진리를 앎은 성경에서 나온 교리를 통해서만 가능합니다. 오늘날처럼 많은 이단들이 우리 주변에 일어난 적이 없습니다. 또한 이단의 세력은 아주 강력하게 진리를 사모하는 성도들을 향해 쉽게 다가옵니다. 이러한 현상들은 결국 교회가 성경을 통해 계속해서 진리를 증거하는 교리를 배척한 결과인 것입니다.

우리는 항상 영적인 전쟁 한가운데서 살아가고 있습니다. 이러한 신앙의 전쟁은 교회 안에서도 일어나고 있습니다. 개혁교회 신앙의 전통은 오직 하나님의 영광을 위해 성경과 예수 그리스도였습니다. 이것은 우리 조상들이 교회를 지키고 복음을 순수하게 선포하여 참된 믿음을 우리들에게 물려준 지계석입니다. 일부 거짓 교회와 거짓 목사들이 조상들이 세운 지계석을 옮겼지만 우리는 다시 조상들의 지계석을 바르게 세워야 합니다. 그것이 목사들이 해야 할 일입니다. 교회는 살아 있는 하나님의 말씀을 그 양식으로 삼습니다.

이 복된 만나를 성도들에게 주는 길은 오직 하나님의 말씀인 성경을 바르게 해석하고 가르치는 일밖에 없습니다. 오늘도 이러한 사역에 전념하며 세상의 부와 명예를 좇지 않는 착하고 충성된 주 예수 그리스도의 종들에게 하나님의 돕는 손길이 넘쳐날 것을 의심치 않습니다.

이 책 『신앙대전』이 부디 한국 교회를 바르게 세우고 참된 복음을 통해 하나님의 큰일을 다시 부흥케 하려고 하는 신학생들과 목사들, 그리고 모든 성도들에게 바른 신앙의 길라잡이가 되길 바랍니다.

지평선이 보이는 들녘에서...

CHAP. 01

설교의
타락

성경 해석과 설교의 바른 정의

    종교개혁은 한마디로 말해서 신학의 개혁이다. 이 신학 개혁은 성경 해석의 차이에 의해 생겨났다고 해도 과언이 아니다. 루터가 95개조의 반박문을 작성한 내용을 보면 결국 로마교회가 성경을 왜곡하여 일반 성도들에게 성경에도 없는 신학을 가르쳤고, 성도들은 그것이 마치 진리인 양 믿고 좇아간 것이다. 교회가 말하면 모든 것이 다 옳다고 여겼다. 이러한 현상은 오늘날 현대교회에서도 동일하게 나타난다. 강단에서 목사가 하는 말이면 그것이 다 하나님의 말씀인 양 믿고 있다. 물론 지식적으로 성경에 대하여 배운 성도들은 그렇게 믿지 않고 있다. 하지만 여전히 성도들은 목사가 강단에서 하는 말에 다 아멘 해야 복을 받는다고 믿는다. 이러한 모습은 과거나 오늘이나 다르지 않다.

그렇다면 종교개혁이 오직 성경이라고 외친 내용은 무엇인가? 그것은 한마디로 오직 그리스도였고, 오직 하나님의 영광이었다. 신·구약 성경 전체가 무엇을 말씀하고 있는지를 바르게 이해한다면 설교는 오직 주 예수 그리스도를 선포하고 하나님의 은혜와 자비를 나타내는 것이어야 한다. 인간은 죄만 가지고 있는 존재라고 하는 것을 또한 선포해야 한다. 그러나 현대교회는 인간에 대한 가능성을 상당히 높이고 삼위일체 한 분 하나님의 자리를 빼앗아 버렸다. 이러한 현상은 강단에서 복음 선포에 대한 바른 이해를 하지 못한 목사들의 책임이 크다고 할 수 있다.

목사의 가장 위대한 덕목 중에 하나는 바로 성경을 바르게 해석하는 일이다. 이러한 덕이 없다면 목사라고 할 수 없다. 그래서 찰스 스펄전은 목사의 가장 위대하고, 그리고 다음으로 위대한 덕은 성경을 바르게 해석하는 자질이라고 했다. 아무리 인격적으로 훌륭하고 인간관계를 잘한다고 해도 일차적으로 성경을 바르게 해석하지 못한다면 그 사람은 목사라고 할 수 없다. 그런데 성경을 바르게 해석하고 복음을 선포하는 일보다는 행정적인 자질이나 세상의 스펙과 인간관계를 잘하는 사람이 좋은 목사라고 인정받고 있다.

교회는 하나님의 말씀인 성경으로 그 양식을 삼는다. 모든 성도들은 교회에서 선포되는 하나님의 말씀을 통해서 생명을 유지한다. 그런데 강단에서 성경을 바르게 해석하지 않고 자의적으로 사람의 감정을 이끌어 내고, 또는 목사의 권위로 (거짓된 권위) 성도들을 위협하는 악한 자들로 인해 현대교회가 복음이 없는, 생명이 없는 교회로 전락하고 말았다.

물론 모든 목사들이 하나님의 말씀을 전하기 위해 강단에 선다. 그러나 자신이 과연 하나님의 말씀을 바르게 전하고 있는지 살펴보아야 한다. 성경은 문자적인 단어를 가지고 가르치는 것이 아니라 문맥 전체를 통해 성경의 본 의도를 일차적으로 가르쳐야 한다. 하지만 현대교회는 성경의 문맥적 의도와는 전혀 다르게 단지 몇 개의 단어를 가지고 성도들을 가르친다. 이러한 현상으로 야기되는 수많은 왜곡된 신앙이 우리 주변에 너무나 많다. 앞으로 이 책을 통해 바르게 해석하지 못한 성경의 말씀을 배우고 종교개혁을 통해 우리에게 주신 신앙의 위대한 유산을 독자들이 읽고 바른 신앙으로 생활해야 한다.

성경을 바르게 해석해야 하는 이유?

그것은 다름 아닌 우리 주 예수 그리스도께서 모든 성경은 자신을 가리켜 기록된 것이라고 말씀하시고 있기 때문이다. "내가 너희와 함께 있을 때에 너희에게 말한바 곧 모세의 율법과 선지자의 글과 시편에 나를 가리켜 기록된 모든 것이 이루어져야 하리라 한 말이 이것이라"(눅 24:44). 정확하게 번역하면 "모세의 글들과 선지자들의 글들과 시편"이다. 유대인들에게 있어 선지자들의 글이란 모세 오경과 시가서를 제외하고 모든 구약 성경을 선지서로 구분하고 있다. 그렇다면 예수님의 말씀은 모든 구약 성경은 예수님 자신을 가리키고 있다는 말씀을 하시는 것이다. 종교개혁자 루터는 '마귀는 성도를 예수 그리스도가 없는 성경으로 이끌지만 성령은 그리스도가 계시는 성경으로 성도를 이끈다' 고 하였다.

사도 바울은 교회는 "사도들과 선지자들의 터 위에 세우심을 입은 자들"의 모임이라고 증거한다(엡2:20). 참 선지자들은 하나님의 말씀을 백성들에게 전하는 자들로 그리스도의 모형이었다. 사도들은 예수님의 제자들로 예수 그리스도의 계시를 직접적으로 가르친 자들이었다. 결국 "사도들과 선지자들의 터"라 함은 오직 예수 그리스도의 말씀으로 세우심을 받은 자들을 교회로 여기신다는 것이다.

교회는 하나님의 말씀을 그 씨앗으로 삼고 자란다. 그런데 강단에서 하나님의 말씀인 성경에 대한 바른 해석을 통해 성도들에게 복음 선포를 하지 않으면 결국 목사 개인의 사적인 말이나 인간의 이야기만 난무하게 되는 것이다. 외형적으로 보면 예배당에 사람들이 있고, 찬양대가 찬양을 하고, 목사가 성경의 말씀을 읽고 설교를 하는 것 같아 보이지만 성경에 대한 바른 해석을 통해 주 예수 그리스도를 선포하지 아니하면 그곳은 교회라고 볼 수 없다. 혹자는 이렇게 말할 수 있다. 그러면 모든 설교에서 그리스도를 선포해야 하는가? 답은 '그렇다'이다. 왜 그리스도를 선포해야 하는지 먼저 가장 큰 이유를 든다면 그것은 성도들의 죄 사함과 연관이 있기 때문이다.

구약에서 이스라엘 백성들이 죄 사함을 받기 위해서 자신이 가지고 간 속죄

제물인 동물 위에 제사장이 한 손을 죄인의 머리에 두고 다른 손은 짐승 위에 두면 죄가 그 짐승에게 전가된다. 그러면 제사장은 죄인의 죄를 공식적으로 속죄하기 위해 그 짐승을 죽이고 그 피를 뿌린다. 예배 가운데 그리스도의 피, 즉 복음이 선포되면 성도의 죄가 공식적으로 용서받는 것이다. 오늘날 현대교회는 성도가 죄를 지어도 개인이 회개하면 하나님께서 용서하여 주신다고 가르친다. 이 말은 맞는 말이다. 그렇지만 성도가 교회에서 증거되는 그리스도의 복음을 듣고 자신의 죄가 공식적으로 사함받는 은혜를 누리게 되는 것은 바로 공적인 예배에서 선포되는 복음을 통해서 가능한 것이다. 그래서 개혁교회나 장로교회는 예배 시간에 죄를 고백하는 시간을 갖는다. 예배 시간에 성도가 죄를 고백하면 하나님께서 죄를 사하여 주신다. 그것이 바로 복음 선포로 이루어지는 것이다.

이것이 바로 개혁주의 죄 사함의 진수이다. 그래서 종교개혁자들과 청교도들은 예배 시간에 하나님의 말씀을 사사로이 설교하지 않았다. 오직 예수 그리스도가 항상 그 중심에 있었다. 오늘날 강단에서 목사가 복음을 선포하지 아니하면 성도들의 죄는 공적으로 사함을 받지 못하는 것이다. 이것을 안다면 목사는 성경의 본문을 아주 정확하게 그리고 바르게 선포해야 한다.

현대교회는 조상들의 가르침과 다른 설교를 한다

목사는 신학교에서 신학과 그 밖에 다양한 학문을 배운다. 배우는 과정에서 하나님의 말씀은 무엇인가? 라는 질문을 때, 여기에 해당하는 답은 헬라어, 히브리어로 기록된 원어 성경이 하나님의 말씀이며, 다음으로 그 원어 성경을 각 나라 언어로 번역한 성경이 하나님의 말씀이며, 마지막으로 번역된 성경을 가지고 강단에서 목사가 설교할 때 그것이 하나님의 말씀이다. 이러한 하나님의 말씀에 대한 정의를 놓고 보면 성경이 곧 하나님의 말씀이다. 다시 말해 정확 무오한 하나님의 말씀이 성경이다.

이러한 성경의 권위는 성경이 하나님의 말씀이라는 것을 분명하게 나타내어 주는 말이다. '성경은 하나님의 음성을 기록한 책'이라고 말한 존 맥아더의 말이 맞다. 그렇다면 하나님의 말씀을 강단에서 설교하는 설교자들은 무엇을 설교해야 하는가? 이 질문에 모든 설교자들은 당연히 성경에 충실한 전달자로서 하나님의 말씀을 전해야 한다고 한다. 그렇다면 하나님의 말씀을 바르게 전한다는 것은 무엇을 말하는가?

참된 교회의 표지는 정당한 성례와 합당한 하나님의 말씀의 선포를 그 기준으로 삼는다. 여기에서 말하는 합당한 하나님의 말씀이란 설교자가 강단에서 성경 몇 구절을 읽고 그 다음부터 자신이 하고 싶은 이야기를 하는 그런 설교를 말하는 것이 아니다. 그것은 분명 하나님의 말씀인 성경의 바른 해석을 의미하는 것이다.

그 이유에 대하여 예수님께서 말씀하여 주셨다. 위에서 언급하였듯이 모세의 글들과 모든 선지자들, 그리고 시편이 예수님 자신을 가리킨다고 하신 말씀에서 우리는 분명하게 모든 성경이 예수 그리스도를 말씀한다는 것을 인정해야 하며 그렇기 때문에 설교는 오직 예수 그리스도를 말해야 한다는 정당한 인식을 가져야 한다고 언급했다. 그러므로 설교자는 예수님께서 행하신 일들뿐만 아니라 예수님의 신성과 인격과 삼위일체 하나님에 대한 모든 것을 선포해야 한다.

신·구약 성경은 하나님의 계시이다. 정확하게 말하면 구속계시의 역사이다. 이 구속 계시를 자신의 아들 예수 그리스도를 통해 이루시는 삼위일체 하나님 자신의 역사이다. 오늘날 설교자들은 고린도 교회에 서신을 쓴 사도 바울의 강력하고 엄위한 음성을 들어야 할 것이다. 다른 예수, 다른 복음, 다른 영을 전하는 자들에게 저주가 내려진다. 사도는 갈라디아에 있는 교회들에게도 다른 복음을 전하면 저주를 받을 것이라고 선언하고 있다. 이러한 심판의 메시지 앞에서 설교자들은 두려워하며 떨어야 할 것이다.

설교자는 자신의 목적을 이루려는 설교를 해서는 안 된다. 교회를 부흥시키려고, 예배당을 건축하기 위해, 헌금을 많이 거두려는 목적을 두고, 하나님의 말씀인 성경을 올바로 해석하지 않고 인위적이고 고의적으로 (오늘날 일부 목사들은 본문에서 단어 몇 개를 찾아 설교한다) 왜곡하는 설교를 하면 안 된다. 이것이 바로 다른 복음이 아니고 무엇이겠는가?

종교개혁자 칼빈은 교회 직분을 네 가지의 형태로 보았다. 즉 목사, 교사, 장로, 집사다. 하나님께서는 친히 직분자를 세우시고 직분자를 통하여 일하신다. 그래서 칼빈은 교회 직분에 의미를 크게 부여하고 있다. 여기서 교사는 교회에서 학생부, 주일학교 교사를 말하는 것이 아니라 성경과 신학을 전공한 교수로 선생 된 자를 의미한다. 교사는 목사가 하는 설교에 관여해서 성경을 올바르게 해석하면서 설명할 수 있도록 돕는 역할을 한다. 그러나 교사는 신학을 가르치는 교수로서만이 아니라, 교회에서 성경을 가르쳐 신자들이 그 가르침을 좇아 지키게 하는 자로서 교수의 일을 하는 목사의 직분 속에도 함의되어 있다. 목사는 성도들이 복음의 진리 사상에 올바르게 설 수 있도록 바른 성경 교육을 통해 성도를 하나님의 사람으로 온전케 하며 모든 선한 일을 행하기에 온전케 만들어야 한다. 그것이 주님이 맡기신 양떼를 위하여 봉사하는 참된 목사로서의 모습이다.

역사적 개혁교회는 모든 성경에서 주 예수 그리스도를 선포하고 가르쳤다. 그러나 오늘날 현대교회는 기복과 번영과 인간 중심의 감정에 호소하는 설교에 집중하고 있다. 예수 그리스도를 선포하면 인간 안에 있는 죄를 죽이지만 예수 그리스도가 없는 설교에는 죄가 계속 살아서 죄의 지배를 받게 된다. 그러므로 목사는 오직 복음, 즉 예수 그리스도를 선포해야 한다.

설교란 무엇인가?

목사가 전하는 말 vs 하나님의 말씀

우리는 목사가 강단에서 설교를 하면 하나님의 말씀을 전한다고 생각한다. 그러면 과연 목사가 전하는 말이 다 하나님의 말씀인지 그것을 어떻게 분별할 수 있는가?

목사가 강단에서 하는 말이 다 하나님의 말씀인가? 오늘날 현대교회 강단에서 목사들이 하는 말을 보면 전혀 그것이 하나님의 말씀이 아니라는 것을 알 수 있다. 성경 한 구절 읽고, 자신이 하고 싶은 이야기를 한다. 정치적인 성향이 강한 목사는 정치 이야기를 하고, 기복주의를 추구하는 목사는 하나님을 잘 믿으면 복을 받는다고 하는 이야기와 간증들을 섞는다. 사람의 마음을 감동시키려고 하는 자는 좋은 글들을 소개하고 설교한다. 그러면 성도들은 담임목사가 설교를 잘했다는 의미로 목사에게 다가가 "목사님 오늘 말씀에 은혜 받았습니다"라며 칭찬한다. 과연 이런 설교가 하나님의 말씀을 선포한 것인가? 그리고 바른 예배를 드렸다고 스스로 여기는 성도는 누구의 말을 듣고 은혜를 받은 것인지 참으로 안타까울 뿐이다. 그러면 우리는 목사가 하나님의 말씀을 설교하고 있는지 그렇지 않은지를 어떻게 알 수 있는가?

그것을 분별하는 기준은 바로 신앙고백이다. 초대교회는 사도신경을 그 기준으로 하였다. 사도신경 안에 담겨 있는 신앙고백의 내용을 중심으로 설교하면 그것이 하나님의 말씀을 전하는 것이라고 여긴 것이다. 그리고 종교개혁 후대에 만들어진 다양한 신앙고백서들 안에서 가르치고 설교하는 것을 하나님의 말씀을 선포한다고 기준 삼은 것이다. 그래서 장로교회 목사들은 웨스트민스터 신앙고백서를 가지고 성도들을 가르치겠다고 선서하였다. 목사 임직을 받을 때 이 선서를 통해 자신의 목양 사역에 맹약한 것이다. 그런데 정작 목사가 되어 강단에서 하나님의 말씀을 전하는 것이 아니라 자신의 이야기, 세상 이야기만 한다. 우리는 그런 것을 하나님의 말씀이라고 여겨서는 안 된다.

목사가 설교할 때 그것이 하나님의 말씀이 되려면 사도신경과 신앙고백이 가지고 있는 내용, 즉 삼위일체 하나님의 사역에 대한 내용들을 설교해야 한다. 또한 예수 그리스도의 탄생과 고난과 죽음, 승천과 재림, 인간의 죄악과 타락, 영원한 지옥과 천국에 대한 말씀, 이 세상에 속한 교회와 성도의 역할, 십계명에 순종하는 도덕적인 삶을 위한 성화를 목적으로 설교해야 한다. 그러면 그것이 하나님의 말씀이다. 그런데 자신의 목회의 목적을 위해, 예를 들어 예배당을 짓는데 돈이 필요할 때 헌금 설교를 하고, 일 년 목회계획을 세워 매달마다 그 상황에 맞는 설교를 하는 것은 설교가 아니다. 나라 사랑한다고 3월과 6월, 8월에 교회에서 애국가를 부르는 교회의 실정이 참으로 어리석고 무지하다. 사순절을 만들고, 맥추 감사 절기를 지켜야 한다고 성도들에게 헌금을 강요하는 것은 성경을 바르게 이해하지 못하고 다른 교회들이 하니 우리도 한다는 어리석은 신앙인 것이다. 맥추절을 지키면 유월절도 지키고, 칠칠절도 지켜야 한다. 이스라엘 3대 절기는 주 예수 그리스도를 통해 다 이루어졌고, 다른 기타 절기와 의식법들이 다 그리스도를 통해 완성된 것이라고 하면서 맥추절은 그렇게 중요하게 지키는 이유가 어디에 있는지 의아하지 않을 수 없다.

목사가 전하는 말 중 오직 성경에 기초하고 바른 신앙고백 안에서 선포되는 말씀만이 하나님의 말씀이라는 것을 알아야 한다. 이러한 기준으로 설교하는 목사들이 현대교회 안에서 계속 일어나기를 바란다. 위대한 개혁주의 신앙은 강단에서 말씀이 바르게 선포될 때 참된 교회라고 가르쳤다. 그래서 바른, 합당한, 참된 하나님의 말씀 선포라는 형용사를 붙여 성경을 선포하고 가르치게 한 것이다. 이것이 하나님의 말씀을 선포하는 설교라고 믿는 것이다. 사도들과 교부들과 종교개혁의 위대한 유산은 성경의 저자가 뜻하는 바를 목사들이 바르게 전하는 것을 설교라고 한 것이다. 그러므로 설교는 하나님께서 인간을 통해 말씀하시는 자신의 음성인 것이다. 하나님께서 자신의 말씀을 친히 인간을 통해 증거하시기 때문에 전하는 자는 두려움과 떨림으로 말씀을 바르게 해석하고 전해야 한다. 이것이 설교이다.

설교는 하나님의 현현이다

설교는 하나님의 현현이다. 칼빈은 "복음이 하나님의 이름으로 선포될 때, 그것은 하나님이 직접 말씀하시는 것과 같다"라고 하였다. 이 말을 다시 해석하면 설교자가 강단에서 성경의 말씀을 전할 때 그를 하나님의 대사로 여긴다는 것이다. 예로부터 대사는 자신의 이야기를 하는 자가 아니라 왕의 칙령을 전하는 자이다. 그러므로 설교는 단순히 예배 요소 가운데 하나이거나 교회의 임무 가운데 하나가 아니라 일종의 하나님 현현인 것이다. 하나님은 설교를 통해 자기 백성들에게 직접 말씀하신다. 이것은 설교자가 어떤 자세로, 그리고 어떻게 하나님의 말씀인 성경을 선포해야 하는지를 분명하게 가르쳐 준다. 목사는 자신이 강단에서 하나님의 말씀을 설교하는 자라는 의식만 가져서는 안 된다. 하나님의 말씀인 성경을 어떻게 전해야 하는지를 확실하게 깨닫고 있어야 한다. 그러므로 성경을 바르게 해석하고 설교하는 것이 목사의 최고의 덕이고 의무인 것이다.

칼빈은 자신이 하나님의 말씀인 성경을 가지고 설교를 할 때 "말은 내가 하지만 교육은 하나님의 영에 의해 이루어지기 때문에 나도 내가 하는 말을 들어야 한다. 왜냐하면 내 입에서 나오는 말씀이 만일 저 높은 곳으로부터 내게 주어지는 것이 아니라면, 다른 모든 사람들에게와 마찬가지로 나를 유익하게 하지 못할 것이기 때문이다"라고 하면서 설교자 자신부터 하나님의 말씀을 듣고 순종해야 한다는 것을 가르쳤다.

하나님은 하늘에서 천둥과 같은 소리로 말씀하시지 않고 선지자들과 사도들을 통해 자신의 복음이 가르쳐지고 전해지게 하셨다. 그러므로 교회는 선지자와 사도들의 터 위에 세웠다고 주님은 말씀하신다. 결국 이 말씀은 교회에서 하나님의 말씀인 성경이 어떻게 가르쳐지고 선포되어야 하는지를 보여준다. 목사가 강단에서 세상 이야기와 자신의 이야기를 섞어서 하는 설교는 설교가 아니다. 설교는 오직 삼위일체 하나님에 대한 말씀을 전하고 가르치는 것이다. 언제부터 교회에서 세상의 이야기가 설교 시간에 전해졌는가? 필자는 개인적으로 독일 신학자 칼 바르트가 그 중심에 서 있다고 본다. 바르트는 목사들에게 한 손에 성경, 다른 한 손에 신문을 들어야 한다고 가르쳤다. 과연 바르트가 이렇게 말한 의도는 무엇인가? 후대 사람들이 이해한 바가 다를 수 있지만 바르트의 말은 결국 성경의 이야기만으로는 설교를 할 수 없고, 세상과 성경을 같이 봐야 한다는 것이다. 하지만 사도들과 선지자들이 자신들의 양손에 무엇을 들고 가르쳤는가? 오직 복음이었다. 사도들의 제자들과 교부들, 그리고 종교개혁자들과 청교도들이 증거했던 것이 무엇이었나? 다른 것 아닌 복음만 증거하고 선포하였다. 이렇게 복음을 들은 자들이 세상에 대하여 어떻게 살고, 세상에 어떤 영향력을 끼쳤는가?

설교가 하나님께서 자신의 종들을 통해 직접 말씀하시는 것이라는 이 개념은 강단에서 말씀을 전하는 목사들이 얼마나 두렵고 떨림으로 말씀을 설교해야 하는지를 가르쳐 주는 교훈이다. 아무리 학식이 많고, 말재주가 뛰어나고, 성도들을 졸리지 않게 하며, 재미있게 이끄는 목사라 할지라도 강단에서 하나님의 말씀을 사사로이 전하고 왜곡되게 가르친다면 그 사람은 목사가 아니라 거짓 교사일 뿐이다.

현대교회 성도들이 거룩하지 못하고 계속 세상으로부터 불신과 지탄을 받는 이유 중에 하나가 바로 성화의 모습이 없다는 것이다. 이 거룩함은 결국 하나님 말씀의 바른 선포와 가르침과 연관된다. 성경의 말씀을 한 구절 읽고 자신이 하고 싶은 이야기를 하는 것이 설교가 아니다. 설교는 성도를 거룩하게 만든다. 왜냐하면 그것은 살아계신 하나님의 말씀이기 때문이다. 오늘날 성도들의 삶과 설교가 얼마나 깊은 연관이 있는지를 안다면 목사는 자신을 감추고 오직 하나님의 말씀만이 전해져야 한다는 사명으로 성경을 부지런히 연구하고 바르게 전해야 할 것이다. 개혁주의 신학은 가장 먼저 목사들에게 이렇게 성경에 대한 바른 해석과 가르침을 위해 학자의 덕을 계속 요구하였던 것이다.

설교자는 그리스도의 사역에 충성해야 한다

설교는 그리스도에게서 듣는다는 신학적 사상을 가져야 한다. 하나님은 교회의 참 교사이시며 유일한 교사로 오직 예수 그리스도를 세우셨다. 그러므로 오늘날 설교자들은 예수 그리스도께서 하시는 사역에 충성해야 한다. 성부 하나님께서 변화산에서 사도들에게 지금부터 자신의 아들의 말을 들으라고 하신 것이 바로 이것이다. 구약의 모든 족장들과 선지자들은 자신들의 것을 가지고 백성들에게 나눠주고 가르치지 않았다. 오직 하나님의 것을 가지고 자신들이 해야 할 임무에 충성을 다했다. 가나안 땅에 입성하여 땅을 분배할 때도 그것은 하나님의 것을 나눠준 것이다. 그러므로 설교자는 강단에서 자신의 것을 성도들에게 나눠주는 것이 아니다. 오직 하나님의 것을 가지고 나눠주고 가르쳐야 한다. 그것이 바로 예수 그리스도를 통해 보여 주신 은혜의 선물들이다.

칼빈은 설교는 그리스도의 임재를 의미한다고 하였다. 성만찬에서 그리스도께서 그곳에 계신 것과 같이 설교도 그리스도께서 그곳에 계신다고 하였다. 성도가 비록 목사를 통해 말씀을 듣고 있지만 실제는 그리스도를 통해 말씀을 듣고 있는 것이다. 이러한 신학적 사상을 인정한다면 성도는 당연히 설교에 집중해야 하고, 가르치는 목사는 더더욱 말씀을 사사로이 해석하거나 자신의 입맛에 맞게 전해서는 안 된다. 대부분의 종교개혁자들이 성도들에게 설교에 대한 개념을 가르칠 때 설교를 하나님께서 인간에게 찾아오시는 것으로 정의하였다. 다시 말해 설교는 인간이 하나님을 만나는 도구가 된다는 것이다.

요즘 현대신학에서는 하나님을 만났는 말을 자주 사용한다. 성경을 묵상하고 개인적으로 기도하는 사람들이 자신들이 하나님의 음성을 듣고 하나님과 교제한다고 말한다. 어떻게 보면 맞는 말이다. 그러나 성도 개인이 성경을 읽고 기도한다고 하나님을 만나고 교제한다는 것은 사실 틀린 말이다. 왜냐하면 하나님은 교회라고 하는 그리스도의 몸을 통해 모든 성도들에게 객관적으로 말씀하시기 때문이다. 공적인 예배를 통해서 하나님이 모든 성도들에게 말씀하시는 것이다. 오늘날 다양한 신학이 우리 주변에 난무하고 제각기 하나님에 대하여 말한다. 하지만 하나님은 성경을 통해 자신을 계시하시고, 그리스도를 통해 계시하신다. 그러므로 성도 개인이 성경을 읽고 바르게 그 의미를 안다는 것은 사실 어렵다. 왜냐하면 하나님은 참된 교사인 그리스도를 통해 제자들을 가르쳐 주셨던 그 방식으로 성경의 말씀이 계속 바르게 가르쳐져 오게 하셨기 때문이다. 따라서 성도가 교회의 목사로부터 성경을 배우지 않는다면 올바로 배울 수 없다. 사도 바울은 에베소에 있는 교회에게 하나님께서 성도를 온전하게 세우기 위해 목사를 세웠다고 하였다. 온전하다는 것은 완전을 의미하지 않는다. 성도가 자신의 삶에 바르게 처신하는 것을 의미한다. 세상의 모든 풍조와 가치관 사이에서 하나님의 백성으로서 처신할 수 있게 만들어 준다. 그것이 바로 목사가 설교를 통해 해야 하는 일이다.

그러므로 설교자는 자신이 먼저 성경의 말씀을 바르게 연구하고, 그 말씀에서 구원의 은혜의 필요성에 대한 바른 지식을 성도들에게 주고, 그 후에 그 교훈이 사람의 마음에 생생하게 접촉하도록 해 주어야 한다. 개혁교회는 설교가 성도에게 얼마나 중요한지를 쉬지 않고 가르쳤다. 당시 많은 사람들이 설교를 통해 하나님을 만나고 회개하고 죄악에서 돌아섰다. 현대교회에서 설교를 듣고 자신의 죄를 애통해하고 눈물을 흘리는 자가 얼마나 있는가? 죄인이 구원받는 길은 오직 하나님의 말씀을 통해서만 가능하다. 그리고 거룩하게 되는 것도 하나님의 말씀을 통해서 이루어진다. 이렇게 설교가 중요하다는 것을 설교자들이 인식하게 되면 성경에 대한 깊은 연구가 계속해서 이루어질 것이다. 부디 한국 교회 강단에서 성경말씀에 대한 바른 해석과 선포가 나타나기를 바란다.

그리스도께서는 설교를 통해 통치하신다

예수 그리스도께서 자신의 백성들을 다스리시고 통치하시는 방법 가운데 하나는 바로 설교다. 구약 시대부터 하나님은 자신을 백성들에게 계시하실 때 지도자들을 세워서 계시하셨다. 그리고 지도자들은 백성들에게 하나님께서 말씀으로 자신들을 다스리시고 통치하시고 있다는 것을 순종으로 보여주었다. 하나님은 다양한 방법으로 자기 백성들에게 나타나셔서 말씀하셨다. 그러나 하나님의 아들이 세상 가운데 오신 이후는 오직 아들의 음성을 통해 말씀하신다고 히브리서 기자는 가르쳐 준다. 이제는 하나님의 아들이신 예수 그리스도를 통해 모든 하나님의 백성들이 다스림을 받는다. 천상에 계신 예수 그리스도께서 어떻게 자신의 백성들을 계속 다스리시고 통치하시는가? 바로 성령을 통해 하나님의 말씀이 계속 성도들에게 가르쳐지고 증거되게 하고 있다. 이 일을 위해 주님은 자신의 종들을 여전히 부르시고 세워서 성경의 말씀이 선포되고 가르쳐지게 하신다. 그러므로 설교는 하나님이 자신의 백성들을 다스리시는 통치 수단이다. 설교를 통해 하나님의 임재가 나타나는 것이다. 칼빈은 "설교자가 설교할 때 비록 그가 우리와 동일하게 보이고 대단한 존경을 받거나 그런 자격을 갖추지 못했다고 할지라도 예수 그리스도는 여전히 설교가 행해지는 곳에 계시고 그의 왕적 보좌를 그곳에 둔다"고 하였다.

우리는 하나님과 원수의 관계에 있었다. 그런데 성령께서 예수를 그리스도로 고백하고 믿음으로 따르게 하시기 위해 복음을 듣게 하셨다. 그러므로 예수 그리스도를 믿는 자들은 모두 하나님의 자녀가 되었다. 자녀가 되었다는 것은 하나님의 통치를 받는다는 것이다. 과거에는 자신의 힘으로 살았고, 자신의 영광을 위해 사는 존재들이었는데 예수 그리스도를 믿고 난 후에는 성령의 소욕에 이끌려 살고, 하나님의 영광을 위해 살아야 한다는 것을 고백하게 된다. 하지만 성도가 어떻게 하나님의 영광을 위해 살아야 하는지를 잘 모른다. 여전히 죄가 남아 있기 때문에 육신의 소욕이 강하게 계속 일어난다. 죄를 죽이고 육신의 소욕을 부인하기 위해서는 하나님의 말씀에 순종하는 길밖에 없다. 어떤 신비주의자들이나 은사주의자들은 성령에 순종하라고 한다. 그러면서 자신 안에서 말씀하시는 성령의 음성을 들으라고 하는데 그것은 성경을 왜곡하는 것이고, 하나님의 뜻이 어떻게 가르쳐지고 증거되는지를 모르는 어리석은 모습이다. 이렇게 성령 운동을 하는 자들은 성령의 음성을 들어야 한다고 가르치고 있지만 결국 성령은 하나님의 말씀인 성경을 통해 성도들을 인도하신다. 그러므로 성도가 하나님의 다스리심을 받고 순종하기 위해서는 아들을 통해 말씀하신 그 방식대로 이제는 목사를 통해 하나님의 아들이 계속 말씀하신다는 것을 알고 설교에 집중해야 한다.

따라서 설교자는 하나님의 말씀을 설교할 때 예수 그리스도가 통치한다는 의미를 알고 자신이 전하는 말씀에 대하여 상당한 주의를 가져야 한다. 특히 성경에 주어진 내용을 설교할 때 성경의 말씀이 그대로 잘 드러나게 하기 위해 최선을 다해야 한다. 성경을 읽고 말씀을 설교하면서 성경 본문보다 다른 쪽으로 이야기가 전개되면 그것은 설교가 아니다. 결국 예수 그리스도의 통치가 이루어지지 않는 것이 된다. 그러므로 설교자는 성경의 말씀을 아주 단순하게, 그리고 간결하게 또한 명료하면서 용기 있게 전해야 한다. 단순하고 간결하며 용기 있게 전해야 한다고 하는 것은 저자의 의도를 아주 잘 드러내 도록 설교해야 한다는 의미이다. 종교개혁 시대 설교가 번창하고 성도들이 설교를 통해 은혜를 받고 거룩하게 살려고 하는 부흥이 일어났던 이유가 바로 목사들이 설교를 바르게 하였기 때문이다. 어떻게 보면 현대교회가 세상 으로부터 지탄받는 것은 설교에 대한 바른 신학적이며 신앙적인 이해를 갖지 못한 결과일 것이다. 예배는 하나님을 만나는 것이다. 하나님 앞에 나가 자신이 죄인인 것을 고백하고 예수 그리스도를 통해 주신 의를 감사하며 경배하는 것이다. 그러므로 예배 시간에 하나님께서 죄인들에게 말씀하시는 그 음성을 듣는다는 것은 정말로 신비스럽고 경탄할 일이다. 그 중심에 설교가 있다는 것은 죄인들에게 큰 축복이 아닐 수 없다. 이처럼 예수 그리스도의 통치와 임재가 있는 설교에 임할 때 모든 설교자들은 최선의 연구와 노력으로 성경 본문을 잘 이해하고 성도들의 심령에 하나님의 말씀이 잘 새겨지도록 하기 위해 학자처럼 살아야 한다.

과거 역사적 개혁교회의 모든 목사들이 다 학자처럼 뛰어난 자질을 가져야 했던 이유가 바로 성경을 바르게 해석하고 설교하기 위해서였다. 그렇다면 오늘날에도 이러한 학자의 모습은 여전히 목사들에게 요구되는 최고의 자질 가운데 하나라는 것을 명심하고 계속 배우는 자들이 되어야 한다. 설교자는 이것을 통해 교회와 성도를 섬기는 것이다.

바른 해석이 필요하다

참 교회의 두 표지가 있다. 합당한 하나님의 말씀 선포와 가르침, 그리고 성례를 바르게 시행하는 것을 통해 그 교회가 참 교회인지 거짓 교회인지를 구분한다. 또한 하나님의 백성들이 은혜를 받는 두 가지 방식도 말씀과 성례다.

칼빈은 『기독교 강요』에서 "사탄은 시대마다 교회의 두 표지를 제거하고 말살하려고 최대의 음모를 꾸미고 있으며, 또한 이 표지들을 최대한 멸시함으로써 목회직을 전복시키려고 애를 쓴다. 그러므로 교회의 시금석은 바로 이 표지들이다."라고 하였다. 다시 말해 사탄은 목사의 목회 직분을 충실하게 감당하지 못하게 하기 위해 성경말씀과 성례에 대한 중요성을 인식하지 못하게 한다는 것이다. 뿐만 아니라 성도들이 은혜를 받는 방편의 도구로 설교를 바르게 해야 한다는 인식도 갖지 못하게 한다.

이러한 현상으로 인해 현대교회에서 설교를 그저 시간 때우기 식으로 준비할 뿐만 아니라, 세상 이야기, 또는 간증 이야기로 대충 시간을 채우는 모습이 나타난다. 이런 설교를 듣는 성도들이 과연 하나님에 대한 바른 신 지식과 참된 신앙을 가질 수 있는가? 그렇지 않다. 인간은 하나님께서 자신을 계시해 주시지 않으면 그 누구도 하나님을 알 수 없고 눈먼 소경과 같이 방황할 수밖에 없다. 자연인은 하나님의 오묘하고 신비한 비밀의 어떤 한 부분도 알 수 없다. 왜냐하면 인간에게 하나님을 알 수 있게 하시는 분이 성령님이시기 때문이다. 성령의 내적 역사가 없으면 사람이 거듭날 수 없다. 사람이 거듭나는 것은 성령의 역사이다. 그런데 성령께서 그 도구로 성경을 사용하신다. 물론 어떤 상황에서는 성령의 특별한 역사로 인해 거듭나는 일도 있다. 하지만 그렇게 거듭난 사람도 결국에는 하나님의 말씀인 성경을 통해 자신의 거듭난 신앙에 대한 바른 지식을 가지게 된다. 그러므로 성령은 하나님의 말씀인 성경을 통해 하나님이 어떤 분인지 알게 하시며 성도들을 바른 신앙으로 이끌어 주신다.

인간에게 하나님을 향한 그 어떤 지혜도 없다는 것을 안다면 설교를 통해 하나님의 말씀을 듣는다는 것은 참으로 축복임이 분명하다. 하나님께서 우리에게 은혜를 베풀어 주실 때 우리의 능력에 맞추어서 자신의 말씀을 우리에게 말씀하신다. 그러면 성도들은 은혜를 받는다. 이것이 바로 설교의 가장 기본적인 의미이다. 어린아이들처럼 배움이 없는 자들에게는 그림으로 설명하고, 장성한 성인에게는 글을 통해 가르치는 것처럼 방법론적으로 다를 수가 있다. 그러나 분명히 그 내용은 다르지 않다. 담고 있는 진리를 온전하게 드러내는 것이 설교이다.

예수 그리스도께서 자신의 제자들을 세우신 이유 하나는 성경 말씀에 대한 바른 해석을 통해 그리스도를 증거하게 하신 것이다. 그리스도의 모든 사역 가운데 우리는 단지 주님의 이적과 기사에 초점을 맞춘다. 은사주의자들,

신비주의자들, 성령 운동과 신사도 운동주의자들의 공통점이 바로 이것이다. 하지만 주님께서 가장 중요하게 하신 사역은 바로 구약의 말씀을 바르게 해석하고 가르친 사역이었다. 뿐만 아니라 이적과 기사와 표적을 나타내신 이유도 바로 자신이 가르친 사역을 통해 성경의 말씀이 진리라는 것을 나타내신 것이다. 그러므로 주님은 하나님의 말씀을 가장 중요하게 여기셨고, 순종하셨고, 사랑하셨다.

복음은 단지 들려주기 위해 전파되는 것이 아니다. 그것은 사람을 거듭나게 하며, 우리를 향한 하나님의 사랑을 끊임없이 증거되게 하기 위해 전파되는 것이다. 이렇게 복음이 바르게 선포되고 가르쳐지게 되면 성도들의 마음에 참된 안식이 있고, 죄를 회개하며, 구원의 확신과 기쁨이 늘 일어나게 된다. 이것이 바로 설교가 하나님께서 자신의 백성들에게 은혜를 주시는 수단이 되는 것이다.

현대교회 강단에서 성경 구절 몇 개를 읽고 하나님의 말씀 운운하는 저급한 복음주의가 사라지고 개혁교회의 가르침을 따라 성경말씀을 바르게 해석하고 선포하는 복이 늘 나타나기를 바란다.

반역하는 자들에게는 심판을 제시한다

무명의 청교도는 목사 임직식 때 이렇게 말했다. "당신은 말씀 사역자입니다. 당신이 하는 일을 아시기 바랍니다." 목사는 결국 성경을 바르게 해석하고 가르치는 사역자라는 말이다. 목사의 가장 위대한 덕목은 바로 성경을 바르게 해석하고 가르치는 것이다. 그러나 현대교회는 목사가 성경을 어떻게 해석하고 있는지 그리고 그가 무엇을 중요하게 여기고 가르치고 있는지를 판단하지 않는다. 오직 목사의 외적 스펙에 관심이 많다. 그 결과로 교회의 성도들은 자신들이 무엇을 위해 신앙생활 하는지도 잘 모르고, 이단이 하는 말이 맞다고 여겨 쉽게 타락하고 있다. 목사가 설교를 통해 무엇을 선포해야 하는가? 설교는 구원과 심판의 양면적인 효력을 발생한다는 것을 알아야 한다.

설교는 사람을 만족시키기 위해 하는 행위가 아니다. 그러므로 설교자는 성경을 간신히 해설해 주는 정도가 아니라 성경 말씀을 하나님의 살아계신 음성으로 받아들이게 하기 위해 말씀의 능력과 덕을 심어 주어야 한다. 특별히 목회자는 사도 바울의 가르침대로 어떠한 상황에서든지 진실해야 한다. 목사가 자신의 유익 때문에 거짓을 말하고 거짓된 행위를 하면 아무리 위대한 설교를 한다고 해도 전혀 능력이 없는 것이 되고 만다. 무엇이 선인지를 보여줄 뿐만 아니라, 성도들을 책망하기 위해서도 진실해야 한다. 책망하기 위해 진실하라는 것이 아니다. 진실해야 책망도 할 수 있다는 말이다.

또한 목사에게는 두 가지 음성이 있어야 한다. 양들을 사랑하는 목자의 음성이 있어야 하고, 또 하나는 이리와 도둑을 쫓는 격노한 음성이 있어야 한다. 특별히 양들을 사랑하는 목사는 양들이 성경을 잘 받아먹도록 양식을 제공해야 한다. 하지만 양들이 속한 무리 속에는 반항하고 거역하는 자들이 언제나 있다. 이 때문에 설교는 하나님의 말씀을 순순히 받는 자들에게는 구원의 기쁨으로 계속 이끄는 것이며, 반항하고 거역하는 자들에게는 심판이 임한다는 것을 담고 있는 것이다. 말씀이 구원을 받는 자들에게 효과적이라고 한다면 이와 마찬가지로 그것을 거역하는 자들을 심판하는 데도 충분한 효과를 지닌다.

그러나 목사가 말씀을 전함에, 목사의 권위에만 관심을 가지고 실제적으로 구원과 심판의 효과를 나타내는 말씀의 본질에 대해서는 아무런 관심이 없는 자들이라면, 그 사람이 목사의 직함을 가지고 강단에서 자신이 하는 말을 설교라고 하면서 구원과 심판이 있다고 수천 번 말한다고 해도 그 효력은 전혀 없다는 것을 알아야 한다. 다시 말해 목사가 강단에서 복과 저주를 선포해도 하나님의 말씀과 상관없는 것이라면 아무것도 아니라고 하는 말이다.

그만큼 목사는 하나님의 말씀만을 (성경에 기록된 대로) 연구하고 진실되게 가르치고, 성실하게 살아야 한다는 것을 의미한다.

설교는 이처럼 성도들을 구원으로 계속 이끌고 가지만, 반역하는 자들에게는 심판이 있다는 것을 제시하는 것이다. 그것을 위해 먼저 목사가 정직하고 성실하게 사는 모습을 보여야 하며, 성경말씀에 대한 바른 해석과 가르침을 통해 용기 있게 복음을 전해야 하는 것이다. 사람을 의식하고 죄를 책망하지 않으면 그 사람은 주의 종이 아니라 단지 삯군이다. 말씀을 바르게 전하는 목사가 바르게 살지 못하는 법이 없다. 말씀을 바르게 해석하고 가르치면 자신도 그렇게 바르게 정직하고 성실하게 살게 된다. 설교는 먼저 강단에서 선포하는 목사에게 해당하는 말씀이라는 것을 주지해야 말씀의 능력이 성도들의 마음에 새겨지는 것이다. 성도들에게 구원과 심판이 설교를 통해 증거되도록 목사는 진실해야 한다.

성경은 하나님의 말씀이다

성경은 하나님의 말씀이다. 이 정의가 칼 바르트에 의해 "성경은 하나님의 말씀이 된다"라고 바뀌면서 성경 해석에 대한 다양하고 주관적인 견해들이 등장한 것이 사실이다. 그러나 오늘날도 성경은 하나님의 말씀이라는 이 진리는 불변하여 수많은 성도들과 목사들이 오직 성경으로 돌아가야 한다고 부르짖고 있다. 인간의 주관적인 생각과 판단 때문에 객관적인 하나님의 말씀인 성경 66권을 각각 다르게 해석할 수 없다. 모든 성경은 오직 예수 그리스도에 대하여 말씀하고 있는 하나님의 말씀이다. 그래서 성경은 가장 먼저 하나님 자신을 위해 기록한 말씀이라고 한 존 맥아더의 말은 맞는 말이다. 그러므로 자연인이 성경을 읽어서 감흥과 영감과 깨달음을 가질 수 없다. 성경은 오직 성령의 감동으로 기록되었기 때문에 성령으로 거듭난 자들만이 받아들이고 수납할 수 있는 하나님의 말씀이다.

이러한 성경관이 확립되면 성경을 가지고 설교하는 목사는 설교가 "성령의 내적 증거에 대한 교리"라는 칼빈의 말을 확증할 수 있다. 성령의 내적 증거에 대한 교리는 설교를 하는 사람이 성도를 변화시킬 수 없다는 것을 의미한다. 설교자는 오직 성경의 말씀만을 전하고 사람을 변화시키는 것은 성령의 역사라는 사실이다. 그러므로 목사, 또는 설교자는 자신이 사람을 변화시킬 수 있다는 교만을 버려야 한다. 그렇다고 해서 설교자가 무기력해지면 안 된다. 설교를 하는 자는 최선을 다해 성경을 바르게 해석하고 언제나 성실하게 설교를 준비해야 한다. 씨를 뿌리고 비를 기다리는 농부처럼, 설교자는 하나님의 말씀만을 바르게 전하고 하나님께서 사람을 변화시켜 주시기를 바라는 심정으로 자신의 설교를 듣는 자들을 향해 거룩한 삶을 기대해야 한다.

안투지배(眼透紙背)라는 말이 있다. 이 말은 책을 읽는 자의 눈빛이 종이의 뒷면까지 꿰뚫는다는 뜻으로, 책을 정독하여 그 내용을 날카롭고 정확하게 이해함을 이르는 말이다. 설교는 성경 해석에서 출발한다. 그러므로 설교자가 텍스트를 자세하게 이해하지 못하고 설명하지 못하면 설교를 아무리 잘한다고 한들 그것은 설교가 될 수 없다. 설교에 나타나야 하는 것은 하나님께서 기록하신 하나님 말씀의 본의여야 한다. 사도 바울은 고린도 교인들에게 "너희로 하여금 기록된 말씀 밖으로 넘어가지 말라 한 것을 우리에게서 배워 서로 대적하여 교만한 마음을 가지지 말게 하려 함이라"(고전 4:6)라고 성도들을 일깨우고 있다. 기록된 말씀 밖으로 넘어가지 말라고 가르치는 것은 사도 자신도 기록된 말씀만 가지고 가르쳤다고 하는 것을 의미하는 것이다. 그러므로 설교자 자신이 가진 신학과 성경 해석은 깊은 연관이 있다. 설교자는 자신의 신학적 입장에서 성경 본문을 해석하기 때문이다. 그런데 우리는 예수님의 가르침을 통해 어떻게 성경을 해석해야 하는지를 배운다. 그것은 모든 성경이 예수님 자신을 나타내고, 계시하고 있다는 것이다. 따라서 오늘날 모든 설교자들은 성경을 안투지배(眼透紙背)의 자세로 읽고 연구해야 한다.

성경 구절 하나를 읽고 설교자 자신이 하고 싶은 말을 거침없이 하고 자신의 목회 방향으로 성경을 왜곡하여 설교하는 것은 설교가 아니다. 그곳에 있는 성도들은 하나님의 말씀을 듣는 것이 아니라 인간의 말을 듣는 것에 지나지 않는다.

하나님은 자신의 백성들과 만나신다. 특별히 공적인 예배를 통해 자신의 백성들에게 임재하신다. 물론 하나님은 모든 성도들과 개별적으로도 만나시고 동행하여 주신다. 그러나 하나님이 공적으로 자신의 백성들과 만나는 때는 바로 예배 시간이다. 그 가운데 기록된 성경의 말씀이 선포될 때 하나님은 자신의 백성들에게 말씀하시는 것이다. 이것이 설교이다. 그때 인간의 말로 만나는 것이 아니라 성경을 통해서 자신의 백성들에게 말씀하시는 것이다. 그리고 그것은 성령 안에서 이루어지는 것이며 설교자는 단지 성경 말씀의 도구에 불과하다. 이러한 설교에 대한 바른 이해가 있어야 설교자가 어떻게 성경을 해석하고 선포하는지를 알게 된다. 설교자는 사람들을 변화시킬 수 없다. 오직 하나님의 말씀인 성경만이 성령의 능력으로 사람을 변화시킨다. 그러므로 설교자는 오직 성경을 바르게 해석하고 선포하고 가르쳐야 한다. 성령의 능력만이 주 예수 그리스도의 몸 된 교회를 세우고 자라게 하는 것이다.

왜곡된 설교의 실체

QT는 성경적인가?

한국 교회에 QT(경건의 시간)가 들어온 시기에 일어난 일 가운데 하나는 바로 성경공부와 신앙고백서를 가르치는 일이 거의 사라지게 된 것이다. 한국 교회의 부흥은 성경공부에서 시작되었다고 할 수 있다. 조선에 들어온 선교사들이 한국말을 배우고 나서 사람들에게 복음을 전하고 곧장 성경을 가르쳤다. 하지만 현대교회는 성경과 신앙고백서를 성도들에게 가르치지 않고 있다. 그 결과 성도들이 성경을 어떻게 읽어야 하는지를 모른다. QT의 부작용으로 하나님의 객관적인 성경 말씀이 주관적인 인간의 해석으로 다 바뀌고 말았다. 지금 필자는 QT를 하지 말라는 것이 아니라 잘못된 성경읽기와 묵상을 더 이상 하지 말라고 하는 것이다. 성경은 하나님의 자기 계시의 말씀이다. 하나님은 모든 성경을 통해 하나님 자신을 계시하신다. 그러므로 성경을 읽고 묵상하는 자들은 자신들에게 주시는 하나님의 말씀이라는 명분으로 성경을 왜곡하여 받아들이면 안 된다.

다시 한번 말하자면 설교는 신앙고백의 틀에서 이루어지는 말씀의 선포다. 믿음의 선진들이 신앙고백서들을 만들어 성도들을 가르친 이유가 바로 성경을 바르게 읽고 묵상하기 위해서이다. 그러므로 그것들은 하나님의 선물이다. 그럼에도 불구하고 현대교회는 이미 이런 귀중한 선물을 다 던져 버리고 아주 저급한 성경읽기와 묵상 훈련을 계속 성도들에게 가르치고 있다. 뿐만 아니라 강단에서 설교를 하는 자들 또한 오늘날 행해지는 QT식 설교를 함으로 성도들에게 하나님의 말씀을 바르게 전하지 않고 있는 실정이다.

한국 교회에 QT를 처음으로 소개한 사람은 성서유니온의 윤종하이다. 그는 『매일성경』을 만들어 한국 교회에 보급하였다. 그리고 그 후에 많은 교회와 선교단체들이 자신들만의 QT 교재를 만들어 사용하고 있다. 한국 교회에서 대략 한 달에 10만 권 이상의 QT 교재를 통해 성도들이 성경을 읽고 묵상한다고 한다. 그리고 이제는 강단에서 QT를 강조하고 목사는 그것을 사용하여 목회를 하고 있다. 참 편리하고 좋은 것 같지만 오늘날 이루어지고 있는 QT의 악한 영향은 너무 크다고 할 수 있다. 성도는 말씀과 기도로 거룩하여진다. 그런데 그저 말씀을 읽고 기도한다고 해서 거룩해지지 않는다. 어쩌면 현대교회가 세상으로부터 지탄받고, 성도들과 지도자들이 거룩해지지 않는 것은 합당한 하나님의 말씀과 기도가 무엇인지 잘 모르고 있다는 반증이다. 강단에서 선포되는 것이 하나님의 말씀인 아닌 목사 개인의 목소리이며, 성도는 성경을 읽고 묵상해도 그 속에서 그리스도의 영광을 발견하지 못하고 있는 것이 분명하다.

청교도의 황태자라고 불리는 존 오웬은 이렇게 말했다. "모든 성경에서 예수 그리스도를 발견하지 못하는 성경 연구는 다 헛된 것이다." 특히 구약성경에서 그리스도의 영광을 발견해 내고 살펴보려는 의도를 가지지 않는 한 구약의 말씀을 읽거나 묵상하고 연구하는 행위는 아무 유익이 없다고 말하여 준다. 하지만 사람들은 읽지 않는 것보다 읽는 것이 나으며, 묵상하지 않는 것보다 묵상하는 것이 신앙생활에 도움을 준다고 한다. 그러나 필자도 존 오웬처럼 성경에서 그리스도의 영광을 발견하지 못하고 그리스도에 대한 지식을 얻지 못하는 묵상과 성경읽기는 차라리 하지 않는 것이 낫다고 본다. 왜곡된 신관을 가지게 되며, 다른 복음에 빠질 경향이 있기 때문이다. 수많은 교리문답과 신앙고백서들이 성경을 기반으로 만들어진 의도를 안다면 QT를 하는 사람들에게 가장 필요한 것은 어떻게 성경을 읽어야 하는지 아는 배움이라고 할 수 있다. 성경을 바르게 알고, 성경에 대한 지식을 가질 때만 합당한 QT가 이루어지는 것이다.

이제 한국 교회에는 QT를 하지 않으면 영적으로 훌륭한 사람이 아니라는 어리석은 생각들이 퍼져 있다. 왜냐하면 QT를 통해 하나님을 만나고 하나님의 음성을 듣기 때문이다. 하지만 이렇게 QT를 하는데 한국 교회는 왜 이 모양인가? 하나님의 음성을 듣고 매일 살아가는데 오히려 지도자들의 부패와 탐욕의 죄악은 더 크게 나타나고 있다. 그 이유는 QT를 인간의 유익으로 삼기 때문이다. 성경은 이미 하나님의 말씀이고 음성이다. 인간이 읽고 묵상하지 않아도 하나님은 기록된 성경의 말씀을 통해 말씀하고 계신다. 그렇기 때문에 성경을 읽는 자는 이미 하나님의 음성을 듣고 있는 것이다. 들으려고 기도하지 않아도 말씀하신다. 자신 안에서 들리는 소리는 자기 신념이다. 성경 본문에서 벗어난 해석은 아무런 의미가 없다. 앞으로 현대교회 강단에서 왜곡되어 선포되는 설교들의 실체를 낱낱이 보게 될 것이다.

설교는 성도를 온전케 하기 위한 방편이다

하나님께서는 우리에게 성경 계시 전체를 통해 말씀하신다. 우리가 성경을 읽고 묵상하는 것은 반드시 필요하다. 성도는 하나님의 말씀인 성경을 읽고 기도하는 삶을 살아야 한다. 그러나 읽는 자가 자기 주관적인 생각을 가지고 성경을 읽는다면 아무런 유익이 없을 뿐 아니라, 오히려 성경을 왜곡하여 자신만의 신앙을 가지게 된다.

성경을 읽고 묵상하는 것에 대한 바른 신앙적 교육이 한국 교회에 전무하다. 그래서 제각기 자신만의 성경읽기와 묵상이 난무하게 되었다. 그 결과 객관적이고 계시적인 하나님의 말씀이 인간의 주관적이고 사변적인 성경묵상이 된 것이다. 여기에 예수 그리스도의 영광을 발견하고 찬양하는 삶은 없다. 오직 인간의 탐욕을 위한, 좀 더 긍정적으로 말한다면 개인의 경건을 위한 성경읽기밖에 없다. **하나님은 성경 말씀 전체를 통해 우리에게 말씀하신다는 의미를 알아야 한다.** 어느 날 내가 성경을 펴고 읽었다고 해서 그 말씀이 오늘 나에게 주시는 말씀이 아니다. 하나님은 이미 성경 전체를 통해 자신의 뜻을 계시하시고 우리에게 말씀하신다. 그러므로 성경 어느 한 구절이 나에게 다가오고 감동을 준다고 해서 그 말씀이 나에게 주시는 말씀이 되는 것이 아니다. 우리는 이런 식으로 성경을 읽고 묵상하고 있다. 예를 들면 마태복음 1:18-21의 말씀을 읽고 묵상할 때 요셉은 의로운 사람이라서 자신의 약혼녀인 마리아가 잉태된 것을 알고도 그것을 드러내지 아니하고 가만히 끊고자 하였다고 하는 것을 인간 요셉의 성품에 집중하여 묵상한다면 그것은 잘못된 묵상임이 분명하다. 필자가 과거에 성서유니온에서 QT를 배울 때 이렇게 배웠다. 좀 더 깊이 묵상하면 요셉은 신중한 사람이기 때문에 마리아의 잉태 사실을 알리지 않았다, 그래서 오늘 우리는 요셉처럼 신중한 사람으로 살아야 한다, 그것이 하나님의 뜻이라는 것이다. 과연 이 말씀이 우리가 신중한 삶을 살아야 한다는 것을 가르쳐 주시기 위해 기록된 말씀인가? 분명 아니다. 영광스러운 하나님의 영원한 아들께서 성령으로 잉태하여 세상 가운데 오시는 모습을 말씀하시고 있다. 어떻게 이 말씀이 우리가 신중하게 살아야 한다는 교훈으로 적용될 수 있는 본문인가? 참으로 개탄하지 않을 수 없다. 이런 식의 성경읽기와 묵상이 오늘날 한국 교회를 휩쓸고 있는 것이다.

단지 문자적으로 성경을 읽고 묵상하면 하나님께서 왜 성경을 기록하셨는지 구속사적인 구원 사역을 이해할 수 없다. 그런 식의 설교 또한 하나님의 은혜가 무엇인지 성도들에게 전해 줄 수 없는 것이다. 그 속에는 오직 인간이 하나님을 이용하여 자신들의 탐욕을 이루는 것밖에 없다.

또한 하나님께서 우리에게 말씀하실 때는 그리스도의 몸인 교회를 통해 먼저 말씀하신다. 이것은 성도가 개인적으로 성경을 읽고 묵상하는 것을 부인하는 것이 아니다. 하나님은 자신의 교회를 통해 모든 성도들에게 동일한 말씀을 선포하게 하신다. 그래서 예배 가운데 설교의 중요성이 강하게 부각되는 것이다. 목사를 세우신 이유가 성도를 온전하게 하기 위함이라고 사도는 말한다. 이때 목사의 사역이 바로 설교와 가르침의 사역이다. 성도는 가장 먼저 교회라는 신앙공동체 안에서 하나님의 말씀인 성경을 듣고 배운다. 예배를 통해 모든 성도들이 동일한 하나님의 말씀인 성경을 통해 하나님의 음성을 직접 듣는 것이다. 이것이 가장 우선적으로 시행되는 하나님의 말씀을 듣는 방식이다. 교회에서 선포되는 합당한 하나님의 말씀인 설교를 통해 하나님의 음성을 듣고도 순종하지 않는 자가 어떻게 개인적으로 성경을 읽고 묵상하여 하나님의 뜻을 찾고 순종한다고 할 수 있는가? 교회에서 모든 성도들이 함께 예배 드리는 그 순간이 가장 하나님의 임재를 느끼는 순간이라는 것을 알아야 한다.

그러므로 전하는 자나 듣는 자가 어떻게 예배를 중요하게 여겨야 하는지를 알아야 한다. 성경을 읽고 묵상하는 일이 바르게 시행되지 않으면 그 피해는 성도 당사자뿐만 아니라 교회 전체에 미치게 된다는 것을 알고, 바른 성경읽기와 묵상과 경건의 시간을 누릴 수 있도록 성도들을 바르게 가르쳐 주어야 한다.

방언에 대한 오해

성경을 문자적으로 설교하는 것은 설교하는 자에게는 참으로 편리한 방법이다. 그러나 성경을 설교할 때 가장 우선시해야 하는 것은 성경을 문맥적으로 살펴보고 그 의미를 바르게 가르치는 것이다. 하지만 현대교회의 성경 해석과 설교는 성경의 의도와는 아주 거리가 멀다. 성경을 읽고 성경의 이야기를 한다고 해서 그 말이 설교가 되는 것이 아니다. 그러나 대부분의 사람들은 강단에서 설교자가 하나님과 교회, 그리고 예수 그리스도에 대한 이야기를 하고 있기 때문에 그것을 설교라고 여긴다. 그러나 그런 단어들을 말한다고 해서 듣는 자가 설교를 통해 하나님의 말씀을 듣는 것은 아니다.

일반 문학에서 저자가 말하려는 의도를 배제하고 그 책에 나오는 사람들의 이름이나 지명 또는 사건들을 말한다고 해서 책을 바르게 읽었다고 할 수 없는 것처럼 성경도 그와 같다. 성경의 인물들을 알고 지명과 사건들을 안다고 해서 하나님의 말씀인 성경을 제대로 이해하는 것이 아니기 때문이다. 불신자들도 성경의 내용을 알고, 이단들도 성경을 가지고 이야기하고 설교하고 있다. 그러나 이들이 하나님의 말씀인 성경을 믿고 있다고 우리는 인정하지 않는다. 성경을 가지고 설교하는 자가 본문의 의미를 바르게 해석하고 전하지 않으면 그 사람 또한 설교를 하고 있지만 하나님의 말씀을 선포하지 않고 있는 것이다.

예를 들어 보면, 우리가 잘 알고 있는 사도행전 2장에 나오는 방언은 원어적으로 쉽게 분별할 수 있는 외국어를 말하는 것인데, 사람들은 방언을 기도의 은사로 여기고 있다. 이러한 현상은 오순절 은사주의자들에 의해 아주 적나라하게 왜곡된 성경 해석이다. 성경에서 말하는 방언은 외국어이다. 각 나라 언어이다. 그래서 사도행전 1장 8절에서 성령이 임하시면 땅 끝까지 복음의 증인들이 되라고 하신 예수님의 명령에 따라 성령이 오순절에 강림하셔서 성도들이 각 나라 언어로 말하게 하는 것을 따라 복음을 말하게 된 것이다. 땅 끝까지 복음의 증인이 되기 위해 필요한 것은 바로 언어이다. 외국어로 말하지 못하면 복음을 전할 수 없기 때문이다.

방언이라는 것을 문자적으로만 보면 마치 방언으로 기도하는 것으로 생각할 수 있지만 문맥적으로 살펴보면 외국어로 복음을 증거하는 은사임이 분명하다. 그래서 종교개혁자 칼빈과 조나단 에드워즈 및 많은 개혁자들은 성경을 주해하면서 방언을 복음 증거의 은사로 가르쳤다.

비록 하나의 예를 들었지만 오늘날 현대교회에서 나타나는 성경 해석은 단지 문자적인 의미만을 말하고 있다는 것을 쉽게 알 수 있다. 이러한 현상은 결국 성도들의 신앙을 왜곡되게 하므로 바른 신앙이 무엇인지 알 수 없어서 자신들의 생각과 뜻대로 신앙의 길을 가게 한다. 아무리 성경을 가지고 바르게,

원어와 신학적 배경을 가지고 바르게 가르쳐 주어도 자신들이 지금까지 그렇게 경험하였고 시행하고 있는 신앙을 쉽게 포기하지 않고 오히려 진리를 말하는 자들이 잘못되었다고 항변하기까지 하고 있다. 그러면 누가 바른 신앙인이고 바른 설교자인가? 두말할 것도 없이 성경이 말씀하는 바를 정확하게 알고 순종하고 설교하는 자이다. 이단의 특징 가운데 하나가 바로 성경을 문자적으로만 이해하고 가르치는 것이다. 그래서 그 문자에 자신의 이름을 적용하여 재림주가 자신이라고 강력하게 주장하는 것이다. 이러한 어리석은 모습에 기존의 성도들이 쉽게 속는 것은 교회에서 이미 문자적인 성경 해석에 풍유를 위주로 하는 설교를 하고 있어서 성경에서 무엇을 말씀하고 있는지를 모르기 때문이다. 현대교회가 개혁교회에서부터 가르쳐진 성경의 문맥적 해석을 일차적으로 하는 것을 시행한다면 많은 성도들이 오직 예수 그리스도만을 사랑하고 하나님의 영광을 위한 삶을 사는 것을 목적으로 삼을 것이다. 자신들의 삶 속에 오직 하나님의 주권이 드러나는 길은 성경을 바르게 배우고 듣고, 순종할 때만 가능하다는 이 진리를 알고, 오직 성경으로 돌아가자고 한 의도를 온전하게 알아야 할 것이다.

오직 성경

현대교회 안에서 왜곡된 설교의 실체에 대한 글을 쓰면서 다시 한번 깨닫게 되는 것은 오늘날 현대 교인들이 성경을 가지고 있으면서도 성경을 자의적으로 읽고 왜곡된 신앙이 마치 바른 신앙인 것으로 착각하고 있다는 것이다. 그동안 교회가 종교개혁의 기치 아래에서 무엇을 가르치고 있었는지 살펴보면 대체로 외적인 개혁에 대한 논의만 다루었다고 할 수 있다. 하지만 가장 중요하고 근본적인 성경에 대한 바른 해석은 거의 전무하다시피 드물다. 종교개혁 당시 왜 '오직 성경'으로 돌아가자고 하는 슬로건을 내세웠는지 그 의도를 안다면 현대교회는 다시금 '오직 성경'으로 돌아가야 한다. '오직 성경'은 성경이 하나님의 말씀이기 때문에 소중하게 여겨야 한다는 단순한 의미가 아니다. '오직 성경'은 강단에서 강설하는 목사들이 무엇을 전하고 가르쳐야 하는지를 먼저 알고 있어야 한다는 의미이다. 그것은 다름 아닌 모든 성경에서 '오직 그리스도'여야 한다는 뜻으로 '오직 성경'으로 돌아가야 한다고 말한 것이다.

그러나 안타깝게도 오늘날 강단에서 설교를 하는 자들 가운데 어떤 사람들은 하나님의 말씀인 성경을 가지고 바르게 설교한다고 할 수 없다. 그 결과 성도들은 성경을 읽으면서 성경에서 의도하고 있는 내용과는 아주 다른 신앙으로 가고 있다. 같은 성경의 말씀을 가지고 읽어도 다르게 해석하기 때문에 다른 신앙이 양산되는 것이다.

오늘날 교회에서 간혹 실시하는 일천 번제는 과연 천 번 드리는 제사인가? 솔로몬이 드렸던 일천 번제는 천 번 드리는 제사가 아니라 천 마리의 희생제물을 단번에 드리는 제사이다. 그런데 왜 어리석은 자들은 이것을 두고 제사를 천 번 드린 것처럼 성도들에게 가르치고 강조하는 것인가? 그것은 다름 아닌 예배에 대한 무지 때문이다. 하나님께서 받으시는 예배는 바로 감사로 드리는 예배이다. 솔로몬이 드린 일천 번제 제사는 사람이 무엇을 바라고 일천 번 드린 공덕의 제사가 아니다. 기원제사가 아니라고 하는 말이다. 그것은 감사 제사였다. 자신을 통해 성전을 세우고, 자신을 이스라엘을 다스리는 왕으로 세워 주신 하나님의 은혜에 감사를 담고 있는 제사였다. 그런데 어리석은 자들은 이것을 마치 소원을 이루는 기원제사로 생각하고 수적으로 일천 번을 드리는 예배로 가르친 것이다. 얼마나 비성경적언지 모른다. 아무리 좋은 의도가 있다고 할지라도 하나님께서 말씀하신 것이 아니기 때문에 이것은 다른 예배, 다른 복음이다.

이러한 일들이 아주 많이 우리 주변에서 나타나고 있다. 그런데 성도들은 이러한 것을 가르쳐 주어도 잘 이해하고 받아들이지 않는다. 왜냐하면 인간의 타락한 성품은 진리를 기뻐하고 즐거워하는 것을 싫어하기 때문이다.

인간들은 하나님의 은혜보다 자신들이 함께 하나님을 위해 무엇인가 일했다는 것을 통해 은혜를 누리려고 한다. 구원도 마찬가지이다. 우리가 구원을 받은 것은 우리가 무엇을 해서가 아니다. 오직 예수 그리스도를 믿음으로 받는다. 그리고 그 믿음조차도 하나님의 선물이라고 하신다. 하지만 현대교회는 그것으로 무엇인가 부족한 것처럼 가르치고 있다. 구원을 위해 우리의 행위가 첨가되어야 한다는 이 거짓 가르침이 교회 안에 깊게 들어와 있다. 사도 바울은 갈라디아 교인들에게 예수를 믿는 믿음과 율법(할례)을 지켜 구원을 받는다는 가르침이 저주를 받을 것이라고 하였다. 구원은 예수 믿음으로만 주어진다. 아무리 좋은 것을 붙여도 믿음과 행함이 구원을 주는 것이 아니므로 그것은 다른 복음이었다.

종교개혁자들이 왜 성경으로 돌아가자고 하였는지 안다면 성경 해석에 대한 이해는 아주 중요하다. 성경을 바르게 해석하지 않고 설교하면 결국 로마 교회처럼 타락하기 때문이다. 성도가 성경을 읽고 쓰고 묵상하는 일은 아름다운 것이다. 그러나 바르게 읽고 바르게 해석하지 못하고 그 의미를 모른다면, 혹 자신의 입맛에 맞게만 묵상하고 읽는다면 그것은 신앙의 타락을 불러온다는 것을 알고 자신이 섬기는 교회의 목사에게 묻고 가르침을 받아야 할 것이다. 이것을 위해 하나님은 목사를 교회에 세우셨다는 것도 명심해야 한다.

구레네 사람 시몬은 왜 십자가를 졌나

군병들은 왜 예수님의 십자가를 구레네 사람 시몬에게 지고 가게 하였는가? 한국 교회는 예수님께서 십자가를 친히 지고 가지 않으시고 구레네 사람 시몬이 지고 간 것은 너무 모진 채찍질과 고난을 당해서 십자가를 지고 가다가 길에서 쓰러지셨기 때문이라고 믿고 있다.

하지만 성경에서 예수님께서 쓰러지셨다고 하는 곳은 단 한 곳도 없다. 우리는 지금까지 왜 예수님께서 십자가를 지고 가시다가 구레네 사람 시몬이 예수님의 십자가를 지고 가는지 단 한 번도 깊게 생각해 보지 않았고, 당연히 예수님께서 매를 맞고 쓰러진 것으로 알고 있다. 그 이유는 성경보다 인간이 만든 예수님에 대한 이야기가 더 드라마틱하기 때문이다. 그러므로 거의 모든 목사들과 성도들은 당연히 예수님께서 십자가를 지고 가실 때 계속 채찍에 맞고 너무 심한 고통 때문에 쓰러진 것으로 알고 있다. 이러한 현상은 로마 가톨릭 교회가 만든 영화 때문이다. 그렇다면 우리는 인간이 만든 타락한 성경 이야기에서 벗어나서 정말 성경에서 충분히 찾을 수 있는 복음을 들어야 한다.

예수님께서 십자가를 지신 그 당시 극악한 죄인들, 즉 로마제국에 반란을 일으키고, 살인을 저지르는 자들은 십자가형에 처해졌다. 십자가를 지고 형벌을 받는 죄인들은 예수님께서 군인들에 의해 매를 맞고 조롱당하신 모습처럼 다 그렇게 채찍을 맞았다. 예수님만 맞으신 것이 아니다. 그리고 더 중요한 것은 예수님께서 자신의 제자들에게 "나를 따라오려거든 자기 십자가를 지고 따르라" 하신 말씀의 의미다. 당시 로마법에 의해 십자가를 지고 형벌 터로 가는 죄인들을 두고 친히 말씀하신 것이다. 예수님은 자신의 제자들에게 나를 따르려거든 정말로 십자가를 지고 나를 따라야 한다고 하셨다. 그것은 바로 죽음을 각오하고 주님을 따르는 것이다. 죄인들은 자신이 져야 할 십자가를 지고 죽음의 장소까지 간다. 남이 대신 십자가를 져 주지 않았다. 예수님께서 당시 건장한 청년이었기 때문에 자신이 져야 할 십자가를 지지 못할 이유가 없었다. 뿐만 아니라 성경에서 보면 빌라도가 예수님께서 십자가에서 얼마 있다 바로 죽은 것을 듣고 백부장을 불러서 그 죽음을 물었다. "빌라도가 예수께서 벌써 죽었을까 하고 이상히 여겨 백부장을 불러 죽은 지가 오래냐 묻고"(막 15:44). 십자가의 형벌은 사람을 곧바로 죽이는 형벌이 아니라 인간이 십자가에 달려서 오랫동안 극심한 고통을 느끼다가 피와 물이 다 쏟아지고 죽음에 이르는 형벌이었다. 그래서 빌라도는 건강한 예수님께서 벌써 죽을 리가 없었다고 여긴 것이다.

그렇다면 사람들은 성경 어디에도 없는 예수님의 모습을 마치 성경의 이야기처럼 기정사실로 믿고 있는 것이다. 이 사건에서 우리에게 주시는 복음의 위대한 교훈은 다 사라졌다. 단지 고난을 극화시켜 주님께서 십자가를 지고 가시다가 넘어졌다는 인간적인 감정만 불러일으키고 만 것이다. 이 사건, 즉 예수님의 십자가를 타인이 지고 간 것의 의미는 바로 예수님을 끝까지 조롱하는 사탄의 모습이다. 사탄은 예수님께서 십자가를 지고 가시는 과정을 계속 조롱하고 모욕한다. 그리고 마지막 십자가에서 돌아가실 때까지 "네가 하나님의 그리스도냐" 하며 그러면 너 자신을 구원하여 보라고 한다. 그렇기 때문에 예수님의 십자가를 구레네 사람 시몬이 지고 가는 그 사건은 다름 아닌 예수님을 비웃고 조롱하는 사건이다. 군인들은 예수님에게 자색 홍포를 입혔고, 가시관을 엮어 씌웠다. 이러한 행위는 바로 유대인의 왕 예수님을 조롱하는 행위이다. 왕이 입는 자색 홍포와 왕관 대신 씌운 가시관이 그 증거이다. 뿐만 아니라 예수님을 희롱하기 위해 "유대인의 왕이여 평안할지어다"라고 하면서 침을 뱉고 갈대로 머리를 치면서 입혔던 홍포를 벗기고 다시 주님의 옷을 입혔던 것이다. 왕에게 맞는 옷과 관을 씌워 주었다. 또한 왕에게는 백성이 있어야 한다. 그리고 왕을 따르는 신하도 있어야 한다. 그래서 예수님께서 십자가를 지고 가는 것은 유대인 왕에게 맞지 않다고 여겨 신하 하나를 붙여서 대신 십자가를 지고 가게 한 것이다. 그것이 바로 구레네 사람 시몬이 예수님의 십자가를 대신 진 것이다. 유대인의 왕에게 초라한 백성을 붙여 준 것이다. 죄인들이 달린 십자가에는 반드시 그 죄인의 죄목이 무엇인지 사람들이 알 수 있도록 죄패가 붙여졌다.

예수님의 죄목은 "유대인의 왕"이었다. 하지만 유대인들이 "자칭 유대인의 왕"이라는 말로 바꿨다. 예수님의 십자가를 구레네 사람 시몬이 진 것은 예수님이 넘어지고 쓰러지셨기 때문이 아니다. 예수님은 자신의 십자가마저 빼앗기고 만 것이다. 마지막까지 조롱하고 희롱하기 위해 예수님은 자신의 십자가를 빼앗기고 만 것이다. 예수님께서 죽음의 자리에 이르기까지 예수님은 모든 인간적인 조롱과 희롱을 다 받고 계신다. 그러나 그렇게 조롱하고 비난하였던 예수님의 십자가가 얼마나 위대한 구원 사건을 이루고 있는지 우리는 알게 된다. 뿐만 아니라 볼품없고 초라한 유대인의 왕은 온 우주 만물의 왕이시며, 그 나라 백성은 바다의 모래와 하늘의 뭇별들보다 더 많게 되고 있다. 이것이 바른 성경해석이다. 그러므로 우리는 성경을 읽을 때 없는 것을 마치 있는 것처럼 상상하고 읽으면 안 된다. 모든 것을 예수 그리스도의 낮아지심(비하)과 높아지심(승귀)에 맞춰 읽고 해석해야 한다.

사르밧 과부

많은 사람들이 성경을 읽고 잘못 해석하고 적용하는 것 가운데 하나가 바로 엘리야 선지자에 대한 이야기다. 특별히 사르밧 과부에게 엘리야가 행한 이적은 상당히 왜곡된 설교로 전해지고 있다. 성경의 문맥적 배경을 고려하지 않고 단지 문자적으로만 성경을 해석하는 사람들 때문에 엘리야가 사르밧 과부에게 행한 표적의 사건이 오늘날 목사나 지도자에게 접대를 잘해야 한다는 식으로 변질되고 말았다. 그렇다면 이 말씀은 성도들에게 무엇을 가르쳐 주는가?

우리가 알고 있듯이 엘리야 선지자가 활동했던 시대는 이스라엘이 가장 패역하게 하나님을 우상으로 섬기고, 이방 신들을 자신들의 신으로 섬겼던 아합 왕 시대였다. 하나님께서 엘리야를 아합에게 보내 회개하고 이스라엘 백성들이 하나님을 바르게 섬길 것을 요구하신다. 그러나 아합은 오히려 엘리야를 잡아 죽이려고 한다. 이러한 패역한 이스라엘을 향해 하나님은 엘리야를 통해 이스라엘 온 땅에 3년 6개월 동안 비가 오지 않는 심판을 내리게 하신다. 이미 모세를 통해 이스라엘 백성들에게 축복과 저주를 말씀하신 그 언약의 심판이 이루어진 것이다. 그러나 아합은 엘리야 때문에 이스라엘에 비가 오지 않는다고 엘리야를 잡으려고 하였다. 그런데 우리가 말씀을 자세하게 보면 이 가뭄은 이스라엘에게만 내려진 재앙이 아니다. 이 재앙은 이스라엘 부근 이방 땅에도 내렸다. 사르밧 땅은 시돈에 속한 곳인데 바로 아합의 아내 이세벨의 고국이었다. 이곳의 사람들은 바알을 숭배하고 아세라 목상을 만들어 우상을 섬기고 있는 사람들이었다. 당시 사르밧에는 이름이 알려지지 아니한 한 과부가 아들과 함께 살고 있었고 그의 가정도 전례 없는 가뭄에서 벗어날 수가 없었다. 큰 가뭄은 그들의 생명마저 위협하였고 마침내는 마지막 음식을 먹고 죽음의 날을 맞이하고자 하였다. 가뭄은 이 과부에게만이 아니라 온 시돈 땅이라는 이방에도 고통의 재앙이 된 것이다.

이러한 고통을 당하는 과부에게 하나님은 엘리야를 보내신 것이다. 왜 하나님께서 선지자를 과부에게, 그것도 이방 땅 과부에게 보내셨는가? 이것이 엘리야와 사르밧 과부 이야기의 핵심이다.

이스라엘에도 수많은 과부들이 있었는데 하필이면 이방으로 보내셔야 했는지 의문점을 갖지 아니할 수 없다. 그것은 다름이 아니라 하나님께서 이방 땅, 아합과 이세벨이 섬기는 바알의 나라에 기근을 함께 보내심으로 **이 과부를 통해 하나님 자신의 이름을 드러내신 것이다.** 이제 극심한 기근과 가뭄을 해결하지 못하는 바알은 아무것도 아닌 우상임이 드러났다. 자신이 태어난 지역으로 인해 불행하게도 우상을 섬기며 살았던 이 과부에게 하나님의 자비로우신 은혜가 엘리야를 통해 임하게 된 것이다. 살아계신 하나님의 능력을 체험하게 됨으로 자신과 아들의 생명을 살릴 수 있는 분은 바알이 아니라 바로 하나님이라는 사실을 알게 하셨다. 이것이 엘리야를 이방 땅으로 보내신 이유이다.

엘리야는 하나님이 비를 지면에 내리시기 전까지는 가루와 기름이 없어지지 않을 것이라고 이야기하면서 다시 한번 이방 땅의 기근이 하나님께서 행하신 일이라는 것을 가르쳐 준다.

그런데 성도들은 과부가 엘리야에게 자신들의 마지막 음식을 대접함으로 큰 복을 받았다고 그렇게 믿고 있다. 그것은 성경 말씀을 전하는 목사들이 잘못된 말씀을 전했기 때문이다.

이 사건의 핵심은 그보다 훨씬 더 고귀한 진리를 드러낸다. 그것은 여호와 하나님께서 각종 우상을 섬기는 참람하고도 극악한 죄악에 빠져 있는 이스라엘을 돌이키시기 위해서 엘리야를 통해 일하시는 자기 계시의 사건인 것이다. 하나님이 사르밧 과부에게 엘리야를 보내셨던 것은 과부가 섬기는 바알이 세상의 참 신이 아니요 엘리야가 섬기는 여호와가 온 우주 만물을 창조하시고 다스리시는 하나님이신 것을 증거한 것이다. 그래서 과부의 아들이 갑자기 죽자 그 아들을 엘리야가 다시 살려 준다. 자신의 아들이 죽고 다시 살아난 것을 본 과부는 자신의 입으로 이스라엘의 하나님이 어떤 분인지 고백한다.

"여인이 엘리야에게 이르되 내가 이제야 당신은 하나님의 사람이시요 당신의 입에 있는 여호와의 말씀이 진실한 줄 아노라 하니라."(왕상 17:24)

과부가 섬겼던 바알은 주인이라는 뜻의 이름을 가진 우상이다. 육체의 욕망을 채우기에는 바알이면 충분하였다. 그런데 자신의 아들이 죽자 살아날 길이 없는 것이다. 그런데 하나님께서 육체의 필요도 주관하실 뿐만 아니라 생명을 주관하시는 분이라는 것을 깨닫게 된다. 엘리야가 전한 말씀이 참으로 살아계시고 전능하신 하나님의 말씀이며 엘리야의 하나님은 진실하신 분이라는 것을 비로소 인식하고 입술로 신앙고백하고 있는 것이다. 바로 이것을 보여 주시기 위해 하나님은 엘리야를 과부에게 보내셨다. 그것도 이방 여인에게 말이다. 이 사건이 결국 아합과 이스라엘 백성들에게 전해져서 다시 하나님을 바르게 섬기고 돌아올 것을 말씀하신다. 그러므로 하나님은 여전히 자신의 백성 이스라엘을 사랑하고 계시다. 회개하고 돌아올 것을 기다리면서 말이다.

엘리야 시대 사르밧 과부의 이야기는 목사나 교회 지도자를 잘 접대하면 복을 받는다는 말씀으로 우리에게 주신 것이 아니다.

로뎀나무 아래의 엘리야

엘리야는 과연 번아웃(burnout) 되었는가?(왕상 19:1-18). 대부분의 설교자들이 엘리야에 대하여 잘못 이해하고 있는 부분이 바로 이것이다. 엘리야가 하나님의 일을 열심히 하다가 쉬지 못하고 결국 번아웃되어 도망하여 숨었다고 하는 것이다. 이렇게 엘리야의 모습을 단지 인간이 쉬지 못하고 열심히 일한 결과물이 없는 것으로 이해하는 것은 하나님께서 엘리야를 통해 어떻게 이스라엘 백성들을 구원하시려고 하는지에 대한 올바른 구속 경륜을 모르는 것이다. 그렇다면 우리가 잘 알고 있는 이 본문의 내용은 무엇을 말씀하여 주는 것인가?

우선 엘리야가 왜 하나님의 사역을 하다가 이렇게 되었는지 그 배경을 보면 엘리야가 바란광야로 도망한 이유에 대하여 성경은 로마서 11:2-3에서 "하나님이 그 미리 아신 자기 백성을 버리지 아니하셨나니 너희가 성경이 엘리야를 가리켜 말한 것을 알지 못하느냐 그가 이스라엘을 하나님께 고발하되 주여 그들이 주의 선지자들을 죽였으며 주의 제단들을 헐어 버렸고 나만 남았는데 내 목숨도 찾나이다"라고 한다.

여기서 엘리야는 비록 자신의 생명을 위해 도망하였지만 그것이 전부가 아니었다. 지금 엘리야는 이스라엘 전체를 하나님께 고발하고 있다. 주의 선지자들을 죽였고 하나님의 제단을 다 헐어 버렸고, 이제는 혼자 남은 주의 선지자인 자기를 죽이려고 하고 있다는 것이다. 이 고발의 내용을 보면 엘리야는 하나님께 이스라엘 땅에는 더 이상 하나님의 선지자와 하나님을 예배하는 사람들이 없다고 고발하는 것이다. 그렇다면 엘리야는 지금 하나님의 일을 하다가 그 결과물이 보이지 않자 괴로워하는 한 인간의 모습으로 녹초가 되어 자신의 목숨을 지키기 위해 도망하여 숨은 것인가? 전혀 아니다. 바울 사도는 엘리야가 왜 도망하였는지 그 이유를 분명하게 말하여 주고 있다. 바로 이스라엘을 고발하기 위한 것이다. 하나님께 이스라엘을 심판하여 달라고 하기 위해 광야로 갔고 거기에서 천사의 도움으로 하나님의 산 호렙으로 간 것이다. 피곤해서가 아니라 오히려 하나님께 패역한 백성들을 심판하여 달라고 더욱 열심을 내고 있는 것이다.

엘리야가 자신의 생명만을 구원하기 위해 도망을 갔다면 사실 바란광야까지 갈 필요가 없었다. 북 이스라엘 땅 갈멜산에서 남 유다 예루살렘까지 130km인데 엘리야가 도망을 가려고 했다면 예루살렘이면 충분하다. 그런데 그가 예루살렘에서 110km나 더 먼 곳인 이 광야에 올 필요가 없었던 것이다. 그렇다면 엘리야가 이렇게 광야에 자신의 몸을 이끌고 온 이유는 무엇인가?

말씀을 보면 엘리야는 로뎀나무 아래에서 하나님께 죽기를 구한다. 자신의 생명이 조상들보다 낫지 못하다고 여기고 하나님께 죽음을 구하고 있다. 엘리야는 광야에서 하나님께 자신의 소명과 그에 따른 하나님께서 하신 일들을 혼자 생각하고 그 결과를 하나님께 기도하고 있었던 것이다. 하나님께서 자신을 불러 이스라엘을 향해 하신 일들이 과연 무엇을 의미하는지, 그리고 그렇게 놀라운 일(지면에 비가 내리지 않게 하는 일)들을 이스라엘 백성들에게 다 나타나게 하였지만 지금 이스라엘 백성들은 어떻게 하고 있는지?

이러한 것들을 생각하면 큰 실망밖에 없었다. 그러니 "여호와여 이제는 넉넉하오니 지금 내 생명을 거두시옵소서 나는 내 조상들보다 낫지 못하니이다." 하고 하나님께 기도한 것이다. 조상들도 하나님의 일을 하다가 다 하나님이 불러 갔는데 저라고 별 수 있습니까? 하나님, 저는 여기까지 하나님께서 저를 사용하셨으니 족합니다. 그러니 데려가 달라고 하고 있는 것이다. 엘리야의 심중에 이스라엘 백성들이 그렇게 놀라운 큰일들을 다 보고 알았는데 아무런 회개의 모습들이 없다고 판단하였다. 여전히 이스라엘 백성들은 아합과 이세벨의 강압적인 통치에 못 이겨 하나님께로 돌아오지 못하고 있고, 이세벨은 자신을 죽이려고 혈안이 되어 자기를 찾고 있는 이 모습을 볼 때 '더 이상 어떻게 하겠습니까? 이제 저는 할 만큼 했습니다. 그러니 하나님께서 저를 데려가 달'고 하는 것이다. 이렇게 이스라엘을 고발하고 있는 엘리야에게 하나님께서 깨닫게 하여 주시는 말씀이 계속 나온다. 하나님은 여전히 자신의 백성들을 사랑하신다. 그래서 인간의 눈에 보이는 큰 표적의 사건들을 통해 구원하는 것이 아니라 세밀한 음성으로 자기 백성들을 구원하신다는 것을 엘리야에게 가르쳐 준다. 엘리야는 인간적인 생각으로 하나님께서 자신을 통해 역사하신 초자연적인 일들을 보고 백성들이 회개할 줄 알았다. 그러나 하나님은 자신의 방식으로 사람들을 구원하신다. 바로 십자가를 통해 자신의 백성들을 구원하시는 것처럼 말이다. 그것을 엘리야에게 가르쳐 주신 것이다.

이 말씀은 결국 오늘날 하나님의 말씀을 전하는 목사들에게 가장 먼저 교훈하여 준다. 목사들이 목회를 위해 열심히 사역을 하면서 결과물이 없다고 좌절할 필요가 없다. 그래서 인간적인 방법으로 목회를 구상하면 안 된다. 자신이 바르게 가르치고 있는데 사람들이 변화되지 않는다고 낙담할 필요가 없다는 것이다. 목사가 복음을 바르게 전하고 가르쳤다면 하나님은 반드시 자신의 백성을 부르시고 변화시키신다는 확신을 가져야 한다. 하나님은 엘리야에게 자기 백성을 어떻게 구원하시는지 가르쳐 주고 있다. 그러므로 엘리야는 더 이상 낙망할 필요가 없었던 것이다.

성령을 받으라

부활하신 예수님은 숨어 있는 제자들 앞에 나타나셨다. 그리고 그들에게 평강을 말씀하시고 자신의 몸에 있는 상처들을 보여주셨다. 제자들은 자신들 앞에 계신 주님의 실체적인 부활을 보고 기쁨이 충만하였다. 주님과 제자들 사이에 어떤 이야기가 오갔는지는 잘 모른다. 성경에 기록된 내용은 단지 예수님께서 제자들을 향해 '아버지께서 나를 보내신 것과 같이 나도 너희들을 보낸다."(요 20:21) 하시고 숨을 내쉬면서 성령을 받으라고 하신 것을 말씀하여 주시고 있다.

우리는 이 부분에서 예수님께서 자신의 제자들을 세상에 보내시기 위해 숨어 있는 그들 앞에 오셨다고 하는 것을 알 수 있다. 물론 부활 사건을 통해 부활이 주는 의미와 기쁨을 말할 수 있지만 **사도 요한이 복음서를 기록한 목적은 그 의도가 아주 분명하다. 그것은 제자들을 복음 선포자들로 세상에 보내시기 위함이다.** 아버지께서 아들을 세상에 보내신 것은 자신의 백성들을 죄에서 구원하시기 위함이다. 이와 마찬가지로 아들이 자신의 제자들을 세상에 보내어 복음 선포를 통해 자신의 백성들을 구원하시려고 그들을 보낸다. **이 일을 하기 위해 숨을 내쉬면서 성령을 받으라고 하신다. 그렇다면 성령을 보내시는 목적이 분명하다. 오직 복음 선포를 위해 성령을 보내시고 성령을 받으라고 하시는 것이다.** 지금 제자들이 예수님께서 성령을 받으라고 하시는 것을 지금 당장으로 이해하는 사람들이나, 이후 오순절 성령 강림의 상징으로 보는 사람들이 서로 대립할 수 있다. 하지만 예수님께서 당신의 제자들에게 성령을 받으라고 하시면서 숨을 불어 주시는 의미는 오순절 이후 성령강림의 사건을 통해 복음이 땅 끝까지 증거되는 것을 말씀하여 주신 것이다. 그것은 복음 선포와 관련된 성령의 사역을 의미한다.

이 복음 선포를 위해 성령을 받으라고 하신다. 그러므로 성령은 복음 선포를 위해 오셨다. 그런데 오늘날 괴이한 일들이 일어나고 있다. 복음 선포를 위해, 즉 자기 백성들을 죄에서 구원하시려고 오신 성령을 목회 성공의 도구로 삼고, 개인의 영적 만족을 채우기 위한 도구로 전락시키고 있다. 성령을 받고 성령 충만을 받으면 개인의 사업과 건강과 자녀의 복을 받는다고 거짓을 가르치고 따라오게 하고 있다. 기도와 찬송을 아주 뜨겁게 하면 성령을 받는다고 가르친다. 성령은 인간의 노력으로 받는 것이 아니다. 오직 하나님께서 창세 전에 예수 그리스도 안에서 택하신 자기 백성들에게만 성령을 주신다. 바람이 어디서 불어와서 어디로 가는지 알 수 없는 것처럼 성령으로 거듭난 자들은 그렇게 하나님의 은혜로 구원을 받는다. 불신자들에게도 성령이 임재한다는 칼빈의 가르침은 하나님의 섭리적인 사역으로 세상 역사를 주관하는 통치와 질서, 그리고 일반은총이라고 할 수 있다. 그러므로 불신자에게 성령의 임재는 구원 사역의 의미가 아니다. 단지 하나님께서 불신자를 사용하셔서 구원 사역을 이루시는 도구적인 의미이다. 하나님께서 택정하신 자기 백성에게만 구원이 있을 뿐이다. 따라서 성경에 나타나는 모든 은사와 능력은 복음 선포와 연관된 것이다. 성령은 복음 선포와 관련되어 제자들과 120여 명의 성도들에게 임하였다. 그리고 은사들도 복음 선포와 관련되어 주어졌다.

예수님께서 부활하셔서 자신의 제자들에게 부활의 확신을 심어주고 기쁨을 충만케 하여 주시고 성령을 보내주신 것은 그들이 복음을 담대하게 세상 가운데서 선포케 하시기 위함이었다. 그래서 제자들을 향해 숨을 쉬시면서 성령을 받으라고 하신 것이다.

솔로몬의 지혜

믿음의 부모들은 자기 자녀들이 신앙 안에서 온전하게 자라며 하나님의 은혜를 받고 축복의 삶을 살기를 바란다. 이러한 바람은 모든 부모들의 바람이다. 특별히 자신의 자녀가 지혜로운 사람으로 많은 사람들 앞에서 인정받기를 원한다. 때문에 성경에서 가장 지혜로운 인물인 솔로몬이 받은 그 지혜를 사모하는지 모른다. 그렇다면 우리는 솔로몬이 하나님께 구한 것 가운데 왜 지혜를 구했는지, 솔로몬이 구한 그 지혜를 하나님께서 왜 주셨는지 그 의미를 바르게 알아야 한다.

성경에 대한 바른 이해가 없이 그저 문자적으로 하나님께서 솔로몬에게 지혜를 주셨기 때문에 오늘날도 열심히 기도하면 하나님이 동일한 지혜를 우리에게도 주신다고 믿을 수 있다. 또한 일부 사람들은 솔로몬이 전무후무한 복을 받은 것은 하나님께 구한 지혜 때문이라고 생각하여 무작정 기도하면서 지혜를 구한다. 그러나 우리가 성경을 주의 깊게 보면 솔로몬이 하나님께 구한 지혜는 야고보 사도가 가르친 바 육체의 정욕을 위해 구한 것이 아니라 하나님의 나라와 의를 구한 지혜였음을 알 수 있다.

우리는 예수님께서 당신의 제자들에게 무엇을 먼저 구해야 하는지를 가르쳐 주신 말씀을 기억하고 있다. 그것은 바로 하나님의 나라와 의를 구하는 것이다. 그리하면 그 모든 것을 다 하나님께서 주신다고 하셨다.

열왕기상 3:5를 보면 하나님은 솔로몬이 구하기 전에 솔로몬에게 무엇을 채워 주시고자 하는 의도로 먼저 물으셨다. 솔로몬은 어떤 대가를 바라고 하나님께 감사의 제사를 드리지 않았다. 솔로몬이 구한 것에 대하여 하나님은 "주의 마음에 맞는 것"을 구했다고 하신다. **솔로몬이 구한 것의 내용을 보면 한마디로 하나님 나라의 건설과 깊이 연관돼 있음을 알 수 있다.** 가나안 땅에 수립해야 할 하나님 나라는 일찍이 아브라함에게 언약하신 가운데 모세 언약을 통해 그 신정적 기반을 수립하셨고, 드디어 이제 다윗을 통하여 그 역사적 측면에서의 궁극적인 완성으로 나타나고 있다. 그리고 이 나라의 계속적인 유지와 발전이라고 하는 중요한 신적 사명이 솔로몬에게 맡겨졌던 것이다. 이것은 솔로몬의 입장에서 보건대 큰 영광임에 틀림없다. 그러나 이 일은 또한 큰 책임과 의무가 요구되기도 한다. 왜냐하면 자신의 통치 역량에 따라서 하나님의 나라로서 이스라엘의 흥망성쇠가 결정적으로 좌우될 수 있기 때문이다.

'주의 마음에 맞는 것'으로 나타나게 되었던 솔로몬의 간구는 바로 이런 식으로 언약적 구속사의 진행이란 사실과 밀접히 관련된 것이다.

한편 "지혜로운 마음을 종에게 주사 주의 백성을 재판하여 선악을 분별하게 하옵소서"(9절)라고 요청하고 있는 데서 하나님을 의지하는 신정적 통치의 정체성이 잘 드러난다. 지금 솔로몬은 자신에 의해 통치되는 이스라엘 왕국이 하나님의 왕적 통치를 대리적으로 수행하는 신정왕국의 성격을 띠고 있음을 누구보다 분명히 인식하는 가운데 통치의 방편으로 하나님의 지혜를 간구하고 있다. 그리고 그런 솔로몬의 간구는 하나님의 뜻을 적극적으로 반영해 내는 것으로 하나님의 마음에 꼭 맞았던 것이다. 그래서 솔로몬은 지혜를 구했다. 그런데 우리는 솔로몬이 구한 지혜의 내용에 대하여는 별 관심이 없고 단지 그가 받은 지혜에만 관심이 있는 것 같다. 그 내용은 본문 말씀에 나와 있듯이 솔로몬이 자신의 부귀와 명예를 위함이 아니고, 원수를 멸하는 것도 아니고, 무병장수하는 것도 아닌 하나님의 백성을 법도와 율례로 잘 다스릴 수 있는 지혜로운 마음이었던 것이다. 이것을 직역하면 하나님 앞에서 말씀을 경청하는 마음이라는 뜻이다. 오직 하나님의 말씀으로 다스리고 통치하겠다는 것이다.

그것이 바로 하나님의 마음에 맞는 것이었다. 지혜를 구한 의도는 하나님께서는 이스라엘의 진정한 왕이시며, 이스라엘을 통치하시는 분이라는 의미를 담고 있다. 이방 나라들처럼 인간이 다스리는 것이 아니라 하나님이 자신들의 왕이라는 것을 드러내고 있다. 솔로몬은 인간들이 요구하는 왕의 개념을 포기하고 진정한 왕은 하나님이라는 것을 드러낸 것이다. 그러니 이것이 얼마나 하나님을 기쁘시게 하고 하나님의 마음에 맞는 것이 되었겠는가?

우리 자신에게도 우리는 우리의 주인이 내가 아니고 나의 주인은 하나님이시기에 하나님의 말씀에 순종하겠다고 하는 것이다. 그것이 바로 하나님의 나라와 의를 구하는 것이다. 솔로몬이 그렇게 하였다. 사람의 방식대로 하는 육신적인 통치가 아닌 하나님이 주시는 지혜로 말씀에 의지하여 나라를 다스리겠다고 하는 것을 구하고 있다. 누구든지 솔로몬이 구하는 지혜를 구한다면 바로 이런 신앙의 내용을 담고 구해야 한다. 그것만이 우리의 정욕을 피하고 구하는 지혜이다. 지혜를 구할 때 누구보다 자신이 잘 알고 있다. 그것이 내 자신의 정욕을 위한 것인지 아니면 하나님의 나라와 의를 먼저 구하는 것인지 말이다.

"너희 중에 누구든지 지혜가 부족하거든 모든 사람에게 후히 주시고 꾸짖지 아니하시는 하나님께 구하라 그리하면 주시리라"(약 1:5)

우리에게 하늘로부터 내려온 지혜가 있다면 그것은 바로 선한 일을 통해 그 행위를 나타내어야 할 것이다. 그렇지 않고서 우리가 자랑하는 지혜는 땅의 것이요, 정욕적인 것이니 그것은 귀신의 것이라고 야고보 사도는 가르쳐준다. 그러므로 우리가 지혜를 구한다면 그것은 하나님의 나라와 의를 구하는 지혜여야 한다.

맡은 자들은 누구인가

"맡은 자들에게 구할 것은 충성이니라"(고전 4:2). 새로운 한 해가 시작되면 교회에서 가장 많이 설교되는 본문이 바로 이 말씀이다. 지난해 주일학교 교사, 구역장, 찬양대, 교구장 및 각 부서 일꾼들을 세우면서 강단에서 이 본문을 가지고 설교를 했다. 하지만 이 말씀이 오늘날 교회 내에서 각 부서의 일꾼들을 세우면서 그들에게 교회에 충성하라고 요구하는 말씀이 아니라면 어떻게 할 것인가? 과연 이 본문의 말씀이 교회 일꾼들에게 하시는 말씀인지 다시 한번 성경의 말씀을 통해 바르게 해석되어야 할 것이다.

여전히 계속 느끼는 것이지만 강단에서 말씀을 전하고 가르치는 목사들이 책을 바르게 읽고 이해하고 있는지 간혹 의구심이 들 정도이다. 이렇게 말하는 이유는 성경에서 말씀하시는 의도를 전혀 파악하지 않고 그저 문자적인 것에만 매여 성경을 해석하려고 하기 때문이다. 이러한 현상이 계속 강단에서 일어나는 것은 목회의 목적에 따라 성경의 말씀을 이용하기 때문이다. 새로운 일꾼들에게 충성을 요구하는 말씀으로 이 본문의 말씀만큼 강한 말씀이 없기 때문이다. 문자적으로만 볼 때 모든 교회의 일꾼들에게 이 말씀은 당연히 충성을 요구한다. 그러나 우리가 조금만 신경을 써서 이 본문의 전후 문맥을 다시 한번 읽어 보면 그렇지 않다는 것을 쉽게 알 수 있다. 본문의 내용과 의미를 바로 파악하지 않고 단지 목적에만 맞추려고 한다면 성경은 불신자들에게도 그들의 목적에 맞게 사용될 것이다.

그렇다면 본문에서 "맡은 자들"이란 누구를 말하는가? 그것은 고린도전서 4:1에서 먼저 확인된다. "사람이 마땅히 우리를 그리스도의 일꾼이요 하나님의 비밀을 맡은 자로 여길지어다." 이 말씀에서 "우리"가 누구인가를 먼저 알아야 한다. 여기서 "우리"는 고린도 교인들이 아니다. 뿐만 아니라 당연히 오늘날 우리도 아니다. 그것은 바로 바울과 그의 일행들이다. 지금 사도 바울은 고린도 교인들에게 바울 자신과 일행들을 그리스도의 일꾼으로 여길 것을 말하고 있다. 더욱이 하나님의 비밀을 맡은 자로 여기라고 강하게 요청하고 있다. 좀 더 전체적인 말씀을 바르게 이해한다면 "우리"는 바로 사도들을 말하고 있는 것이다. 바울과 게바와 아볼로이다. 고린도 교회의 문제 가운데 하나가 분파 분쟁이었다. 바울은 그것을 알고 있었기 때문에 오직 예수 그리스도만을 위해 사도들이 충성을 다해야 한다고 성도들에게 바르게 가르치고 있다. 그러므로 하나님의 말씀의 비밀을 맡은 자들에게 요구되는 것이 바로 충성이다. 누구에게 충성을 하는 것인지 바울이 말한다. 그분은 바로 예수 그리스도이시다. 사도들이 충성을 바치는 분이 그리스도이다. 어떻게 보면 본문의 말씀은 오늘날 현대교회에서 복음을 전하는 목사들에게 가장 강력하게 충성을 요구한다. 그 충성은 바로 성경을 바르게 해석하고 복음을 전하는 목사들에게 하시는 명령이다. 목사는 사도들의 제자이다. 우리가 엄밀히 따지면 오늘날 성도들은 예수님의 제자들이 아니다. 예수님의 제자들은 오직 사도들뿐이다. 그리고 사도의 제자들은 역사적으로 속사도라고 한다. 속사도들을 통해 변증가들과 교부들이 세워졌다. 그리고 목사는 그 사도들의 제자로 사역을 한다. 그렇다면 목사는 자신들의 스승인 사도들이 무엇을 위해 부름을 받았고, 무엇을 전하고 가르쳤는지 분명하게 알아야 한다. 그것은 다름 아닌 오직 복음이었다.

넓은 의미로 본다면 오늘날 성도가 그리스도의 일꾼이라고 할 수 있다. 그렇지만 분명한 것은 지금 본문의 말씀에서 그리스도의 일꾼은 성도가 아니다. 사도들이다. 뿐만 아니라 성도는 하나님의 동역자들이 아니다. 그것은 고린도전서 3:9에서 아주 분명하게 가르쳐 준다. 하나님의 동역자는 사도들이다. 그러면 성도는 누구의 동역자인가? 당연히 사도들의 동역자이다. 이 말씀을 통해서 보면 결국 오늘날 성도들은 목사의 동역자라는 것이 분명하다. 성도들은 하나님의 집이고 밭이라고 하신다.

결론적으로 다시 말하면 "맡은 자들에게 요구되는 것은 충성이니라"라고 하는 본문의 말씀은 오늘날 성도들에게 해당하는 말씀이 아니다. 그것은 다름 아닌 사도들, 이제는 목사들에게 해당하는 말씀이다. 목사들에게 충성을 요구하시는 하나님의 말씀인 것이다. 그 충성은 다름 아닌 오직 예수 그리스도의 복음이다. 하나님의 비밀을 바르게 전하고 가르치는 그 충성을 목사들이 해야 한다. 이것을 안다면 강단에서 이 말씀을 가지고 성도들에게 충성하라고 해서는 안 된다. 성도들에게 충성을 하라고 한다면 성경의 다른 본문의 말씀을 가지고 해야 한다. 그런 말씀들이 많이 있다. 결과만 좋으면 된다고 하는 논리로 말씀을 이용해서는 안 된다. 우리는 항상 성경의 전체적인 의미와 뜻을 바르게 알고 말씀을 읽고 깨달아야 한다. 그것만이 우리의 신앙이 왜곡되지 않고 바르게 설 수 있는 첩경이다.

죽도록 충성하라

"네가 죽도록 충성하라 그리하면 내가 생명의 면류관을 네게 주리라"(계 2:11)

한 해가 새롭게 시작될 때마다 교회는 성도들에게 새로운 각오와 신앙의 결단을 요구한다. 성도들이 열심히 교회를 섬기고 주님을 사랑하는 것을 원하지 않는 목사는 없다. 충성하고 헌신하여 하나님으로부터 축복을 받는다면 그것은 성도 자신에게 기쁨일 뿐만 아니라 목사에게도 기쁨이다.

그러나 강단에서 성도들에게 충성과 헌신을 요구하기 위해서 위의 본문 말씀을 사용한다면 그것은 합당하지가 않다. 왜냐하면 "네가 죽도록 충성하라 그리하면 내가 생명의 면류관을 네게 주리라"라고 하신 말씀은 교회에서 교사의 직분, 찬양대, 그리고 다른 부서의 직분들을 임명하면서 죽도록 충성하라고 주신 말씀이 아니기 때문이다. 그리스도인들은 항상 기록된 성경의 말씀 안에서 살아야 한다. 그리고 말씀을 가르치는 목사는 사도 바울처럼 기록된 성경 말씀을 바르게 해석하고 가르쳐야 한다. 우리가 성경을 눈에 보이는 대로만 읽는다면 여전히 어린아이 수준에 머물고 만다. 지금 주님은 고난과 핍박과 죽음 앞에 놓여 있는 자신의 양떼들을 위해 말씀하시는 것이다. "네가 죽도록 충성하라"라는 말씀은 서머나 교회에 있는 성도들에게 지금 네가 맡은 직분에 충성하라고 하시는 말씀이 아니라 신앙에 대한 충성을 요구하시는 것이다. 사도 요한이 계시록을 쓸 당시 예수를 주로, 그리고 그리스도로 고백하는 사람들이 당하는 환난이란 바로 순교였다. 이 신앙을 고백하고 예수 그리스도를 믿는 믿음을 지키는 대가가 바로 순교였다. 누군가가 순교를 당하는 그 순간 앞에서 다른 길을 생각하는 것은 그렇게 잘못된 것이라고 말할 수 없다. 그러나 믿음의 사람들에게는 오직 한 길만이 요구된다. 그것은 바로 오직 주 예수 그리스도만이 나의 주 하나님이라고 하는 신앙이다.

이 말씀은 주님께서 환난을 당하는 자신의 백성들에게 바로 죽도록 충성하라고 요구하시는 것이다. 여기에서 충성이라는 단어는 믿음과 연관되어 사용된다. 믿음에 대한 충성이다. 주 예수 그리스도를 자신의 구주로 믿는 그 믿음 말이다. 마귀가 앞으로 너희 가운데 몇 사람을 옥에 던져 시험을 받게 하리니 너희가 십 일 동안 환난을 받을 것이라고 하는 말씀과 연관되어 있다는 것을 안다면 지금 예수님은 자기 백성들이 핍박과 순교의 상황에 직면할 것이기 때문에 믿음을 가지고 끝까지 충성하라고 하신 것이다. 다시 말해서 오늘 이 말씀은 성도가 가진 직분에 죽도록 충성하라는 것이 아니라 순교를 당하더라도 믿음을, 신앙을 죽기까지 지키라고 하시는 말씀이다. 그러므로 이 말씀은 모든 그리스도인들에게 해당하는 말씀이다.

성도가 예수를 자신의 구주로 믿기 시작하면 이 믿음을 가지고 죽음의 자리에 이르기까지 신앙을 지켜야 한다. 교회 안에서 주어지는 직분은 상황에 따라 달라질 수 있다. 임명받은 직분을 한 달, 아니면 일 년도 못 감당할 수도 있다. 그렇다고 해서 신앙이 없는 사람이 아니다. 하지만 주 예수 그리스도를 믿는 신앙은 일평생 끝까지 지키며 살아야 한다. 바로 죽기까지 충성해야 하는 것이다. 그래서 주님은 "내가 생명의 관을 네게 주리라"라고 말씀하여 주셨다. 믿음은 곧 영생이다. 예수를 자신의 구주로 믿는 자들에게 영생을 선물로 주신다. 환난과 핍박 가운데서 끝까지 신앙을 지키고 충성하는 자들에게 주님은 영원한 생명을 주신다고 다시 한번 말씀하신 것이다.

그리고 마지막 구절에서 "이기는 자는 둘째 사망의 해를 받지 아니하리라"

라고 약속하여 주신다. 여기에 기록된 둘째 사망이란 바로 하나님의 마지막 심판을 의미한다. 모든 인간은 죽음 이후 하나님의 심판대 앞에서 심판을 받는다. 그런데 예수를 믿지 아니하는 자들은 영원한 사망의 심판을 받는다. 하지만 끝까지 신앙과 믿음을 지킨 자들에게는 영원한 사망의 심판이 임하지 않는다. 예수님께서 믿음을 버리지 않고 죽도록 충성한 자들에게 둘째 사망의 해를 받지 않을 것이라고 하시는 이 말씀은 역으로 영원한 생명을 주신다는 위로와 격려의 말씀인 것이다. 우리에게 선물로 주신 믿음은 영원한 생명을 의미한다. 이것을 주시기 위해 지금 주님께서 자신을 믿는 믿음을 끝까지 순교의 상황에 직면하더라도 버리지 말고 지킬 것을 강력하게 말씀하신 것이다.

결론적으로 이 말씀이 교회의 목회를 감당하는 목사들의 목적에 맞게 주어진 말씀이 아니라 이 세상 가운데서 고난과 핍박과 환난 앞에서 살아가는 모든 주의 백성들에게 용기와 위로와 담대함을 주시는 말씀이라는 사실을 인정해야 한다. 그 무엇과도 바꿀 수 없는 것이 바로 주 예수 그리스도를 믿는 믿음이다.

요한복음 3:16

"하나님이 세상을 이처럼 사랑하사 독생자를 주셨으니 이는 그를 믿는 자마다 멸망하지 않고 영생을 얻게 하려 하심이라"(요 3:16).

성경 말씀 가운데 가장 많이 왜곡된 말씀이 있다. 그 말씀은 바로 요한복음 3:16이다. 하나님께서 세상을 사랑하신다. 이 말씀이 의외로 가장 많이 왜곡되는 부분이다. 마치 하나님께서 세상에 사랑할 만한 것이 아주 많은 것처럼 우리는 생각하고 있다. 물론 하나님께서 창조하신 이 세상은 당연히 하나님께서 사랑하시고 보존하시고 다스리신다. 우리가 살고 있는 이 세상은 아름다운 것들이 너무나 많다. 그러나 성경은 죄로 인해 하나님과 원수가 된 인간 때문에 모든 만물이 하나님의 저주와 심판을 받고 있다는 것을 말씀하고 있다. 뿐만 아니라 죄인인 인간에 의해 이 세상이 다스려지고 있다. 그러나 세상은 하나님의 보이지 않는 손길 때문에 타락한 인간이 어느 정도 질서를 지키고 타인의 생명이 중요하다는 것을 알고 사회를 유지한다. 아담과 하와가 에덴동산에서 하나님을 거역한 이후로 세상은 황무지가 되었다. 그러므로 아무리 멋있고 아름다운 세상이 우리 눈에 보인다고 해도 그것은 자연의 일부분이다. 하나님께서 창조하시고 보기 좋았다고 하신 이 세상은 이제 더 이상 보기 좋은 세상이 아니다. 그러나 하나님께서 자신의 독생자 아들을 통해 자신의 백성들을 구원하시기로 작정하셨고, 그 구원 경륜이 성경의 역사를 이루고 세상의 중심에 세워지게 되었다. 하지만 여기에서 세상을 사랑하신다는 말씀 때문에 하나님께서 세상 전체를 구원하신다는 것은 아니다. 하나님께서 세상을 사랑하신다고 할 때는 오직 구원하시는 자기 백성들을 위해서만 이 세상이 그 의미가 있다.

우리가 이 세상이 하나님의 사랑을 받기에는 얼마나 자격 없는 상태인지 알 수 있으려면 요한복음 3:16 말씀을 바르게 이해해야 한다. 이 말씀을 바르게 깨달을 때 하나님의 사랑이 얼마나 위대하고 측량할 수 없는 은혜인지 알 수 있다. 그렇다면 요한복음 3:16에서 말씀하시는 "세상"이라는 단어는 우리가 알고 있는 모든 세상의 사람들을 의미하는가? 절대 그렇지 않다. 어떤 사람들은 "세상"이라는 이 단어가 모든 인류를 의미한다고 주장한다. 그래서 예수 그리스도께서 이 세상에 오신 이유는 모든 세상 사람들을 다 사랑하고 그들을 죄에서 구원하시기 위해 오셨다고 한다. 그러므로 모든 사람들이 다 구원받을 가능성이 있고 그 결과 세상의 모든 종교들 안에 구원의 길이 제시되어 있다고 가르친다. 하지만 이렇게 주장하는 사람들이 얼마나 잘못된 것을 말하고 있는지 우리는 3:16 앞과 바로 뒤에 나오는 말씀을 통해 쉽게 알 수 있다. 지금 이 말씀은 예수님께서 니고데모와 대화하는 가운데 하신 말씀이다.

사람이 어떻게 거듭나는지, 하나님 나라에 어떻게 들어갈 수 있는지에 대하여 주님께서 니고데모에게 가르쳐 주시는 말씀 가운데 하신 아주 중요한 말씀이다. 전체 문맥을 보면 사람이 거듭나고 하나님의 나라에 들어갈 수 있는 길은 오직 주 예수 그리스도를 믿는 것밖에 없다는 것을 말씀하신다. 하나님의 아들을 믿는 자만이 구원을 받는다고 하시는 것이다. 모든 세상 사람들이 다 구원을 받을 수 있다. 그 길은 오직 하나님의 아들을 믿는 것이다. 그러나 세상 사람들이 다 예수 그리스도를 믿지 않는다. 그렇기 때문에 믿는 자만 구원받는다. 아들을 믿는 자에게는 영생을 주신다. 하지만 아들을 믿지 않는 자들은 벌써 심판을 받은 것이라고 말씀하고 있다. 다시 말해 하나님께서는 이 세상의 모든 사람들을 다 구원하시려고 자신의 독생자를 보내시지 않았다. 오직 자신의 아들을 믿는 자만 구원하시기 위해 세상을 사랑하시는 것이다. 그러므로 하나님이 이 "세상"을 사랑하신다고 할 때 그 의미는 선택된 자들을 의미하는 것이다. 우리가 이 말씀에서 한 가지 확실한 진리를 더 배울 수 있다. 하나님께서 이 세상을 사랑하신다고 할 때 우리는 세상이라고 하는 이 말씀을 우리가 생각하는 넓은 크기의 세상이라고 할 수 있지만 그것은 크기나 범위가 아니라 '정도'를 뜻하는 것이다.

조금은 어렵게 느껴질 수 있지만 우리가 조금만 성경적으로 생각한다면 그렇게 어려운 말이 아니다. 다시 말하면 구원받을 자들이 이 세상에 얼마나 많이 포함되어 있는지에 대한 것이 아니라, 마치 이 세상을 구원하시려고 이 큰 세상을 모두 끌어안으려고 하는 큰 사랑을 말하는 것이 아니다. 이 말씀의 의미는 악한 세상을 사랑하시기 위해 어떤 종류의 위대한 사랑이 필요한지를 말씀하여 주시는 것이다. 독생자를 주실 만큼 이 세상이 악하다고 하는 의미이다. 그래서 이 악한 세상 안에서 아들을 믿는 자들을 구원하신다. 하나님 아버지께서 세상을 어느 정도 사랑하시는지 가르쳐 주시는 말씀이다. 그것은 바로 자신의 아들을 주신 사랑이라고 하는 것이다. 주 예수 그리스도를 자신의 구주로 믿고 삼위일체 한 분 하나님을 섬기는 자들은 이 위대한 아버지의 사랑을 깨닫게 된다. 이 말씀을 올바로 알게 되면 성도는 자신을 위해 살지 않는다. 하나님의 사랑의 정도를 알기에 복음을 위해 살지 않을 수 없다. 이 말씀이 세상 모든 인류를 사랑하는 것이 아니라 자기 백성들을 위해 아들을 주신 사랑이라는 것을 알기 바란다.

새벽 기도

"하나님이 그 성 중에 계시매 성이 흔들리지 아니할 것이라 새벽에 하나님이 도우시리로다"(시 46:5)

필자가 일반대학원 시절에 같이 한 집에 살았던 미국인 교수가 있었다. 그분은 목사이면서 영어교육에 관련된 학과에서 학생들을 가르쳤던 교수였다. 어느날 새벽에 기도하러 갔다가 온 나에게 그분이 하나님은 새벽에만 기도를 들으시는 분이냐고 물었던 기억이 난다. 그분의 말은 하나님은 새벽에만 도우시는 분이신가? 하는 의도였다. 이 말씀이 기록된 곳이 있다. 바로 시편 46:5이다. "새벽에 하나님이 도우시리로다." 문자적으로만 볼 때 한국 교회가 이 말씀을 가지고 특별 새벽기도를 위해 주로 사용하는 말씀으로 삼고 있다. 하지만 하나님은 새벽에만 도우시는 것이 아니다. 모든 시간 안에서 자신의 자녀들의 기도를 들어 주신다. 그러므로 새벽에만 도와주시지 않는다. 하나님은 자신의 자녀들을 언제나 도와주신다. 그리고 졸지도 않고 주무시지도 않는다. 늘 살펴 주시고 보호하시며 우리를 보존하고 지켜 주신다. 그러나 하나님께서 새벽에 도우시리라고 하신 이 말씀이 새벽기도를 하라고 하신 말씀이 아니다. 지금 이 글을 읽는 분이라면 새벽기도를 반대하는 것이 아님을 알아야 한다. 왜곡된 성경 해석을 말하는 것이다. 그렇게 물어온 그분에게 나는 이렇게 말했다. "하나님은 언제나 그리고 늘 우리를 도와주십니다. 그러나 제가 하루를 시작하면서 하나님 앞에 나가 기도하는 이 시간을 좋아합니다. 때론 육체가 연약하여 잘 때도 있지만 할 수만 있으면 새벽에 일어나 먼저 기도하는 것이 좋다고 여깁니다. 그래서 새벽기도를 하는 것입니다."

현대교인들은 일반적으로 하나님께서 새벽에 기도하는 것을 특별히 원하신다고 믿는다. 이렇게 믿게 된 이유는 말씀을 문자적으로만 받아들이기 때문이다. "새벽에 하나님이 도우시리라." 이 말씀만 보면 정말 하나님이 새벽에

도와주시는 분이라고 할 수 있다. 그러나 이 시편의 전체적인 문맥을 고려할 때 이 말씀은 새벽에 역사하여 이스라엘을 주변 이방 나라로부터 도와주시는 말씀과 연관되어 있다는 것을 알 수 있다. 특히 칼빈은 이 시편 46편을 열왕기하 19장과 관련된 것으로 본다. 그렇다면 이 말씀은 산헤립이 예루살렘 성을 포위하고 이스라엘 백성들을 전부 죽이려고 하는 급박한 상황에서 하나님께서 이스라엘 백성들을 구원하여 주신 말씀과 연관되어 있다. 그래서 하나님의 구원의 손길이 확실하게, 그리고 빠르게 임하신다고 하는 의미로 이른 새벽에 하나님이 도와주신다고 말씀하신 것이다. 역사적으로 산헤립의 18만 5천 명이 하루아침에 다 죽었다. 그렇기 때문에 이 말씀은 일반 성도들이 새벽에 하나님이 도와주신다는 의미로 사용할 수 없는 것이다. 늘 우리는 우리편에서 좋은 쪽으로만 말씀을 해석하고 받아들이려고 한다. 하나님께서 새벽 시간에만 역사하시는 분이라는 것을 성경에서 찾을 수 없다. 하나님은 24시간, 모든 시간 안에서 자신의 자녀들과 함께 하신다. 그러므로 교회가 특별 새벽기도 및 일반 새벽기도를 위해 이 말씀을 가지고 사용한다는 것은 말씀의 본의를 벗어난 것이다.

성도는 늘 깨어 있어야 한다. 그리고 주님의 말씀처럼 쉬지 말고 기도해야 한다. 쉬지 말고 기도하라고 한다고 해서 또한 24시간 동안 계속 기도하라는 것이 아니다. 우리는 게으르고 나타한 존재들이다. 우리가 믿음으로 주님을 우리의 구주로 믿고 섬기고 따른다고 해서 이런 인간의 타락한 성품이 쉽게 변하지 않는다. 그래서 교회가 성도들의 신앙의 유익을 위해 새벽기도를 만들고 할 수만 있으면 성도는 그것을 같이 하는 것이 좋다. 새벽기도가 한국 교회에만 있는 것이라고 비판하면서 새벽기도의 무용론을 주장하는 사람들도 있다. 그러나 그것도 어리석은 비판이다. 성도의 유익을 위해 그것이 율법적이지 않고 영혼의 훈련을 위한 것이라면 긍정적인 것이 아니겠는가?

하지만 아무리 좋은 것도 성경의 말씀을 자의적으로 해석하여 사용한다면 합당하지 않을뿐더러 오히려 잘못되었다고 지적을 받는다. 그러므로 성도들의 신앙을 유익하게 하고 깨어 있는 주의 자녀들로 늘 서서 세상을 이기는 삶을 살기를 바라는 목회자들이라면 성경의 말씀을 바르게 가르쳐야 한다. 성경을 바르게 가르치면 성도는 언제든지 기도하는 시간을 기쁨으로 삼을 것이다. 그리고 교회가 함께 정한 시간에 기도하자는 것을 율법으로 여기지 않고 감사하며 자원하는 심령으로 새벽에 기도할 수 있을 것이다. 그리고 목사들은 새벽에 기도하지 못하는 성도들을 정죄해서는 안 된다. 성도가 언제든지 기도하는 것이 더 중요하다. 어떤 특별한 시간만 기도해야 한다는 법칙이 없다. 하지만 성숙한 성도는 결국 교회를 통해 유익을 얻는 것을 배우게 되고 함께 지체로 그리스도의 몸을 이룬다. 그리스도인의 신앙이란 자신의 것을 주장하지 않는다. 오직 하나님의 말씀인 성경을 기반으로 그 양식을 삼는다. 이 원리를 정확하게 알고 하나님의 말씀에 순종하는 자들이 되기를 바란다.

복 받는 신앙

"나와 복음을 위하여 집이나 형제나 자매나 어머니나 아버지나 자식이나 전토를 버린 자는 현세에 있어 … 백 배나 받되 박해를 겸하여 받고 내세에 영생을 받지 못할 자가 없느니라"(막 10:29-30)

우리는 번역된 성경을 가지고 하나님의 말씀을 읽고 설교를 듣는다. 또한 대부분의 사람들이 문자적으로 성경을 읽기 때문에 그 의미를 충분히 잘 알 수 없다. 그 이유는 예수님 당시 유대인들의 문화와 우리들의 문화가 다르기 때문이다. 상황도 다르다. 우리들이 사용하는 언어와 유대인들이 사용하는 언어의 의미도 상당히 다른 부분들이 많다. 이러한 차이를 좁히기 위해 설교자들이 먼저 해야 하는 일이 있는데 그 일이란 예수님 당시 사용되었던 언어에 대한 이해이다. 우리가 성경을 그냥 읽기만 한다면 하나님의 말씀인 성경을 통해 누려야 할 풍성한 은혜들을 누리지 못할 것이다. 하지만 시간을 가지고 좀 더 연구하고 그 말씀의 의미를 바로 알려고 한다면 하나님께서 우리에게 주시는 놀라운 은혜가 무엇인지 알 수 있다.

　　마가복음의 이 말씀도 많은 사람들이 오해하고 잘못 이해하고 있는 본문 가운데 하나이다. 이 본문의 말씀이 어떤 의미를 주는지 바르게 알려고 한다면 이 본문의 전후 문맥을 먼저 자세하게 살펴보아야 한다. 말씀을 보면 어떤 사람이 예수님께 나와 어떻게 하면 영생을 얻을 수 있는지 물어본다. 이에 예수님께서 율법을 지켜야 한다고 말씀하여 주신다. 이에 이 사람은 자신은 어려서부터 이것을 다 지켰다고 말한다. 그러자 예수님은 네가 아직 부족한 것이 있는데 네 것을 팔아 가난한 자들에게 나누어 주고 그리고 나를 따르라고 말씀하신다. 이 말씀을 들은 사람이 재산이 많은 고로 슬픈 기색을 띠고 근심하며 예수님을 떠나는 모습을 먼저 볼 수 있다. 이 일로 인해 예수님께서 부자가 천국에 들어가는 일이 낙타가 바늘귀로 나가는 것보다 더 어렵다고 말씀하시자 그러면 누가 천국에 들어갈 수 있는지 제자들이 물어본다. 천국은 오직 하나님만이 하실 수 있는 일이라 말씀하실 때 베드로가 제자들을 대표하여 "우리가 모든 것을 버리고 주를 따랐나이다"라고 말하는 상황에서 주님께서 본문의 말씀을 하시는 것이다.

그러니까 우리가 알 수 있는 것은 예수님과 복음을 위해 자신의 재물을 포기하지 못하고 슬픔 속으로 사라져 버린 부자와는 반대로 예수님을 위해 자신의 모든 것을 버리고 좇은 제자들에게 예수님께서 말씀으로 약속하여 주시는 축복의 내용이 29절과 30절의 말씀이라는 것이다.

그렇다고 해서 오늘의 이 말씀이 제자들에게만 주어진 축복의 말씀으로 생각해서는 안 된다. 특별히 29절과 30절의 말씀은 모든 교회를 이루고 있는 성도들에게 주시는 하나님의 약속이다.

우리는 예수님을 섬기면서 두 길을 같이 걸을 수가 없다. 한 손으로 세상을 사랑하는 것과 다른 한 손으로 예수님을 붙잡는 것은 불가능한 일이다. 대다수의 사람들이 이 말을 바르게 이해하지 못하고 있다. 그러면 우리가 세상에서 살아가면서 직업을 가지고 있는 것이 잘못이라고 말씀하시는 것인가? 하고 생각한다. 그래서 예수님을 사랑하고 교회에 충성하게 되는 순간부터 세상의 직업보다 하나님의 일을 먼저 해야 한다는 식으로 생각한다. 그래서 어떤 사람들은 사업을 하다가 망하면 하나님이 그 사업을 망하게 하시고 자신을 주의 종으로 불렀다고 믿는다. 진작 모든 것을 포기하고 하나님을 따라야 했는데 고집을 부리다가 많이 고생하고 재산을 다 잃고 이제야 왔다고 한다.

하지만 세상을 극단적으로 이원화시키는 사고는 아주 위험한 것이다. 하나님은 세상 일은 싫어하시고 교회 일만 축복하시는 분이 아니다. 직업이란 중립적인 것이다. 우리가 세상의 직업을 가지고 하나님을 섬기며 하나님을 영화롭게 할 수 있다. 같은 직업일지라도 어떤 사람이 그 직업을 자신의 육신만을 위해 생각하고 일한다면 그 일은 하나님께 영광이 될 수 없다. 또한 사업을 한다고 해도 불법적으로 한다면 아무리 물질을 많이 벌어도 그 사업이 하나님과는 전혀 관련이 없는 일이 된다.

그러므로 우리는 세상 속에서 직업을 가지고 살아가면서도 충분히 주님을 따르는 자들로 살아갈 수 있다. 목회만 존귀한 일이 아니라 세상에서 직업을 가지고 하나님을 섬기는 자들 또한 존귀한 자들이다. 그러므로 우리는 세상에서 자기 직업에 종사하면서도 예수님을 온전히 따를 수가 있다고 믿어야 한다. 그렇다면 주님은 왜 말씀처럼 우리들에게 가족과 땅을 버리라고 하시는 것인가? 이 말씀처럼 우리가 축복을 누리기 위해서 우리의 가족을 버리고 땅을 버려야 하는가? 주님 말씀처럼 그렇게 다 버리고 주님을 따르면 약속대로 현세에서, 곧 이 세대에서 다시 집과 형제와 자매와 부모와 자식과 땅을 백 배나 받을 수 있다는 것인가?

말씀은 우리가 주님을 위해 버리고 주님을 따르면 버린 것에 대한 보상을 백 배나 해 주신다고 말씀하신다. 예수님의 의도는 우리의 생각과는 전혀 다르다. 이 말씀은 유대인들은 쉽게 이해할 수 있는 본문이다. 유대인들은 땅과 자식을 하나님께서 주신 기업으로 믿는다. 그러나 우리는 다르다. 우리는 조상들로부터, 또는 나 자신의 노력으로 성취한다고 여긴다. 그렇기 때문에 지금 제자들에게 주님께서 하시는 말씀도 마치 하나님께서 아브라함을 부르실 때와 꼭 같은 말씀이다. 네 본토와 친척 아비 집을 떠나라고 하시는 하나님께서 아브라함을 통해 계획하신 것이 바로 자신의 백성들을 모으시고 새로운 민족 공동체를 만드시기 위함이었다. 그것이 바로 교회다. 지금 주님은 자신의 제자들에게 그것을 말씀하시는 것이다. 새로운 신앙 공동체인 교회를 세우시는 것이다. 만약 이 말씀이 문자적으로 현세에 복을 주시는 것이라면 어떻게 자식과 부모를(누가복음 18장에서는 아내도 버리면 여러 배를 받는다) 백 배로 받는 복을 받겠는가? 일부 부흥사들은 다음에 나오는 땅을 백 배 받는다는 것만 가지고 성도들에게 충성을 다하면 하나님이 사업을 백 배 또는 땅을 백 배 주신다고 거짓으로 말하고 있다. 하지만 이 말씀은 예수님께서 자신을 따르는 제자들을 통해 이루시는 교회가 현세에서도 번성하게 되며 그 성도들은 박해를 같이 받지만 내세에 영생을 받는다는 말씀으로 주신 것이다.

하나님께서 아브라함에게 생명이 없는 거짓 종교에서 떠날 것을 요구하신 것처럼 하나님의 아들이신 예수님께서 자신의 제자들(당시 유대교 상황)과 성도들에게 하나님을 바르게 믿는 신앙으로 돌아설 것을 요구하시는 것이다. 이 말씀의 원리가 오늘날에도 적용된다는 것을 알아야 한다.

바른 예배

"하나님은 영이시니 예배하는 자가 영과 진리로 예배할지니라" (요 4:24)

알렉산드리아 주교였던 아타나시우스는 삼위일체 하나님께서 '성부는 성령 안에서 성자를 통해 일하신다'고 하였다. 아타나시우스만큼 삼위일체 하나님의 사역을 바르게 정의한 사람은 없다. 성령 안에서 성자를 통해 일한다는 이 표현을 후대 교회와 신학이 바르게 이해하였다면 요즘같이 왜곡된 성령 운동도 일어나지 않았을 것이라고 여긴다. 특별히 예배를 드리는 우리의 모습은 성경에서 또는 믿음의 조상들이 만들어 놓은 예배의 전통을 따라 드리고 있을지도 모른다.

현대교회에서 드려지고 있는 예배의 모습은 그야말로 다양하다. 그렇다고 해서 그것이 다 잘못이라는 말은 아니다. 그러나 분명히 우리 주 예수 그리스도께서 하나님께 예배하는 자들, 하나님이 찾으시는 예배자들은 성령과 진리 안에서 예배하는 자들이라고 하셨다. 오늘날 많은 교파와 교단이 있는 상황에서 어느 교회의 예배가 바른 예배라고 할 수 없다. 각기 자신들의 주장과 신학이 정당하다고 대변하기 때문이다. 하지만 예수님의 이 말씀에 그 어떤 인간의 설득은 정당하지 않다. 오직 예수님께서 말씀하신 것만이 진리이고 그것만이 하나님이 요구하시는 예배이기 때문이다.

그렇다면 하나님께서 찾으시는 예배자들에 대한 이 가르침은 무엇을 의미하는 것인가? 오늘 이 말씀을 읽는 사람들은 자신들이 하나님 앞에 나가 예배를 드릴 때 먼저 자신들의 자세를 바르게 해야 한다고 여겼다. 개역성경이 전에 "신령과 진정으로 예배할지니라"라고 번역하였기 때문이다. 그래서 그런지 대부분의 그리스도인들이 예배 시간이 되면 자신들이 하던 일들을 다 멈추고 자리에 앉아 신령하게 그리고 진정으로 예배를 드리려고 하는 모습을 보여 주었다. 하지만 이 말씀이 원어적으로 볼 때 잘못 번역되었다고 하는 것을 알고 "영과 진리"로 예배하라고 개정했지만 그래도 여전히 무슨 의미인지 성도들에게 바르게 가르쳐지지 않고 있다.

이 말씀이 예배를 드리는 자들의 자세를 공손히 하고 몸가짐을 바르게 하라는 말씀이 아니었다는 것을 우리는 쉽게 알 수 있다. 그만큼 예배가 무엇인지, 그리고 예수님께서 지금 말씀하시는 의도가 무엇인지 성도들에게 바르게 가르쳐져야 한다. 주님께서 사마리아 여인을 만나 말씀을 나누는 가운데 이 말씀이 주어지고 있다. 사마리아 여인이 유대인들과 사마리아인들이 각기 다른 곳에서 예배를 드린다고 말할 때 주님께서는 하나님을 예배하는 자들은 영과 진리로 예배한다고 말씀하신 것이다. 그것은 바로 성령 안에서 진리로 예배하는 자들을 찾으신다는 것이다. 그렇다면 이 말씀대로 우리는 성령과 진리 안에서 예배를 드려야 한다. 그것이 바로 하나님이 받으시는 예배이다.

성령과 진리 안에서 예배한다는 것은 무엇을 말씀하는가? 먼저 장소적 개념을 가지고 예배하는 것이 아니라고 말씀하시는 것이다. 유대인들은 항상 예루살렘에서 예배해야 한다고 믿었다. 예루살렘에서 드려지는 제사만 참된 구원을 주는 제사이며 죄를 사함받는 제사였다. 그러나 예수님은 이제는 예루살렘이라는 장소에서 드려지는 예배만이 구원을 주는 예배가 아니라고 말씀하신 것이다. 예수님의 가르침은 이방인들이 거하는 이방 지역에서 드려지는 예배도 하나님이 받으신다는 것이다. "성령과 진리 안에서"라는 말씀은 장소적 한계를 뛰어넘는 것이다. 다음으로 성령과 진리라는 말씀은 이제부터 하나님께 예배하는 자들은 성령 안에서 예수 그리스도를 통해 드리는 예배만이 참된 예배이며, 하나님은 그런 예배자들을 찾으신다는 것이다. 예수님의 가르침이 바로 구약에서부터 이스라엘 백성들에게 비춰진 예배였다고 하는 것이다. 구약 이스라엘 백성들은 지상에 있는 성전과 그곳에서 사역하는 대제사장과 어린 양의 피를 통해 하나님 앞에서 죄를 사함받았다. 이 모든 것은 그리스도의 모형이며 그림자이다. 그런데 모형과 그림자의 실체인 예수 그리스도가 육체로 오셨기 때문에 더 이상 지상의 것들은 필요가 없게 된 것이다. 아타나시우스는 자신의 눈앞에 보이는 예루살렘을 바라보면서 사람들에게 '우리 앞에 보이는 저 예루살렘이 더 이상 필요한 것인가?' 라고 연설하였다고 한다. 이 말은 이제는 구약의 모든 예배 시스템은 더 이상 필요가 없는 것들이 되었다고 하는 말이다.

따라서 예수님께서 사마리아 여인에게 하시는 말씀의 요점은 바로 이제부터 하나님께 예배하는 자는 성령 안에서 예수님 자신을 통해서만 예배해야 한다는 것이다. 여기에 우리가 드리는 예배의 진정성이 있다. 그렇다면 삼위일체 하나님을 믿지 않고서는 더 이상 예배가 아니다. 예배의 시작은 바로 삼위일체 하나님을 믿는 믿음에서 시작된다. 교회에서 모든 성도들이 참된 예배자들로 서는 시작은 바로 삼위일체 하나님에 대한 지식과 바른 신앙고백을 갖는 것이다. 교회가 무엇을 성도들에게 가르쳐야 하는지 알 수 있다.

사랑은 은사인가

"너희는 더욱 큰 은사를 사모하라"(고전 12:31)

예전에 필자가 부목사 시절 교인들의 성경공부를 위해 한 주간에 공부할 수 있는 성경 문제를 만들었던 적이 있었다. 그때 어떤 분이 100점을 받지 못한 것에 화가 나서 필자에게 따졌던 기억이 있다. 그분은 사랑이 왜 은사가 아니냐고 하면서 자신의 성경에 있는 고린도전서 13장 부분에 "사랑은 최고의 은사"라고 빨간색으로 쓰여 있는 것을 필자에게 보여 주면서 보라고, 여기에 이렇게 쓰여 있다고 하였다. 그때 필자는 그분에게 자세하게 설명을 해 주었다. 거기에 쓰인 최고의 은사라는 제목은 그저 사람들이 편리하게 보라고 기록된 것이지 성경의 말씀이 아니라고 가르쳐 주었다. 그렇다면 사람들은 왜 고린도전서 13장을 사랑 장이라고 하면서 사랑이 가장 큰 위대한 은사라고 알고 있는가? 그것은 다름 아닌 고린도전서 12:31의 말씀을 잘못 해석하고 있기 때문이다.

우리가 알고 있듯이 고린도 교회에 많은 문제들이 있었다. 그중에 은사 사용에 대한 문제가 많았다. 그리고 자신들이 가진 은사가 가장 뛰어난 은사라고 주장하면서 타인의 은사를 무시하고 있었다. 이러한 고린도 교회의 배경에서 사도 바울은 고린도 교인들에게 "너희는 더욱 큰 은사를 사모하라"라고 말하고 있는 것이다. 즉 은사 가운데 가치가 높은 은사를 사모하라고 하는 것이다. 그렇다면 바울은 은사에 대하여 등급을 매기는 것인가? 그렇지 않다. 저급하고 낮은 은사란 없다. 모든 은사는 하나님의 선물이다. 그런데 바울이 더욱 큰 은사를 사모하라고 하는 것은 고린도전서 14장 1절과 연관된다. 그것은 바로 "예언"의 은사, 즉 복음 증거의 은사이다. 하나님의 말씀을 바르게 해석하고 가르치는 은사를 말한다. 그렇기 때문에 방언도 복음 증거의 은사라는 것을 우리는 쉽게 알 수 있다. 방언은 기도의 은사가 아니다. 사도 바울이 방언에 대하여 언급하고 있는 것을 보면 방언(외국어)으로 교회 안에서 기도하면 무슨 말인지 다른 사람이 알 수 없다는 것이다. 그렇기 때문에 방언을 말하는 자는 통역하기를 위해 기도하라고 하신다. 그러므로 방언(외국어)은 믿는 자들을 위해 주신 것이 아니라 믿지 않는 자들을 위해 주신 은사라고 14장 22절에서 분명하게 말씀하시고 있다. 그런데 바울은 "더욱 큰 은사를 사모하라"고 하면서 그 다음에 "또한 가장 좋은 길을 너희에게 보이리라" 말해 주고 있다. 그러면서 바로 13장에서 사랑에 대하여 언급하는 것이다. 은사를 사용하는 데 있어 사랑이 없으면 아무것도 아니라고 가르치고 있다.

지금 고린도 교회가 은사 때문에 성도 간의 분쟁이 생겼고, 서로 자신의 은사가 최고라고 다투고 있다. 여기에 사도 바울은 사랑은 자랑하지 않고 교만하지 않고 무례히 행하지 않고 자기의 유익을 구하지 않으며 화를 내지 않고 악한 것을 생각하지 아니한다고 가르쳐 주고 있다. 은사를 가진 자들은 바로 타인을 사랑하는 모습으로 사용해야 한다고 하는 것이다. 그러면서 가장 가치 있는 은사에 대하여 14장 1절에서 사랑을 추구하면서 예언의 은사, 즉 복음 증거의 은사를 구하라고 하고 있다. 예언의 은사가 왜 복음 증거의 은사인지 그것은 14장 25절에 아주 분명하게 나타나고 있다. "예언(복음)을 하면 믿지 아니하는 자들이나 알지 못하는 자들이 들어와서 모든 사람에게 책망을 들으며 모든 사람에게 판단을 받고 그 마음의 숨은 일들이 드러나게 되므로 엎드리어 하나님께 경배하며 하나님이 참으로 너희 가운데 계신다 전파하리라." 다시 말해 예언(복음 증거)을 통해서 사람들이 회개하고 중생하여 믿음으로 하나님을 섬기게 된다는 것이다. 바울은 이 예언(복음)의 은사를 사용하는 데 있어서도 사랑으로 해야 한다고 가르치고 있다. 그렇다면 사랑은 은사가 아니다. 사랑은 모든 은사를 사용하는 데 있어서 방법이라는 것이다. 타인을 위해 헌신이나 노력을 하지 않는, 과시욕에서 은사를 사용하는 것은 바람직한 것이 아님을 사도 바울이 책망하는 것이다. 모든 은사의 목적은 바로 교회의 유익과 성도를 섬기기 위해 사용되는 것이다.

그러므로 은사를 사용하는 자들에게 반드시 필요한 것은 사랑이다. 그러므로 사랑은 은사가 아니라 성령의 열매이다. 주 예수 그리스도를 믿고 성령으로 거듭난 자들은 성령의 열매를 맺는다. 갈라디아서에서 성령의 열매 가운데 사랑이라고 하는 특징이 먼저 언급되는 것도 바로 이러한 섬김에 관련되어 있다. 참된 복음을 받은 자들은 사랑이라는 성령의 열매가 맺힌다. 따라서 성도는 자신을 위해 살지 않고 복음을 위해 산다. 그러면 이웃을 사랑하게 되고 이웃에 대한 섬김과 헌신도 자연스럽게 드러나게 되는 것이다.

사랑은 교회에서 평화와 조화를 이룬다. 모든 성도들이 자신을 높게 말하지 않고 자신을 부인한다. **그러므로 사랑은 모든 성도들이 반드시 추구해야 할 의무이다.** 하나님께서 이스라엘 백성들에게 가장 큰 계명을 주셨다. 그것이 먼저 하나님을 사랑하고 이웃을 사랑하라는 계명이다. 이스라엘 백성들에게 은사로 주신 것이 아니다. 만약 은사로 주셨다면 은사는 선물이기 때문에 하나님을 사랑하지 않고, 이웃을 사랑하지 않아도 된다. 그러나 분명히 하나님은 자신의 백성들에게 사랑하라고 명령하신다. 예수님께서도 새 언약 백성들에게 너희가 서로 사랑하라고 명령하셨다. 그러므로 사랑은 은사가 아니라 모든 하나님의 백성들이 가져야 할 성품이며 의무이다.

심히 창대하리라

"네 시작은 미약하였으나 네 나중은 심히 창대하리라"(욥 8:7)

가끔 식당에서 식사를 한다. 처음 가는 식당에 들어가면 두리번거리면서 이곳저곳을 살펴본다. 달력에 교회 이름이 있으면 그 사람은 교회를 다니는 성도라고 생각한다. 아니면 성경 말씀이 기록된 액자를 걸어 놓은 식당도 종종 있다. 그런데 대부분 액자 안에 들어 있는 성경 말씀을 보면 "네 시작은 미약하였으나 네 나중은 창대하리라", 또는 '주께서 복에 복을 더하사 충만케 하소서…', '여호와는 네게 복을 주시고 너를 지키시기를 원하며…, 은혜 베푸시길 원하며… 평강주시기를 원하노라.' 아니면 야베스의 기도라는 내용의 말씀 등등 이런 말씀들이 사업을 하는 성도들 대부분의 사업체에 걸려 있다. 믿지 않는 불신자들이나 미신을 섬기는 사람들의 사업장에 가면 명태에 명주실을 감아 놓는 것을 볼 수 있다. 액운을 달래고 사업이 잘되기를 바라는 것이라고 한다. 그렇다면 성도와 불신자가 운영하는 사업체 둘 다 같은 목적이 있다. 그것은 자신들의 사업이 번창하기를 바라는 것이다.

이 부분에서 성도와 불신자의 차이는 없다. 차이라면 단지 성도는 하나님의 말씀으로 복을 기원하는 것이고, 불신자는 미신을 의지하는 것이다. 성도의 사업체에 하나님의 말씀이 액자로 걸려 있지 않으면 사업이 잘되지 않는가? 혹자는 너무 심각하게 비판하지 말라고 할 수 있다. 그렇다. 심각하게 비판하지 않으면 아무런 문제가 되지 않는다. 어쩌면 기독교 문화가 일반화된 것이기 때문에 그렇게 심각한 것이 아닐 것이다. 그러나 이러한 모습을 보면 현대교회가 세속화되었다는 것을 쉽게 알 수 있다. 유대인들은 지금도 손목에 테필린이라는 것을 감고 다닌다. 율법을 가죽끈에 기록하여 돌돌 말아 감고 다닌다. 그 이유는 하나님께서 자신들과 함께하신다는 것을 보여 주고, 자신은 그만큼 하나님의 계명을 사랑한다는 것을 나타내 보이는 증거로 삼기 때문이다. 하지만 그들은 하나님의 계명대로 이웃을 사랑하지 않는다. 지금도 이방인들을 개로 여긴다.

하지만 우리 주 예수 그리스도는 그것과 상관없이 자신의 자녀들을 사랑하신다. 자기 피로 사신 자기 백성들을 위해 지금도 중보자의 사역을 감당하고 계시다. 무엇이 부족하고, 무엇이 불안하여 불신자들이 만들어 놓은 부적과 같이 하나님의 말씀을, 그것도 사업하는 사람들에게 반드시 축복의 복이 기록된 말씀만 걸어 놓고 있는가? 만약 사업 번창을 위해 하나님의 말씀을 이용한다면 그것이야말로 부적과 다를 바가 없다. 성도는 하나님의 말씀으로, 불신자는 명태에 명주실을 감아 문 입구에 걸어놓는 것이다. 심각하게 여기지 않을 수 없다. 왜냐하면 오늘날 현대교회는 인간 중심적인 신앙을 계속 양산하기 때문이다. 하나님의 말씀을 자신의 양식으로 삼고 살아가는 것이 성도이다. 그러므로 어떤 외적인 것으로 표현하지 아니해도 성도는 늘 예수 그리스도 안에서 산다. 하지만 성도의 가정이나 사업장에 하나님의 말씀이(자기들이 좋아하는 말씀만) 걸려 있어야 신앙이 좋은 것으로 판단한다. 뿐만 아니라 오히려 목사가 성도들의 이사 심방이나 개업 심방을 할 때 액자 성구를 더 좋은 것으로 고른다. 참으로 어리석은 것이다. 모든 성경의 말씀이 다 하나님의 말씀이다. 그런데 꼭 사업이 잘되기 위해 번성하는 내용의 말씀만을 이용한다. 하지만 액자 성구에 담겨 있는 말씀은 성도의 사업을 위해 기록된 말씀들이 아니다. **하나님께서 자신의 백성들에게 신앙의 성장과 믿음으로 승리할 것을 요구하시는 말씀들이다.** 이러한 현상을 보면 우리는 지금 현대교회가 세속화되어 있다는 것을 쉽게 알 수 있다. 사람들은 눈으로 보는 것을 참으로 좋아한다. 보이는 것만이 신앙이 아니다. 하나님은 영이시다. 그리고 그분의 말씀은 모든 성도들에게 믿음과 순종을 요구하신다. 성경의 말씀 가운데 자신들이 좋아하는 것만 취사선택하는 것은 기독교 신앙이 아니다.

이러한 현상이 나타나는 이유 가운데 하나는 하나님의 말씀에 대한 바른 이해가 없기 때문이다. 예수님께서는 구약의 모든 말씀들이 다 자신을 계시하는 말씀이라고 제자들에게 가르치셨다. 그러므로 성경을 연구하고 읽고 묵상하는 자들은 늘 주 예수 그리스도를 만나고 그분의 음성을 직접 듣는다. 어떤 환상을 보고 환청을 들어야 뛰어난 신앙이 아니라 기록된 성경의 말씀을 읽고 순종하면 그 사람이 바로 주 예수 그리스도의 음성을 듣고 순종하는 사람인 것이다. 이것이 바른 신앙이다.

현대교회가 기복주의 신앙으로 바뀐 모습 가운데 하나는 바로 하나님의 말씀을 자신들의 유익에 사용하는 것으로 나타난다. 로마 가톨릭이 부패하여 성상과 성화를 만들어 신앙의 유익을 일반 성도들에게 줄 수 있다고 가르치지만 그것은 아무런 효과가 없고 단지 미신만 양산할 뿐이라고 종교개혁자들은 말한다. 성도가 하나님의 말씀에 순종하고 정직하고 성실하게 사업을 하면 하나님께서 복을 주신다. 불법을 행하고 타인을 배려하지 않는 사업주가 아무리 수백 개의 말씀을 걸어 놓는다고 해서 복이 임하지 않는다는 것을 우리는 잘 알고 있다. 그러므로 성도는 하나님의 말씀이 자신의 삶에 실질적으로 나타나게 하기 위해 자신을 부인하고 오직 하나님의 말씀에 순종하는 삶을 살아야 한다. 그것만이 세속화되어 가고 있는, 기복주의로 흘러가는 이 세대를 본받지 않고 온전한 사람으로 설 수 있는 길이다. 바른 신앙이 좋은 문화를 만들어 낼 수 있다. 바른 신앙이 없는 문화는 미신만 만들어 낸다. 남들이 다 한다고 해서 그것이 좋은 것이 아님을 깨닫고 성도가 하나님의 말씀을 바르게 이해하고 순종할 수 있도록 목사는 더 많은 관심을 가져야 한다.

이미 드러난 진리를 왜곡하는 성경해석

하나님의 말씀인 성경은 불변한다. 성경에 대한 이러한 개념은 하나님께서는 언제 어디서나, 과거나 현재 그리고 미래에 다가오는 세대에도 성경을 통해 말씀하신다는 것이다. 성경이 하나님의 말씀이므로 불변한다는 것은 오직 성경의 계시만이 참된 계시이며 다른 계시는 없다는 정의이다. 성경의 불변성을 신학자들이 말한다고 해서 인간의 산물처럼 여기면 안 된다. 성경이 불변한다는 것은 성경이 스스로 자증하기 때문이다. 뿐만 아니라 성경의 해석도 다양한 것이 아니다. 이미 성경을 통해 드러난 진리는 어떤 일이 일어나도 변하지 않는다. 최근에 이단들이 아주 다양하게 등장하면서 마치 자신들의 성경해석이 맞는 것처럼 주장하는 것을 볼 수 있다.

이단들뿐만 아니라 신학교에서 가르치는 교수들 또한 자신들이 무엇인가 새로운 것을 발견한 것처럼 떠들고 있는 것을 본다. 이들은 과거 믿음의 선진들, 즉 교부들이나 종교개혁자들이 성경의 말씀을 잘못 이해하고 그것을 교리로 만들었다고 선전한다. — 예수 그리스도를 믿는 믿음으로만 의롭게 되는 이신칭의를 인간의 행위까지 포함하는 것이 의인이 되는 것이라고 하는 주장, 죄 사함의 비밀이라고 하면서 마치 예수를 믿기만 하면 더 이상 죄에 대하여 회개하지 않아도 된다고 하는 구원파의 주장들이 우리 주변에 너무 많이 나타나고 있다. — 이단들도 이러한 방법을 사용한다.

하지만 하나님은 이미 자신의 백성들에게 진리가 무엇이며, 그 진리는 변하지 않는다는 것을 말씀하여 가르쳐 주셨다. 구약의 선지자들이 복음이 무엇인지 가르쳐 준 것, 또한 예수 그리스도께서 자신의 제자들인 사도들에게 복음이 무엇인지 아주 정확하게 가르쳐 주신 것은 변할 수 없다. 우리는 아주 다양한 학문을 배우면서 살아간다. 세상의 학문은 언제든지 시대나 상황과 여건에 따라 다양하게 해석될 수 있다. 하지만 성경은 자연과학이나 인문학, 또는 철학과 같이 변화되는 것이 아니다. 이미 하나님께서 말씀하셨다면 그것은 진리이고 변하지 않는다. 최근에 정동수라는 교수가 킹 제임스 성경만이 유일한 성경이라고 하는 것을 주장하면서 사람들을 현혹하고 있다. 하지만 이 사람의 어리석음은 킹 제임스 성경 이전의 다른 성경의 사본들을 통해 하나님께서 말씀하셨다는 것을 인정하지 않는 것이다. 킹 제임스 성경은 후대의 사본을 통해 번역된 것이므로 이것만이 유일하다는 것은 이단적 사상이다. 새로운 교리는 없다. 이미 하나님께서는 자신의 백성들에게 말씀하셨고, 하나님의 백성은 그 말씀과 가르침에 따라 순종하며 살아가는 것이다.

현대교회 성도들이 분명하게 알아야 하는 것이 있다. 하나님께서는 세상의 역사 가운데 하나님께서 이미 말씀하신 것을 부인하시는 분이 아니다. 성경의 해석을 최근에 다시 새롭게 함으로 바른 성경의 말씀이 가르쳐지는 것이 아니다. 종교개혁 당시 로마교회가 잘못된 길로 갔다는 것을 모르는 사람이 없다. 그러나 종교개혁자들이 성경으로 돌아가야 한다고 외친 것은 어떤 새로운 성경해석을 통해 성경으로 돌아가야 한다고 한 것이 아니다. 그것은 이미 예수님께서 사도들에게, 사도들은 자신의 제자들인 속사도들에게, 속사도들은 교부나 감독들에게 가르치고 해석해 준 그 말씀으로 돌아가라고 한 것이다. 이것이 성경으로 돌아가야 한다는 의미이다.

현대교회에서 자행되고 있는 은사주의 운동이나 신사도 운동은 성경과 전혀 상관없는 것들이다. 기독교가 무엇인지를 말할 때 그것은 역사적 신앙과 교회를 말하는 것이다. 새로운 성경해석과 새로운 교회관을 말하는 것이 아니다. 이미 과거에서부터 계속 가르쳐졌던 하나님의 말씀에 대한 해석과 순종을 말하는 것이다. 믿음의 선진들이 하나님의 말씀에 순종하면서 하나님을 섬겼던 그 모습을 가지고 삼위일체 한 분 하나님을 믿는 것이 기독교인 것이다.

타락한 인간의 본성은 언제나 새로운 것을 요구한다. 하나님개념도 새로운 것에 열광한다. 또한 구원의 방식도 새로운 것을 좋아한다. 이제는 어린 양의 피, 즉 예수의 피를 말하는 것은 사람들이 좋아하지 않는다고 여긴다. 그래서 현대교회는 강단에서 예수의 피에 대한 설교를 하지 않는다. 그리스도의 고난과 십자가의 죽음 그리고 심판에 대해 설교하지 않는다. 왜냐하면 청중들이 싫어하기 때문이라고 한다. 그러나 복음의 보석은 바로 예수 그리스도의 고난과 부활, 그리고 재림과 심판이라는 것을 분명히 알아야 한다. 하나님은 이것을 자신의 백성들에게 주시기를 기뻐하신다. 더 이상 '새로운 성경의 진리'를 찾는 어리석은 행동을 금하고 이미 보여 주시고 역사적 교회를 통해 가르쳐 주신 진리를 가르치고 배워야 한다.

정직하게 그리고 항상 복음만 가르치는 교회

예수 그리스도께서 자신의 교회를 지상에 세우셨을 때 그것은 오직 예수 그리스도를 자신들의 구주로 믿고 신앙을 고백하는 자들을 통해서였다. 그런데 지상의 교회 즉 유형교회 안에는 아버지께서 부르신 자들이 예수 그리스도를 믿고 그분의 백성으로 살아가지만 하나님께서 부르시지 않은 자들도 같이 들어와 있다. 성경은 유형교회 안에 있지만 주 예수 그리스도를 믿는 믿음과 상관없는 자들에 대하여 "가만히 들어온 자들"이라는 표현을 사용한다. 교회 안에 가만히 들어온 자들이 어떻게 성도와 같이 신앙생활을 할 수 있는지 우리는 의아해하지 않을 수가 없다.

성도는 자신이 죄인이라는 것을 늘 인식하고 죄에서 자신을 구원하여 주신 하나님 아들의 공로를 의지한다. 그러나 교회 안에 가만히 들어온 자들은 다른 목적으로 성도들과 함께 섞여 있다. 이렇게 교회 안에 불신자들이 있는 것은 마귀가 가라지를 뿌렸기 때문이다. 그러므로 처음부터 교회 안에 가만히 들어온 자들은 하나님의 백성이 아니다. 여기에서 우리는 현대교회가 교회 안에 사람들을 끌고 들어오면 모든 사람들이 다 믿음으로 구원받는다는 잘못된 신앙을 분별할 수 있어야 한다. 오늘날 대부분 교회들이 교회 부흥이라는 시대적 요구에 잘못 반응하고 있음을 볼 수 있다. 그래서 그런지 전도하는 방법은 실용주의 방법을 택한다. 가장 먼저 들을 수 있는 말이 바로 '하나님께서는 당신을 사랑하십니다'라는 말이다. 그리고 당신은 사랑받기 위해 태어났다고 가르쳐 준다. 뿐만 아니라 지금도 대학가 주변에서 사용되는 4영리 전도 방식을 가지고 전도를 한다. 하지만 여기에는 아주 중요한 진리가 빠져 있다. 그것은 바로 인간은 사랑받기 위해 태어난 것이 아니며, 하나님께서 모든 사람을 다 사랑하시는 것이 아니라 오직 자신의 백성을 사랑하신다는 진리이다. 인간은 하나님을 알기 위해 태어났다고 칼빈은 교리문답에서 가장 먼저 가르친다. 인간의 창조 목적은 하나님으로부터 또는 다른 대상으로부터 사랑을 받기 위해서가 아니다. 오직 하나님을 영화롭게 하며 영원토록 즐거워하기 위해 하나님은 인간을 창조하신 것이다. 이 부분에서 교회 안에 가만히 들어온 자들은 이 가르침을 받아들이지 않는다. 왜냐하면 자신들의 목적이 있기 때문이다. 아니면 사람들을 따라 교회에 다니면 자신도 성도라고 착각하면서 신앙생활을 하는 사람들이 있다. 복음을 전한다는 것은 사람을 교회로 데리고 오는 것이 아니다. 교회로 데리고 오면 그 사람이 거듭난다는 것이 아니라는 말이다. 물론 사람을 교회로 데리고 와야 그 사람이 복음을 들을 수 있는 것은 사실이다. 그러나 교회에 사람을 데리고 온다고 해서 그 사람이 복음을 듣고 거듭난다고 할 수 있는가?

실용주의에 빠진 교회들이 사람을 모으는 일은 기발하게 잘하지만 복음으로 사람을 변화시키고 거듭나게 하는 것은 오직 성령의 역사이다. 사람들에게 호감을 주기 위해 성경에서 부담 주는 말들을 가르치지 않는 교회가 과연 복음으로 사람들의 내면 깊이 숨어 있는 죄악에 대하여 말을 할 수 있는가? 예수를 잘 믿으면 모든 것이 잘된다고 하는 막연한 이 말이 과연 복음이라고 할 수 있는지? 예수 믿으면 가정이 평안하고, 자녀들이 잘되고, 사업도 잘되고, 안 풀리는 일들이 하나하나 잘 풀린다고 한다. 막혀 있던 일들이 다 잘된다는 것이 마치 복음처럼 되었다. 과연 성경에서 이것을 복음이라고 하신 적이 있는가? 그런데 이상하게 이제는 이런 말들을 교회가 하지 않으면 사람들이 교회를 다니지 않는다. 복음을 전하고 가르치면 교회가 잘되지 않는다고 한다. 말이 맞지 않는다. 교회는 복음으로 그 생명을 유지하고 복음으로 자라는데, 복음이 없어도 교회가 잘된다는 것이다.

복음을 전하지 않고 복음과 상관없는 사람들이 모였다면 그곳은 교회가 아니다. 하나님의 이름과 예배 형식만 있을 뿐이지 교회가 아닌 것이다. 목사가 하나님의 말씀인 성경을 읽는다고 해서 교회라고 생각하면 안 된다. 왜냐하면 목사는 오직 합당한 하나님의 말씀인 성경을 선포해야 하기 때문이다. 목사가 강단에서 자신이 하고 싶은 이야기만 하고 내려오는 것을 종종 들을 수 있다. 성도들이 어떻게 살아야 하는지, 이 민족을 하나님께서 어떻게 축복하여 주고 있는지, 어떤 성도가 충성하였더니 복을 받았네, 하나님이 주신 직분을 잘 감당하라 하는 말들을 한다. 그러나 이런 것은 복음이 아니다. 복음이 무엇인가? 복음은 인간의 모든 가능성을 다 부인한다. 인간에게 있는 것은 오직 죄밖에 없다는 것을 말하는 것이 복음이다. 그리고 자신을 부인하라는 것이 복음이다. 이 복음을 어디에서 듣는가? 그것은 오직 삼위일체 한 분 하나님의 공적인 사역을 가르치는 말씀에서 듣는다. 설교 시간에 예수 그리스도에 대하여 한마디도 하지 않아도 사람들은 그것을 하나님의 말씀이라고 생각한다. 이렇게 된 이유는 복음을 정직하게 가르치지 않았고, 선포하지 않았기 때문이다. 성도가 왜 주일에 교회에 나가는가? 그것은 하나님을 예배하면서 하나님을 만나기 위함이다. 하나님을 만나는 길이 바로 복음을 듣고 복음 가운데 임재하시는 하나님을 만나는 것이다. 그런데 복음을 듣지 않으면 하나님을 만날 수 없다. 그러므로 교회는 정직하게 그리고 항상 복음만 전해야 한다. 성령께서 복음으로 영혼을 구원하신다는 것을 믿으면 인간의 실용주의 방법은 사라질 것이다.

거짓
신앙

미신적 신앙

현대교회는 삼위일체 한 분의 구속 사역에 감사하여 우리에게 명령하신 대로 교회로 모여 예배를 드리는 일을 망각하고 있다. 현대인들은 자신들을 기념하기 위해 하나님께 예배를 드린다. 어떤 특정한 날이나 기념하고 싶은 일이 있으면 예배라고 하는 이름으로 쉽게 예배를 드리고 있다. 사실 예배는 어떤 날을 기념하여 드리는 것이 아니다. 어떤 목적을 두고 예배를 드리기 위해 성도들이 교회에 모이지 않는다. 우리 주변에 박사 학위 취득 감사 예배, 총회장 당선 감사 예배, 돌 예배, 칠순예배, 개업예배, 이사예배 등등 이런 많은 목적을 두고 예배를 드리는 것을 본다. 하지만 예배는 인간이 어떤 목적을 두고 하나님께 드리는 제사가 아니다. 오직 삼위일체 하나님께 영광을 돌리기 위해 드리는 것이다. 이 예배의 중심에는 오직 예수 그리스도의 대속 사건, 즉 십자가가 있다. 그래서 예배드리는 모든 자들이 어린 양의 피를 의지하지 않고 예배드리는 것이 성립될 수 없다. 그러므로 아무리 좋은 것을 감사한다고 해서 그것을 목적으로 삼고 예배를 드린다는 것은 올바른 예배에 대한 개념이 부족할 뿐만 아니라 하나님을 미신으로 섬기는 것이 될 수 있다.

종교개혁 당시의 로마교회의 모습을 보면 작금의 현대교회의 모습과 너무나 유사하고 닮은 것들이 많다. 로마교회는 성경에 없는 수많은 제도를 만들어 냈다. 로마교황이라고 하는 자체부터 성경 어디에도 없는 것이다. 미사도 마찬가지이다. 중보자 되시는 예수님을 통해 삼위일체 한 분 하나님을 예배하는데 그들은 사제를 통해 하나님께 나간다. 또한 미사는 예수 그리스도의 피의 제사를 제거한다. 거룩한 성전이라고 하여 눈에 보이는 건물을 성전으로 가르쳐 성도들의 주머니에 있는 돈을 다 빼앗아 갔다. 성전을 짓기 위해 그들이 행한 것이라곤 성경을 왜곡한 것밖에 없다. 현대교회도 이와 같다. 신학교에서는 사람의 눈에 보이는 건물이 더 이상 성전이 아니라는 것을 성경과 신학을 통해 가르친다. 그런데 여전히 많은 목회자들이 예배당만 건축하려고 하면 성전이라고 거짓을 주장한다. 예수 그리스도께서 자신의 육체의 죽으심으로 구약의 성전제사를 모두 다 폐하시고 이루셨는데 눈에 보이는 건물을 성전이라고 믿게 하고 가르친다. 혹자는 이렇게 말한다. "성도들이 모이고 예배드리는 곳이니까 성전이라고 한다." 이 말대로 여긴다면 그것은 성경을 모르는 무식에서 하는 말이다. 성전은 구약에서부터 하나님이 임재하시는 장소로 여겼다. 사람들이 모이고 예배드리는 곳이 성전이 아니라 하나님께서 임재하시기 때문에 그곳을 성전이라고 한 것이다. 구약에서 이스라엘 백성들은 성전 아닌 다른 곳, 즉 회당에서도 모였다. 그러나 그곳을 성전이라고 하지 않았다. 왜냐하면 하나님께서 임재하시는 곳이 아니기 때문이다. 그러므로 우리는 건물을 미신적으로 여겨 성전이라고 하면 안 된다. 하나님의 임재는 성령을 통해 성도에게 임한다. 그러므로 성도 자신이 성전이 된 것이다. 이것을 이루시기 위해 예수님께서 친히 자신의 육체의 죽음과 부활로 새로운 성전을 지으신 것이다. 또한 예수님께서 성전의 돌 하나도 그 위에 남기지 않고 다 무너지게 하신다고 하신 그 일을 주후 70년경에 로마 군대로 하여금 파괴시켜 역사적으로 다 이루셨다. 그래서 더 이상 성전에서 짐승의 피 제사를 드리지 못하게 하시고 오직 예수 그리스도께서 자신의 육체로 모든 구약의 성전 제사를 다 이루셨다는 것을 증명하여 주신 것이다. 그러므로 우리는 눈에 보이는 건물을 성전으로 여기고 그곳을 마치 구약의 성전처럼 여기는 미신적인 신앙에서 떠나야 한다.

그러나 오늘날 목사들이 성전 건축이라는 명분으로 성도들에게 과도한 헌금을 강요하고 작정하게 하고 있다. 그리고 자식들의 이름까지 헌금봉투에 써서 헌금하도록 한다. 그러면 솔로몬이 성전을 지어서 하나님께 바쳐서 큰 축복을 누렸던 것처럼 복을 누린다고 말한다. 이렇게 강요하고 가르치는 것은 성경을 왜곡하고 예수 그리스도의 구속 사역을 부정하게 만드는 것이 된다. 현대교회 안에 미신적인 신앙이 일어나는 것은 바로 이렇게 하나님의 말씀에 대한 바른 이해가 없기 때문이다. 어떤 목적을 위해서 말씀을 왜곡하는 것은 죄를 짓는 것이다. 성경과 개혁교회 전통을 통해서 우리는 성도들의 필요에 의해 건물을 지어야 한다. 이렇게 성도들에게 바르게 가르치면 모든 성도들이 각자 인색하지 않게 자신의 것을 하나님께 드려 교회가 하나님께 기쁨으로 헌신할 수 있는 것이다. 있는 자는 더 많이, 없는 자는 없는 대로 구원의 은혜에 감사하게 된다. 현대교회는 미신적인 신앙에서 벗어나 성경으로 성도들을 바로 세워야 한다.

세상도 복을 말한다

기독교는 복의 종교이다. 하나님이 우리의 복의 근원이시다. 이렇게 기독교가 복의 종교가 될 수 있는 것은 그 중심에 예수 그리스도의 구속 사건이 있기 때문이다. 죄인이 의인이 되는 것이 복 중에 가장 위대하고 탁월한 복이다. 그러나 세상도 복을 말한다. 이들이 말하는 복은 하나님 없이 자신들이 만들어 가는 복이다. 그래서 세상은 물질과 건강과 명예와 후손들의 번성을 복으로 삼는다. 우리는 여기에서 기독교의 복과 세상의 복이 다르다는 것을 알아야 한다. 우리는 종종 구약에서 하나님이 자신의 백성들에게 잘되는 복을 주신다는 말씀을 읽을 수 있다. 하지만 하나님께서 이스라엘 백성들에게 이런 세상의 복을 주시는 것은 그들이 하나님의 통치를 받고 하나님 나라의 백성으로 살아가도록 하는 목적으로 주신 것이다. 다시 말해, 세상에서 누리는 것에 만족하지 말고 영원한 하나님의 나라를 바라보고 살아가도록 하기 위해 주신 도구인 것이다. 때문에 하나님의 백성들은 하나님을 우상으로, 미신으로 섬기지 않는다. 살아 계시고 통치하시는 우주 만물의 왕으로 섬기고, 자신들의 주인으로 섬긴다. 세상의 종교는 인간의 행복을 위해 존재한다. 그러나 기독교는 하나님의 영광을 위해 존재하는 종교이다.

　이스라엘 백성들이 타락하고 우상을 섬기고 하나님을 버린 것은 인간의 행복을 추구하였기 때문이다. 이러한 관점에서 보면 오늘날 현대교회는 번영신앙 아래에서 우상 종교로 변질되고 말았다. 하나님을 믿으면 자식들이 잘되고, 사업도 잘되고, 모든 일들이 다 형통하게 잘된다고 강조한다. 그러면 잘되지 않고, 고난과 어려움에 처한 성도들은 신앙이 잘못된 것인가? 우리가 우리의 형편에 따라 하나님의 축복을 가늠하는 것은 어리석은 짓이다. 구약의 바리새인들이 이러한 기복주의 신앙으로 하나님을 믿었다. 자신들은 하나님께서 큰 복을 준 사람들이라고 가르쳤고, 일반 백성들도 그것이 바른 신앙인 줄 알았다. 그러나 주님께서 그들의 신앙을 정죄하셨다. 하나님의 말씀에 대한 바른 이해와 순종이 없는 삶은 하나님 백성들의 삶이 아니다. 일반적으로 사람들이 정직하게 일하고 살면 쉽게 큰돈을 벌지 못한다. 하지만 불법과 불의한 방법으로 살면 돈을 쉽게 벌 수 있다. 그러나 그것은 하나님 자녀들의 삶이 아니다.

　기독교는 인간 안에 남아 있는 죄를 계속해서 회개하고 하나님의 말씀에 순종하며 살아가야 한다고 가르친다. 뿐만 아니라, 이웃을 사랑하는 것을 하나님의 백성들의 삶으로 규정한다. 이웃을 사랑하는 것은 섬김이다. 자신을 남보다 더 낮게 여기는 것이 아니라 타인을 나보다 더 낮게 여기는 것이다. 오늘날 현대교회에서 만연하고 있는 번영신앙은 자신의 교회, 자신의 이름, 자신이 더 높아지는 것을 목적으로 삼고 있다. 개혁교회는 가장 먼저 설교자들이 하나님의 말씀을 바르게 선포하고 가르쳤다. 세상의 복을 바라는 기복을 벗어 버리고 하나님을 자신들의 복으로 삼고 만족하며 살 것을 가르쳤다. 우리는 간혹 예배 시간에 대표 기도하는 자들의 기도 내용에서 믿는 자들이 세상의 꼬리가 되지 말고 머리가 되기를 바라는 기도를 듣는다. 이들의 기도가 얼마나 기복주의 사상에 물들어 있는지 단적으로 보여 주는 것임을 알 수 있다. 세상의 꼬리는 세상에서 보잘것없고, 낮은 자들로 무시당하는 자들이다. 너나 할 것 없이 다 머리가 되어야 한다면 누가 섬기는 자가 될 수 있는가?

하나님을 미신으로 섬기게 되면 이렇게 인간의 행복만을 바라는 기복 종교로 변질된다. 그러나 하나님을 살아계시고 전능하신 분으로 바르게 믿고 섬기게 되면 자신이 어떤 존재인지를 깨닫게 되므로 바른 신앙과 바른 믿음이 발현된다. 개혁교회가 왜 오직 하나님의 영광이라고 했는지 그 이유를 바르게 알 수 있다. 인간의 행복과 하나님의 영광이 대립하는 이 시대의 풍조는 아담이 타락한 이후부터 계속되어 왔던 싸움이었다. 세상과 우상숭배와 미신에 만연한 기복주의는 인간의 행복을 우선으로 한다. 그러나 기독교는 하나님의 영광을 우선시한다. 당신이 자신의 행복을 위해 교회를 섬긴다면 그것은 우상숭배이다. 그러나 하나님의 영광을 위해 교회를 섬기고 있다면 당신은 이미 복의 중심에 서 있는 것이다.

우리 자신을 위해 하나님을 우상과 미신으로 섬기는 신앙에서 벗어나고 오직 삼위일체 한 분 하나님의 영광을 위해 섬겨야 한다. 그렇게 하기 위해서 가장 먼저 성경의 말씀을 바르게 이해하고 성경에서 계시되고 있는 하나님을 바르게 믿어야 한다.

일천번제

한국 교회 안에서 여전히 하나님을 미신적으로 섬기는 그 모습 가운데 하나는 바로 일천번제 헌금이라고 할 수 있다. 일천번제가 무엇인지 성도라고 하면 거의 다 알고 있을 것이다. 그러나 솔로몬이 기브온 산당에서 하나님께 드린 일천번제 때문에 오늘날 성도들이 일천번제를 드리고 있다면 참으로 어리석은 행동이 아닐 수가 없다. 왜냐하면 솔로몬이 드린 일천번제는 단어 그대로 일천 번 드린 제사가 아니기 때문이다. 솔로몬이 산당에서 하나님께 드린 일천번제는 기복제(祈福祭)나 기원제(祈願祭)가 아니다. 한글로 성경을 번역할 때 일천 번제라고 표기했다고 해서 일천 번 제사를 드린 것이 아니다. 사실 좀 더 바르게 표기했다면 이런 미신적 신앙이 양산되지 않았을 것이다. 일천 번제는 천 마리의 희생 제사를 말하는 것이다. 영어 성경만 보더라도 정확하게 알 수 있다. 만약 목사들이 이것을 모르고 있다면 어리석은 것이고, 이것을 알고 있으면서도 교인들에게 바르게 가르치지 않고 헌금 때문에 고의로 악용하고 있다면 목사는 죄를 짓는 것이다.

한마디로 말해서 솔로몬이 일천 마리의 희생 제사를 드린 것은 복을 바라고, 소원을 바라고 드린 제사가 아니다. 오직 자신을 하나님께서 이스라엘 백성들의 왕으로 삼으신 것, 그리고 성전을 짓고 감사해서 드린 감사제사이다. 하지만 오늘 현대교회는 성도들이 어떤 목적을 두고 그 목적을 이루기 위해 일천 번 동안 헌금을 하고 있다. 마치 불교에서 부처에게 불공을 닦으면 소원을 이루어 주는 것처럼 그렇게 일천 번 헌금을 하면 하나님께서 소원을 이루어 준다고 믿는 것이다. 개혁교회의 바른 신앙은 하나님의 말씀을 바르게 알고 거기에 순종하는 것이다. 솔로몬이 일천 마리의 희생 제사를 드리자 하나님께서 그에게 지혜를 주셨다. 그런데 솔로몬이 하나님께로부터 받은 지혜가 무엇인지 그 의미를 알게 되면 이 또한 우리가 하나님께 구하는 지혜와 다르다는 것을 알 수 있다.

솔로몬이 일천 번제를 드리고 그 밤에 하나님께서 솔로몬에게 나타나서 주신 지혜는 세상의 지혜가 아니었다. 솔로몬이 자신을 이스라엘 왕으로 삼으신 하나님을 위해, 이스라엘 백성들을 바르게 인도하고 세우기를 위해 구하였던 지혜이다. 이것은 예수님께서 자신의 제자들과 따르는 무리들에게 너희는 먼저 그의 나라와 의를 구하라고 하신 말씀과 같은 행동이었다. 즉 솔로몬은 인간적인 지혜를 구한 것이 아니라 하나님의 나라와 의를 위해 지혜를 구하였던 것이다. 그러므로 오늘 우리가 솔로몬처럼 지혜를 구한다고 해서 하나님이 우리에게 지혜를 주시는 것이 아니다. 우리가 믿음이 없고 솔로몬이 우리보다 더 뛰어나기 때문에 그런 것이 아니다. 성경은 야고보 사도를 통해 지혜를 구하라고 한다. 그러나 솔로몬이 구한 지혜와 다르다. 하나님이 솔로몬에게 주신 지혜는 오직 하나님의 백성들을 바르게 다스리시고 하나님을 대신하여 통치하라고 주신 지혜이다. 하지만 우리는 솔로몬보다 더 분명하고 확신한 하나님의 지혜를 가지고 있다. 그것은 바로 십자가이다. 우리가 하나님의 지혜인 십자가를 위해 산다면 하나님은 우리에게 지혜를 주실 것이다.

하나님의 말씀을 인간의 유익을 위한 도구로 삼게 되면 결국 신앙은 인간 중심으로 변질되고 만다. 일천번제가 아니라 일만번제를 드린다고 해서 하나님을 우리 자신이 원하는 대로 만들지 못한다. 인간은 오직 하나님의 영광을 드러내고 선포하기 위한 존재들이다. 하나님의 영광을 위해 살 때 그 속에 참된 인간의 행복이 있다. 우리는 더 이상 성경에도 없는 일천 번 드리는 헌금을 하지 않아도 된다. 그리고 솔로몬이 가진 지혜를 구하지 않아도 된다. 단지 성경 말씀의 바른 해석과 의미를 알고 순종하며 살아간다면 그보다 더한 기쁨이 넘칠 것이다.

모든 절기가 다 성경적인 것은 아니다

현대교회가 성경에 없는 전통을 만들어 시행하고 있는 많은 비성경적인 모습들이 있다. 과거 로마교회가 성경에도 없는 교황제도와 수많은 미신적 행태의 신앙을 양산하여 교인들에게 하나님을 우상으로, 신앙을 미신으로 변질시킨 것은 역사적인 사실이다. 그런데 오늘날에도 이러한 미신적인 신앙이 계속 만들어지고 있으며 여전히 잔재해 있다. 그 대표적인 예로 사순절 절기를 지켜야 한다고 광고까지 하는 작태를 보면 도대체 목사들의 수준이 어느 정도인지 알 수 있다. 필자가 속해 있는 대한예수교장로회 합동 교단은 총회에서 사순절을 지키는 것을 금하는 결의를 하였음에도 마치 교회가 당연히 지켜야 하는 절기처럼 성도들에게 강요하고 있다. 오늘날 교회 안에서 나타나는 신앙의 모습 가운데 로마교회로부터 영향을 받은 것들이 너무나 많다는 것을 안다면 현대교회는 지금 로마교회로 회귀하는 것이라고 할 수 있다. 우리가 인식하지 못하는 가운데 따라 하는 CCM이라는 찬양예배가 바로 가톨릭에서 시작되었다. 외형이 좋으면 모든 것이 다 좋은 것이 된다고 여기는 이러한 신앙의 배교는 이미 하나님께서 자신의 백성들을 심판하실 때 분명하게 말씀하신 것임에도 불구하고 교회 부흥과 성장을 위해서라면 바른 기독교 신앙과 상관없이 행해지고 있다.

특히 한국 교회는 과거 유교사상과 무속 신앙이 만연한 곳에서 복음의 빛을 발하여 많은 사람들을 중생케 하는 놀라운 일을 이루었고 지금도 이루고 있다. 하지만 여전히 교회 안에서 무속 신앙은 기복주의 신앙과 일치하여 사람들에게 마치 그것이 바른 기독교 신앙처럼 받아들여지게 하고 있는 것 또한 사실이다. 대표적인 예로 한 해의 마지막을 보내고 새해를 맞이하는 송구영신예배를 통해 알 수 있다.

송구영신예배가 언제부터 시작되었고, 무엇 때문에 시작되었는지 그 성경적 기원이 없음에도 불구하고 헌금과 곁들여서 자신들의 소원을 적어 내면 하나님께서 그 소원을 이루어 주신다고 하는 미신적인 신앙이 바로 무속신앙과 다르다고 부인하지 못할 것이다. 또한 송구영신예배 때 어떤 교회들은 성경의 말씀을 코팅하여 성도들에게 뽑게 하고, 그 말씀이 하나님께서 성도 개인에게 주신 한 해의 말씀이라고 하면서 거짓 신앙이 복을 주는 참 신앙이라고 가르치고 있다. 더 가관인 것은 가장 좋은 말씀을 뽑은 성도는 담임목사와 사모에게 좋은 옷 한 벌을 사서 선물로 주라고까지 한다. 참으로 어처구니없는 일이 교회 안에서 일어나고 있는 것이다. 이런 미신적인 신앙이 현대교회에서 나타나는 이유는 다름 아닌 물질적인 복과 연관되어 있기 때문이다. 개혁신앙을 이어 온 교회는 송구영신예배라는 미신적인 예배를 드린 적이 없다. 해 아래 새로운 것이 없다는 주님의 말씀처럼 내일이 오늘보다 더 축복을 받는 그런 날이 아니다. 세상 사람들이 새해를 바라면서 복을 원한다고 해서 교회가 그렇게 가르치고 성도들을 미혹하게 해서는 안 된다. 우리가 새해를 맞아 하나님께 예배를 드린다면 우리는 지금 하나님의 말씀으로 살고 있는지 자신의 모습을 살펴보면서 가족과 함께 또는 성도들과 함께 세상의 주인이신 하나님을 찬양하고 예배해야 한다. 거기에 무슨 소원을 담고, 복을 달라고 몸부림치면 안 된다.

하나님께서 자신의 백성들을 부르셔서 세상과 같지 않게 살라고 말씀하셨다. 그럼에도 불구하고 타락한 인간의 본성 안에는 여전히 세상의 방식과 세상의 원리로 자신들의 삶을 살려고 하는 본성이 자리 잡고 있다. 하나님께서 우리를 부르신 이유, 성화의 모습으로 살아가라는 그 목적과 상관없이 그저 세상 사람들처럼 잘되고, 물질의 복을 받기 위해 하나님을 인간의 목적으로 삼으려고 하는 자들은 참된 하나님의 백성들이 아니라고 하는 것을 명심해야 할 것이다.

바른 이해가 전제된 믿음이어야 한다

"기독교는 믿음의 종교이다." 이렇게만 정의한다면 다른 종교는 믿음의 종교가 아닌가? 당연히 세상의 모든 종교들이 다 자신들이 믿는 믿음을 가지고 신앙을 하고 있다. 그렇다면 "기독교가 믿음의 종교"라고 할 때 그 말이 의미하는 것이 무엇인지 우리는 분명하게 알고 있어야 한다. 종교개혁자 칼빈은 바른 신앙이란 하나님에 대한 참된 지식과 인간에 대한 참된 지식을 가질 때만 가능하다고 하였다. 그러므로 우리는 믿음에 대한 바른 이해를 가지고 신앙을 해야 한다. (지식이 없는 맹목적인 믿음은 참된 신앙이 아니다.)

한국 교회 안에 광풍이 일어난 시기가 있었다. 믿음주의 신학, 일명 번영신학의 뿌리라고 할 수 있는 거짓 신학이 한국 교회 안에서 모든 강단에 몰아친적이 있다. 지금도 이러한 영향은 사라지지 않고 계속 그 모습을 보여주고 있다. 믿음주의 신학이란 믿음이 있으면 모든 것을 다 이룰 수 있다는 것이다. 특히 히브리서 11장은 믿음 장이라고 불리면서 그곳에 나오는 믿음의 조상들이 다 한결같이 자신들이 원하는 것을 이루었다고 가르치고 있다. 과연 히브리서 11장은 인간이 원하는 것을 믿음만 있으면 하나님으로부터 얻을 수 있는 것으로 가르치는 성경의 말씀인가? 한글을 읽을 줄 아는 사람이라면 그 말씀이 하나님에 대한 믿음을 강조하여 인간이 원하는 것을 이룰 수 있다는 자기신념의 말씀이 아니라는 것을 쉽게 알 수 있을 것이다. 그런데 왜 이렇게 성경의 말씀이 왜곡되어 강단에서 설교되는지 우리는 참으로 의아하지 않을 수없다. 결국 이런 믿음주의 신앙은 기복주의 신앙과 직접적으로 연결되고 믿음만 있으면 사업도, 자식도, 결혼도, 공부도… 모든 것들이 다 잘되고 복을 받을 수 있다는 기복신앙이 자리 잡고 있기 때문이다. 여기에 간증꾼들의 이야기는 그야말로 불난 집에 부채질하는 격이다. 이렇게 강단에서 성경과 전혀다른 신앙과 믿음을 말하면 무엇인가 잘못되었다고 생각할 수 있는데 그것이아니라 모두가 다 크게 아멘 하여 자신들도 그렇게 복을 받아야겠다고 소리를 지르고 있다. 현대교회는 결국 하나님의 말씀과 상관이 없는 신앙으로 변질되고 있는 것이 분명하다. 그렇다면 우리 조상들이 물려준 개혁교회 신앙에서 믿음은 무엇인가? 그것은 당연히 삼위일체 하나님을 믿는 믿음이고, 구속

주 예수 그리스도의 모든 사역을 믿는 믿음이다. 그러므로 성경의 말씀을 하나님의 살아있는 음성으로 믿고 순종하며 사는 믿음인 것이다.

세상 종교가 가르치는 믿음처럼 공을 쌓고 덕을 베풀면 복을 받는 것, 기독교의 믿음은 그런 것이 아니다. 믿음은 하나님이 죄인에게 일방적으로 베풀어주시는 선물이다. 이 믿음 때문에 죄인이 의인이라고(칭의) 불린다. 죄인이 하나님으로부터 무엇을 받기 위해 몸부림 친다고 해서 받을 수 있는 것은 없다. 혹자는 구원에 있어서는 그렇지만 구원받은 성도가 복을 받기 위해서 믿음으로 구하면 받을 수 있다고 말한다. 어느 정도 타당한 말이라고 할 수 있다. 그러나 여기에도 당연히 믿음으로만 구하면 복을 받는 것이 아니다. 하나님은 우리에게 성실하게 땀을 흘리며 진실하게 살아야 한다고 가르친다. 공부를 안 하는데 자신이 원하는 대학을 갈 수 없듯이, 성실하게 진실하게 사업을 하지 않고 다만 믿음만 있으면 복을 받는다는 것은 어불성설이다. 술, 담배를 즐기면서 암에 걸려 하나님께 치료해 달라고 기도하면 그 믿음이 바른 믿음이겠는가? 시기와 질투가 마음에 가득하면서 건강하기를 기도한다면 과연 건강해지는가? 단지 믿음만 있으면 거룩하게 살지 않아도 모든 것이 다 형통하게 된다면 그것은 기독교가 아니라 세상 종교와 다를 것이 없는 종교일 것이 분명하다.

우리는 이스라엘 역사를 통해 이렇게 믿음주의 신앙만 가지고 살았던 이스라엘 백성들이 하나님으로부터 심판당하는 모습을 성경에서 보게 된다. 지금 현대교회는 하나님과 상관없는 믿음을 가지고 신앙생활을 하고 있다. 개혁교회가 '오직 믿음'이라고 할 때 그것은 분명 '오직 예수 그리스도'와 '오직 성경'과 일치한 믿음이었다. 인간의 행복을 위해 믿음을 말한 것이 아니다. 오직 하나님의 영광을 위한 믿음이었다. 참된 믿음이란 하나님 없이 인간이 기동할 수 없고, 예수가 그리스도이시며 인간은 죄인이라고 고백하는 것이다. 이 믿음 고백 위에서 사는 사람들이 그리스도인이다.

목사는 중보자가 아니다

종교개혁자 마르틴 루터는 로마 가톨릭의 신앙과 신학이 성경과는 전혀 다르다는 것을 95개 조항을 통해 선포하였다. 그중에 대부분이 면죄부와 관련된 사항이라고 할 수 있다. 인간의 죄를 사해 주는 면죄부는 돈과 연관된 아주 사악한 행위라는 사실을 우리는 안다. 이러한 면죄부와 관련해 루터는 교황의 축복이 인간에게 복을 주지 못한다고 88번째 조항에서 분명하게 언급한다. "교황이 지금 하루에 한 번 모든 신자들에게 베풀고 있는 사면과 축복을 하루에 백 번을 한다고 하여 얼마나 더 큰 축복이 교회에 임하겠는가?"

우리는 여기에서 현대교회와 개혁교회의 신앙이 아주 다르다는 것을 깨달아야 한다. 특히 목사가 중보자로 여겨지는 신학과 신앙은 미신적인 신앙을 양산하는 것이다. 교황은 중보자가 아니다. 오직 중보자는 우리 주 예수 그리스도이시다. 교황은 자신이 마치 중보자처럼 죄를 사해 주고 복을 주는 권세를 가진 자로 인정된다. 그러나 인간은 하나님 앞에서 아무것도 아니며 그 의미도 없다고 이사야 선지자가 말한다. 바울은 고린도 교인들에게 자신은 중매자라고 말한다. 성도들을 오직 예수 그리스도를 사랑하고 의지하고 섬기며,

주님만을 바라보고 사는 자들로 세우기 위한 중매자라고 하였다. 그렇다면 오늘날 사도의 제자들이라는 목사는 더더욱 중매자의 모습으로 교회 안에서 그 위치에 서야 한다. 그런데 현대교회 목사들의 모습은 중매자가 아니라 로마 가톨릭의 교황처럼 중보자 행세를 한다.

목사가 와서 기도해 주고 목사가 복을 말하면 그 복이 임하는 것처럼 성도들이 믿고 있다. 또한 목사에게 축복권이 있다고 가르치는 거짓 신앙이 자리 잡고 있기 때문에 마치 목사가 중보자처럼 보인다. 그러나 목사에게 축복권이 있다고 할 때 그것은 당연히 하나님의 말씀인 성경을 바르게 해석하고 성도들에게 가르칠 때 성도들이 하나님으로부터 복을 받는다는 의미이다. 목사 자신이 축복을 가져오는 사람이 아닌 것이다. 그런데 왜 현대교회는 목사의 말 한마디에 축복이 있다고 믿고 있는가? 마치 무당이 말하면 그것에 순종하여 복을 받는 것처럼 말이다. 그러나 이제는 모든 성도들이 자신이 믿고 의지하고 있는 주 예수 그리스도의 이름으로 기도하고, 말씀에 순종하면 복을 받을 수 있다. 이 말은 목사와 교회가 더 이상 필요하지 않다는 극단주의가 아니다. 예수 그리스도만이 중보자라는 말이다. 중보자 되시는 예수 그리스도가 계시기 때문에 누구든지 주님의 이름으로 하나님 앞에 나갈 수 있다.

교황이 아무리 수백, 수천 번을 축복하여 준다고 말해도 아무런 의미가 없는 것과 마찬가지로 목사가 수만 번 축복을 말한다고 해도 복은 주어지지 않는다. 오직 주 예수 그리스도께서만 복을 주신다. 그러면 성도는 어떻게 주님께서 주시는 복을 누리는가?

그것은 오직 주님의 말씀에 순종하는 것이다. 목사도 예외는 아니다. 지상의 모든 성도들이 하나님의 말씀에 순종할 때 복을 받는다. 이것을 모르는 사람이 없다. 그런데 왜 목사의 말에 순종하면 복을 받는다고 하는가? 개혁교회는 목사가 전하는 하나님의 말씀에 순종하면 복을 받는다고 가르쳤다. 그래야 목사는 자신의 위치가 무엇인지 알 수 있고, 겸손하게 말하고 행동하게 된다는 것을 알았던 것이다. 오늘날 현대교회는 목사를 중보자로 여겨서는 안 되고 오직 사도 바울의 가르침대로 중매자로 여겨야 한다. 목사들 또한 자신이 중매자라는 것을 늘 인식하고, 무엇을 성도들에게 가르쳐야 하는지 계속 자문해야 한다. 현대교회 안에서 미신적인 신앙이 일어나고 일어나지 않게 하는 것은 오직 목사의 바른 성경 이해와 가르침만이 그 기준이 된다.

누구를 위한 예배인가

한국 교회 안에만 있는 신앙의 모습 가운데 독특한 모습들이 있다. 그 중에 이사예배, 개업예배, 돌 예배, 예전에는 환갑 기념예배로 드렸지만 지금은 칠순이나 팔순 기념예배로 드리는 예배, 출판 기념예배, 총회장 당선 기념예배 등등. 참으로 여러 가지 제목의 예배 모습들이 있다. 그렇다면 이러한 예배는 과연 누구를 위한 예배인가? 이렇게 한국 교회 안에서 수많은 제목을 가지고 예배를 드리는 모습은 가히 상상할 수 없이 하나님을 사랑하는 모습이라고 할 수 있다. 하지만 그 속내를 들여다보면 이러한 예배는 하나님께서 지정해 주신 예배가 아니다. 뿐만 아니라 이렇게 자의적인 예배는 인간의 정욕을 위한 예배임이 분명하다. 혹자는 이 글을 읽으면서 상당히 불쾌감을 가질 수 있다. 왜냐하면 감사하는 마음으로 드리는 예배를 미신적이라고 말하고 있기 때문이다. 그러나 정말 감사하는 마음으로 예배를 드리고 있는지 물어본다면 말로는 그렇게 말하더라도 그 중심은 전혀 감사가 아니다. 이사를 하고, 개업을 하면서 예배를 드리는 것은 잘살고 잘되기 위해 하나님으로부터 도움을 받기 위해 드리는 것이다. 뿐만 아니라 돌과 칠순, 팔순예배도 출세와 건강을 위한 목적을 가지고 드리고 있다. 이러한 예배에 과연 감사가 그 중심에 있는가? 전혀 그렇지 않다. 이렇게 예배를 드리지 않으면 무엇인가 찜찜하게 여기기 때문에 예배를 드리는 것이다. 또한 성도가 좋은 집으로 이사를 하고 가게를 개업하여 예배를 드리지 않는다면 그 사람의 신앙은 훌륭한 신앙이 아니라는 풍토가 이미 한국 교회 안에 만연되어 있기 때문이다. 과연 좋은 것이 다 좋은 것인가? 우리는 하나님께서 지정하신 예배가 아닌 것을 예배라고 여기고 신앙생활을 하고 있다. 이러한 한국 교회 안에서 다양한 모습의 예배가 나타나는 이유는 한국 사회의 토속적 신앙과 연관이 있기 때문이다. 지면상 그 자세한 내용은 다 말할 수 없지만 성경에서 말씀하고 가르쳐 주시는 예배와 다르다고 하는 것을 분명히 알아야 한다.

우리가 이것을 이해하기 위해 심방을 살펴보면 알 수 있다. 현대교회의 심방 목회를 보면 성도들이 얼마나 하나님에 대한 신앙을 미신적으로 가지고 있는지 알 수 있다. 심방을 하는 목적이 무엇인지도 모르고 심방하는 목사들도 있다. 심방은 그 속에 정말로 예수 그리스도께서 직접 찾아가시는 모습이 있다. 비록 목사를 통해 그 일을 행하시지만 그 속에서 역사하시는 분은 바로 주님이시기 때문이다. 그런데 이렇게 영광스러운 심방을 가장 타락하게 만든 장본인들이 바로 목사들이다. 심방은 그 사람의 신앙의 성장을 살피는 것이다. 그런데 이 심방을 받으면 복이 임한다고 가르치고 있는 것이다. 그래서 목사들이 심방을 하면 목사가 전한 하나님의 말씀보다는 목사를 잘 접대하는 것에 우선을 두고 있다. 한국 교회는 일 년에 보통 두 번 대심방을 한다. 어떤 교회는 한 번, 아니면 심방 목회를 안 하는 교회도 있다. 그러나 일반적으로 성도의 신앙을 점검하기 위해 심방을 하는 편이다. 그런데 목사가 심방을 하면서 무엇을 살피는지 그 모습을 보면 안타깝기 그지없다.

심방의 목적은 성도가 그동안 교회에서 하나님 앞에서 예배를 드리면서 그가 들었던 하나님의 말씀을 바르게 깨닫고 순종하고 있는지 살피는 것이 가장 우선이다. 그런데 이러한 모습은 전혀 없고 성경 한 구절을 찾아 읽고, 단지 성도의 가정에 기도 제목들이 있으면 같이 기도하고, 음식을 대접받고, 때론 봉투까지 받아서 오는 것을 심방으로 생각하고 있다. 한국 교회가 세상으로부터 지탄을 받고 거룩하지 못한 모습들이 계속 나타나는 원인은 가장 먼저 강단에서 복음이 실종된 것이고, 또한 목사가 성도들의 삶을 살피는 심방에서 거룩한 신앙이 무엇인지 가르쳐 주지 않았기 때문이다. 배우자가 바람을 피우는 것을 알고 있으면서도 목사가 심방을 할 때 그것을 거론하지도 않는다. 그러면 성도가 교회를 떠날 것이라고 생각하기 때문이다. 이런 심방이 무슨 영광스러운 심방이 되겠는가? 심방 시 기도 제목들을 살펴보면 거의 자신들의 가정에 복과 자녀들의 출세와 사업의 번창이 주를 이룬다. 과연 심방을 받으면서 성도가 자신들의 죄를 자복하고 하나님 앞에서 바르게 살려고 하는 회개의 모습을 가지고 있는지 묻는가? 이런 모습들이 한국 교회 안에서 자라고 있는 미신적인 신앙이다. 따라서 다양한 제목의 예배들이 나타나는 것은 바람직하지 않다. 오직 성도는 하나님의 구속의 은혜에 감사하며 모든 일에 정직과 성실로 살아가야 한다. 설령 이러한 예배를 드린다고 해도 인간의 번영을 위해 가지는 아주 작은 기대도 다 버리고 오직 하나님의 은혜를 감사하는 마음을 가져야 한다.

악화가 양화 되게 하는 거짓 신앙

야고보 사도가 지혜를 구하라고 한 이유

성경은 살아 계신 하나님의 말씀이다. 성경은 과거 이스라엘이라는 민족을 통해 말씀하셨지만 모든 세상 나라 가운데서 구원받을 하나님의 백성들을 위한 구원 계시의 말씀이다. 이스라엘은 단지 하나님께서 쓰시는 도구에 지나지 않는다. 그러므로 오늘날 우리가 살아가는 세상의 기준으로 성경을 읽고 해석해서는 절대 안 된다. 하지만 성경을 해석하는 인간의 모순으로 인해 하나님의 말씀인 성경은 오늘날에도 여전히 왜곡되어 가르쳐지고 있다. 그중에 가장 어리석게 가르쳐지고 있는 것이 바로 야고보서 1장 5절에 나오는 "지혜"를 구하라는 말씀이다.

"너희 중에 누구든지 지혜가 부족하거든 모든 사람에게 후히 주시고 꾸짖지 아니하시는 하나님께 구하라 그리하시면 주시리라"

한국 교회 안에서 이 말씀은 자녀를 둔 부모들에게 참으로 종교적 매력이 있는 말씀이다. 자신의 자녀가 좋은 학교를 들어가기 위해 하나님께 지혜를 구하고 그렇게 되면 자녀가 출세하고 성공하는 데 도움이 된다고 믿는다. 뿐만 아니라 세상 속에서 살아가는 성도에게 있어 성공을 위해 하나님의 도우심이 당연히 있어야 하므로 하나님께 지혜를 구하는 것은 성도의 의무라고 가르친다. 구약의 솔로몬도 하나님께 지혜를 받아 최고의 부와 명예를 누렸다고 가르치고 있다. 이제 하나님께 지혜를 구하는 것은 성도가 마땅히 해야 할 일인 것이다. 하지만 솔로몬이 지혜를 구하고 야고보 사도가 성도들에게 지혜를 구하라고 하는 것은 우리가 생각하는 것과는 아주 다른 신앙의 차원이다. 오늘날 현대교회가 가르치는 신앙이라는 것은 오직 인간의 안녕을 위한 간구밖에 없다. 그렇다면 야고보 사도가 성도들에게 지혜를 구하라고 하는 이유는 무엇인가?

그것은 다름 아닌 하나님의 아들이신 예수 그리스도만 믿어야 한다는 믿음을 끝까지 지키고 세상의 다른 종교와 싸워 이기기 위한 지혜인 것이다. 야고보서 본문의 말씀을 자세하게 보면 그 의미가 더욱 분명해진다. 이 당시 그리스도인들은 믿음의 시련을 당하고 있었다. 그것은 자신들의 조상들로부터 내려오고 있었던 유대교의 가르침이었다. 그리고 로마 제국 하에서 사람들이 가지고 있었던 세상적 가치관과의 대립이 극심한 때였음이 분명하다. 그런데 그리스도인들은 예수를 자신들의 구주, 하나님으로 믿고 있었고 이것을 아주 극렬하게 혐오하던 유대인들은 계속 그리스도인들에게 믿음의 고난과 핍박을 가하고 있었다.

또한 그리스도인들은 자신들의 삶 속에서 예수 그리스도의 가르침에 어떻게 순종해야 하는지 바르게 나타낼 수 없었다. 상황과 여건 속에서 자신들의 신앙의 연약함이 그대로 나타나고 있었다. 하지만 분명히 야고보 사도와 마찬가지로 다른 모든 사도들도 한결같이 오직 주 예수 그리스도를 믿는 그 믿음을 가지고 이길 것을 동일하게 증거하고 가르쳤다. 보통 야고보서는 성도의 행위를 강조하는 서신이라고 말한다. 하지만 성도의 행위 이전에 우선시되는 것은 성도의 믿음이다. 지금 그리스도인들은 주 예수 그리스도를 믿는 믿음 때문에 고난과 환난 가운데 처해 있다. 그리고 믿음의 시련을 계속 당하고 있는 것이다. 이 때 야고보는 성도들에게 이 믿음을 지키기 위해 하나님께 "지혜"를 구하라고 명령하는 것이다. 세상의 학문을 배우고 지식을 취하기 위한 지혜가 아니다. 인간의 탐욕을 채우기 위해 하나님께 지혜를 구하라고 하는 것도 아니다. 그것은 오직 예수 그리스도를 믿는 그 믿음을 지키기 위한 지혜이다. 그래서 하나님께 그 지혜를 구하면 하나님은 모든 사람에게 후히 주시고 꾸짖지 아니하신다고 말씀해 주고 있다. 여기에서 모든 사람은 당연히 그리스도인들이다. 또한 "후히 주신다"는 것은 "즉시" 주신다는 의미이다. "꾸짖지 아니하신다"는 것도 "계속 멈추지 아니하시고 주신다"는 의미이다.

왜 성부께서는 성도들이 지혜를 구하면 이렇게 "즉시, 그리고 계속" 주신다고 하는 것인가? 다른 것이 아니다. 오직 하나님의 아들을 믿는 그 믿음에서 떠나지 않기 위해 지혜를 구하는 자들이 기도하면 주신다고 한 것이다. 성도의 기도 때문이 아니라 하나님의 아들 때문이다. 하나님의 아들 예수 그리스도만을 믿고 살겠다고 하는 성도들의 기도에 하나님은 지체하지 않으신다.

하나님의 아들 예수 그리스도를 가장 존귀하게 여기는 성도들을 위해 아버지께서 지혜를 주시는 것은 당연한 것이라고 야고보가 말하는 것이다. 이것이 바로 야고보서가 가르쳐 주는 지혜의 내용인 것이다. 그러면 이런 지혜와 현대교회가 가르치는 지혜는 어떤 차이가 있는가? 야고보 사도는 서신 전체를 통해 주 예수 그리스도를 믿는 그 믿음을 지키기 위해 구하는 지혜는 "위로부터 내려온 것이고 땅의 것이 아니다"라고 말해 주고 있다. 결국 현대교회가 가르치는 지혜는 세상적이고 정욕적이며 탐심에 가득한 땅의 것이다. 사도는 아들을 믿는 그 믿음을 위해 지혜를 구하라고 하고 있는데 오늘날 거짓 목사들은 세상의 지혜를 구하라고 가르친다. 은으로 화폐를 사용했던 시절 좋은 은으로 돈을 만들지 않고 은과 다른 것들을 섞어서 화폐를 만들어 사용하면서(악화) 마치 그 화폐가 좋은 화폐인 것처럼(양화) 사람들을 속인 것을 말하는 "악화가 양화를 구축한다"는 말의 의미는 우리가 믿는 신앙에서 볼 때 같다고 할 수 있다. 거짓 신앙이 마치 바른 신앙인 것처럼 가르쳐지고 있는 것이다. 성도는 하나님의 말씀을 바르게 배워 순종해야 한다. 이것을 위해 목사는 부지런히 오직 성경의 의미를 바르게 전하고 가르쳐야 할 것이다.

축도는 기도인가? 선언인가?

일반적으로 교회에서 '축도(祝禱)'라는 말은 축복 기도의 줄임말로 사용하고 있다. 다시 말해 목사가 예배를 마치고 성도들에게 복을 빌어 주는 기도라고 여긴다. 어떤 교단에서는 목사가 장로를 포함한 성도들에게 "있을지어다"라고 하는 것을 못마땅하게 여겨 노회 회의를 통해 '축원하옵나이다'로 고쳐 교단 전체가 사용하고 있는 실정이다. 이러한 모습은 결국 축도를 기도로 보는 개념을 가지고 있기 때문에 성경에 기록된 말씀도 인간의 감정을 위해서는 변개시킬 정도가 되었다. 하지만 축도는 기도가 아니다. 만약 축도가 기도라면 민수기 6장에서 아론에게 명령하신 대제사장적 축도는 복의 선언이 아니라 기도일 것이다. 또한 사도적인 축도인 고린도후서 13장 13절의 축도도 기도일 것이다.

그러나 하나님은 아론과 그의 아들들에게 이스라엘 백성들에게 축복하라고 명령하고 계심을 반드시 기억해야 한다. 만약 축도가 기도라면 왜 아론과 그의 아들들은 이스라엘 백성들을 향해 "여호와께서 … 원하노라"라고 축복을 하는가? 이것은 기도가 아니다. 여호와께서 이스라엘 백성들에게 복을 선언하여 주시는 축복 선언이다. 예배 가운데 들었던 하나님의 말씀처럼 살려고 하는 백성들에게 하나님께서 우리와 함께하신다고 하는 복의 선언이 바로 축도다. 더 바르게 말하자면 '강복(降福)'인 것이다. 구약의 대제사장과 신약의 사도들, 그리고 사도들의 제자들인 목사들이 하나님의 명령에 순종하여 손을 들어 성도들에게 복을 선언하는 것이다. 이것은 하나님께서 자신의 자녀들에게 위로부터 복을 주신다는 약속을 사람들의 눈으로 볼 수 있도록 시각적으로 보여 주는 형태이다. 따라서 구약의 아론과 그의 아들들이 이 복을 선언할 때 이스라엘 백성들은 그들의 눈으로 아론과 그의 아들들이 두 손을 들고 복을 선언하는 것을 바라보면서 하나님께 아멘으로 화답하였던 것이다.

그렇다면 목사가 예배 가운데 축복 선언을 하면서 두 손을 드는 행위는 어디에서 기원하였나? 그것은 구약성경에서 찾을 수 있고(레 9:22), 예수님께서 승천하실 때도 대제사장으로서 자신의 자녀들을 축복하여 주시기 위해 손을 들어 복을 선언하시면서 승천하셨다. 그러므로 신약의 사도들도 예수님께서 보여 주신 대로 교회들을 향해 말씀을 보낼 때 서신서에 처음과 나중에 축복 선언을 기록했던 것이다. 우리는 이것을 사도적 축도라고 한다. 종교개혁자들은 구약의 아론의 축도와 신약의 사도적 축도를 동일한 것으로 여겨 함께 사용하였다. 그런데 최근에 사도들이 기록한 성경을 한낱 인간들의 편지로, 기록물로 보고 바울이 사용한 사도적 축도는 근거가 없다는 식으로 자신들의 신학을 전개하는 자들도 있다는 것을 주의해야 한다. 물론 구약의 대제사장적 축도에 대한 이해를 가진 교회들이 그렇게 많지 않다는 것은 사실이다. 그러나 우리는 할 수만 있으면 구약의 대제사장적 축도와 신약의 사도적 축도의 통일성을 인정해야 한다. 왜냐하면 축도의 중심에는 대제사장이신 예수 그리스도께서 계시기 때문이다. 하나님께서 자신의 자녀들에게 복을 주신다. 그러나 그 복은 아들을 통해서 주시고 성령을 통해 역사하시는 것이다. 아론과 사도들이 복을 선언하지만 그 복을 주시는 분은 하나님이시다. 그런데 여기에서 중요한 성경적이고 신학적인 사실 하나는 이 복은 언약의 자손들에게, 즉 주 예수 그리스도를 자신의 구주로 믿는 자녀들에게 주신다는 것이다. 특히 예배 가운데 참석하여 하나님의 말씀을 듣고 그렇게 언약 백성으로, 믿음의 자녀로 살겠다고 고백하는 자들에게 복을 주시는 것이다. 따라서 축복 선언은 어리석게도 나라와 민족과 가정과 사업 위에 선포하는 것이 아니다. 어떤 목사들은 마치 자신들이 유창하게 많은 장소와 기관 위에 복을 선언하면 이루어질 것으로 알고 마구잡이식으로 신학적 개념도 없이 예배에 참여한 성도들보다는 다른 곳에 복이 임하기를 선언하고 있는 실정이다. 신·구약 성경 어디에도 없는 그런 축복 선언을 목사들이 만들어서 하고 있다. 하나님께서 자신의 자녀들에게 복을 주시기 위해 선언하라고 하신 이 놀라운 은혜를 이제는 기도로 여겨서 사람이 아닌 장소와 기관이나 단체에까지 복이 임하기를 기도하고 있다. 참으로 어리석지 않은가?

하나님께서 복을 주시기 위해 선포하는 이 축복의 선포는 오직 하나님께 예배하는 자들에게만 해당된다는 사실을 배워야 할 것이다. 또한 이 축복의 선포를 받는 성도들은 목사가 두 손을 들어 복을 선언하기만 하면 자동적으로 자신들에게 복이 임한다고 믿는 그런 미신적인 신앙을 버려야 한다. 이 축복 선언은 약속이다. 목사가 선포한 하나님의 말씀에 순종하여 살면 복을 받는다. 그러나 말씀에 순종하지 않으면 심판을 받는다는 약속이 항상 같이 포함되어 있다는 것을 바르게 이해하고 있어야 한다. 하나님께서 이스라엘 백성들에게 요구하셨던 언약의 내용들을 보면 축복과 저주가 늘 함께 공존하고 있다는 것을 알 수 있다. 그러므로 축도는 하나님께서 자신의 자녀들에게 선포하시는 축복 선언이고 그렇게 살지 않았을 때는 자신이 하나님의 징계를 받을 때 그것은 정당하다는 언약적 개념이 함께 포함된 것이다. 또한 축복 선언을 하는 목사는 삼위일체 한 분 하나님의 이름으로 축복을 선언할 때 "예수 그리스도의 은혜와 하나님 아버지의 사랑과 성령의 교통이 너희 무리에게 함께 있을지어다"라고 하면서 뒤에 다른 말들을 덧붙여서는 안 된다. 축복의 대상자들은 예배 참여자들이기 때문이다. 하나님께서 자신의 자녀들에게 복을 선언하여 주신다. 이 놀라운 은혜가 인간들의 어리석고 미련한 지식으로 왜곡되지 않기를 바란다.

성도에게 있는 제단이란?

오늘날 현대교회 성도들이 가지고 있는 미신적인 신앙 가운데 하나는 사람의 눈에 보이는 제단이 아직도 있다고 믿는 것이다. 토속적 신앙을 통해 제단에서 제사를 드렸던 것과 같이 교회 안에서 설교하는 강단이 마치 제단인 것처럼 믿는 분들이 있다. 간혹 어떤 분은 설교하는 강단에 함부로 올라가는 것은 제단을 더럽히는 행위라고 여긴다. 그래서 예전에는 강단에 아무나 올라오지 못하고 기도 많이 하는 권사님이나 '신령한 분'만 강단에 올라와 청소도 하고 물건을 만지기도 하였다. 이러한 모습은 설교하는 강단이 마치 어떤 능력이나 권능이 있는 것처럼 생각하고 제사를 드리는 것으로 여기는 미신적인 행위이다. 강단은 복음의 말씀이 선포되는 장소이다. 그러므로 강단 자체가 어떤 능력을 가지고 있지 않다. 강단은 단지 목회자가 서서 하나님의 말씀을 전하는 위치일 뿐이다. 강단이 능력이 있는 것이 아니라 하나님의 말씀이 능력이 있다.

종교개혁 당시에는 강대상이 높은 곳에 있었다. 그 이유는 목사가 증거하는 하나님의 말씀이 위에서 증거되고 있다는 상징 때문이었다. 높은 강대상에서 목사가 말씀을 선포하면 성도들은 그 말씀을 마치 하늘에서 말씀하시는 하나님의 음성처럼 들어야 한다는 교육적인 차원에서 높은 곳에 있었던 것이다. 그러나 강대상이 있는 그 강단은 아무런 효력도 없다. 강단은 그 이상, 그 이하의 의미를 가지지 않는다. 단지 말씀을 전하는 목사가 서는 자리일 뿐이다. 성경의 말씀을 바르게 이해하지 못하고 단지 성경 말씀을 문자적으로 읽고 이해하는 자들이 강단(강대상)이 마치 성물인 것처럼 만들고, 성도들을 가르치고 있는 것이다. 사람이 의미를 만들어 강단이 성물인 것처럼 여기는 것 뿐이지 이미 예수 그리스도의 완전한 속죄 제사를 통해 더 이상 성물은 없다. 성전도 마찬가지이다. 눈에 보이는 성전이 존재한다면 예수 그리스도의 구속의 사역을 통해 자신의 백성에게 내주하시는 성령은 무엇인가? 성령께서 성도에게 내주하시므로 성도가 성전이 되었다고 하는 사도 바울의 가르침이 전부라고 확신해야 한다. 그러므로 구약 시대 때 구별되어 사용되었던 성막과 그 안에 모든 기물들은 이제 더 이상 필요 없는 것이 되었다. 그런데 여전히 한국 교회에서 미신적 신앙을 가진 자들은 성전과 성물을 요구한다.

뿐만 아니라 여전히 강단을 중심으로 그곳이 제단이라고 여긴다. 그러나 성도에게는 더 이상 구약 시대처럼 눈에 보이는 제단이 존재하지 않는다. 성도에게 있는 제단은 예수 그리스도께서 자신의 피로 이루신 구속의 사역이 전부이다. 그래서 기자는 1세기 고난당하는 성도들에게, (특히 유대인들은 그리스도인들을 향해 제단도 없는 그런 종교를 믿는다고 하는 것을 강조하면서 그리스도인들을 희롱하고 저주하였다) 하나님은 히브리서 기자를 통해 성도에게도 제단이 있다고 가르쳐 주신다(히 13:10). 성도에게 있는 제단이란 다름 아닌 주 예수 그리스도를 믿는 그 신앙인 것이다. 제단에는 항상 피의 제사가 있어야 하는데 하나님의 아들 예수 그리스도께서 자신의 피를 늘 뿌려 주고 계신다. 우리 믿음의 조상들은 이것을 믿음으로 믿는다고 가르쳤다. 이제 하나님의 아들 예수 그리스도께서 흘리신 그 보배로운 피를 믿는 자들은 누구나 제단 앞에서 하나님을 섬기는 자들이 된 것이다. 성도에게 구약 시대처럼 눈에 보이는 제단이 더 이상 필요 없게 되었다는 것을 믿는다면 오직 예수 그리스도만으로 만족해야 한다. 이제 성도는 복음을 바르게 믿고 예수 그리스도 안에서 성령과 진리로 하나님을 예배해야 한다. 하나님은 이런 자를 찾으신다.

하나님은 교회를 축복하신다. 이 교회는 하나님의 아들께서 자신의 피를 믿는 자들을 통해 세우시는 신적 기관이다. 성도들이 많아져서 넓고 좋은 예배 장소가 마련되는 것은 하나님께서 주시는 축복이다. 하지만 더 중요한 것은 성도 한 사람, 한 사람의 영혼이라는 것을 잊어서는 안 된다. 하나님은 성도가 성전이라고 말씀하신다. 이것을 잊어버리는 순간 예수 그리스도께서 흘리신 피의 제단이 사람의 눈에 보이는 거짓 제단에 밀려날 것이다. 오늘날 현대교회는 하나님의 복음의 말씀을 어떻게 하면 성도들에게 바르게 해석하고 그들에게 선포해야 하는지 고민해야 한다. 사람의 눈에 보이는, 목사가 서서 말씀을 전하는 곳을 화려하게 그리고 아름답게 보이게 하는 헛된 노력은 버려야 할 것이다. 성도 각자가 하나님이 거하시는 거룩한 성전이라는 것을 믿는다면 성도들의 심령에 하나님의 말씀만 가득차게 만들어야 하는 것이 목사들의 목회이다.

임직은 예배 가운데 이루어져야 한다

종교개혁자들이 바른 진리를 외치면서 하나님의 자녀들을 거짓 교회에서 불러 모아 참된 교회로 이끌었다. 이러한 역사적 개혁교회의 과정을 아는 사람들은 교회가 직분자들을 어떻게 세웠는지도 조상들을 통해 바르게 배워야 한다. 하지만 현대교회는 하나님께서 성도를 교회의 일꾼으로 세우는 이 예식의 참된 의미를 왜곡시키고 있다. 필자는 대한예수교장로회 합동 교단 소속목사이다. 합동 교단 헌법과 예배모범에는 직분자들을 세울 때 주일에 하지 못하도록 명시하고 있다. 물론 헌법규칙에 의하면 예외도 있어 주일날에 장로와 안수집사, 권사를 세우기도 한다. 그렇다면 교단 헌법과 규칙이 하나님의 말씀에서 가르치는 진리와 믿음의 선조들이 세운 신앙고백보다 앞설 수 있는가? 절대 그렇게 할 수 없다.

대부분의 장로교단들이 주일날 임직을 하지 못하는 것은 교단의 헌법이 정한 예배모범 때문이다. 사실 한국 교회가 주일성수를 강조하는 것은 성도들에게 신앙적으로 많은 유익이 있다. 오늘날처럼 주일을 쉽게 판단하고 인간의 유희를 즐기는 시간이라고 여기는 세대 속에서 조상들이 주일을 강조하였던 가르침은 계속 지켜져야 한다. 하지만 너무 지나친 문자적인 해석으로 인해 오히려 사람을 정죄하면 안 된다.

먼저 알아야 할 것은 교회가 직분자들을 세울 때 그 목적은 하나님의 아들의 복음을 위해 세운다는 것이다. 교회의 일꾼은 모두 예수 그리스도의 종들이다. 이것을 위해 예식을 거행한다. 임직을 주일에 하는 것이 잘못이 아니라는 것은 바로 신학적인 이유가 있기 때문이다. 왜냐하면 임직은 일종의 예배이기 때문이다. 임직이 예배인 이유는 그 내용 안에 서약, 즉 맹세가 있기 때문이다. 임직 가운데 서약은 하나님과 임직자 사이에 맺어지는 약속이다. 우리는 구약 시대부터 하나님께서 이스라엘을 부르시고 그 백성들과 언약을 맺을 때 모든 백성들이 참여하여 언약을 맺는 것을 볼 수 있다. 특히 하나님께서는 복음을 위해 일꾼들을 세울 때 증인들을 앞에 세우게 하였다. 그렇다면 임직식에 참여하는 자들은 축하객들이 아니다. 참석하는 모든 자들은 임직자들뿐만 아니라 자신들도 예배 가운데 참여하여 임직자가 하나님께 서약하는 것을 목격하는 증인들이고 자신들도 예배자라는 의식을 가져야 한다. 하지만 현대교회에서는 임직이 주일에 시행되지 않고 있으며, 또한 참석하는 자들은 임직자들의 축하객들로 참여한다. 이런 이유로 인해 정작 임직자들이 섬기는 교회의 교인들은 주일이 아닌 평일에 임직식이 시행되므로 자신들이 일하는 직장에 있거나 아니면 개인적인 일들로 임직식에 참여하지 못하고 있는 실정이다.

사실 임직자들이 하나님 앞에 하는 서약의 증인들은 그 교회의 성도들이 되어야 한다. 그런데 주일에 임직하는 것을 교단법으로 거부하고 있으니 이제는 더 이상 주일에 임직이 이루어지지 않고 있다. 예배에 대한 이러한 이해가 부족하여 임직을 하나의 예식으로만 보는 일로 인해 더 중요한 것을 잃어버리고 있는 것이다. 임직이 그 교회 구성원들과 함께 하나님 앞에서 예배 가운데 이루어지는 것을 안다면 교단법은 신학적이고 성경적인 고찰을 다시 하여 믿음의 조상들이 시행하였던 임직을 주일에 할 수 있도록 해야 할 것이다. 일부 정치목사들은 임직에 대한 이러한 이해가 부족하여 만약 교회에서 주일에 임직을 행한다면 자신들이 순서를 맡아 수고비를 받지 못하는 것을 안타까워하기 때문에 임직이 예배라는 것을 알면서도 교단법이 그렇게 정하고 있기 때문에 순종해야 한다고 주장한다.

하지만 장로교회의 기본 신조인 웨스트민스터 신앙고백(21장)은 모든 날에 하나님께 예배드릴 수 있다고 가르친다. 그렇다면 주일을 피하여 임직을 해야 한다는 주장은 성립될 수 없다. 이미 성도는 주일에 모여 예배를 드린다. 그리고 임직 가운데 하나님께 서약하는 행위가 예배라는 것이 타당하기 때문에 주일에 임직이 시행되어도 무방한 것이다. 또한 장로교회 정치 가운데 당회의 권한은 교회의 모든 예배를 주장하고 총괄한다고 명시되어 있다. 이것은 아주 중요한 의미를 가진다. 당회가 예배를 주관하는 것은 천국의 열쇠가 그들에게 주어졌다는 것이다. 그러므로 교회의 임직은 당회가 주관하는 것이다. 임직은 교회의 행사가 아니다. 임직은 하나님께 드리는 예배라는 것을 깨달아야 한다. 임직의 바른 신학적 의미를 상실하였기 때문에 교회의 임직이 마치 세상에서 시행하는 진급행사와 같이 전락하고 만 것이다. 고귀한 임직이 예배라는 것을 안다면 개교회 당회가 주일에 임직하기로 한 것을 노회가 반대할 이유가 없다. 부디 악화를 버리고 양화를 좇기를 바란다.

성찬에 사용하는 떡과 포도주에 대한 미신적 신앙

한국 교회는 대부분 개혁신앙의 전통을 이어받아 성찬에 대한 바른 신학적 이해를 가지고 있다. 로마교회의 화체설이나 루터의 공재설, 그리고 츠빙글리의 기념설보다 더 탁월한 성령임재설을 가지고 성찬에 임한다. 특히 성찬에 사용되고 있는 떡과 포도주 그 자체가 예수님의 살과 피라고 주장하는 로마교회의 화체설은 분명 이단적인 사상임에 틀림없다. 로마교회는 사제들이 일반 성도들에게 주님의 몸에 해당하는 떡은 주지만 포도주는 주지 않는다. 그 이유는 포도주가 예수님의 피이기 때문에 그 포도주를 마시는 자가 옷이나 땅에 흘리면 주님의 피가 흘려진다는 가르침으로 일반 성도들에게는 허락하지 않는 것이다. 성찬에 사용되는 포도주는 예수님의 피이기 때문에 함부로 다루면 안 된다는 것이 그들의 가르침이다. 이러한 미신적인 신앙으로 인해 일반 성도들은 주님께서 말씀하신 성찬에 참여함으로 누려야 할 은혜들을 완전히 상실하고 있다.

그렇다면 오늘날 개신교의 성찬에 사용하고 있는 떡과 포도주의 물질을 어떻게 목사들이 인식하고 있는지 우리는 다시 한번 살펴보아야 한다. 왜냐하면 개신교의 목사들도 비록 로마교회가 가르치는 화체설을 인정하지 않지만 화체설처럼 여기고 있기 때문이다. 필자가 부교역자 시절에 아주 황당한 일을 경험한 적이 있다. 지방에서 큰 교회라고 할 수 있는 교회에서 부교역자 사역을 감당할 때 성찬 준비를 목사들이 하였다. 떡을 자르고 포도주를 잔에 부어 준비하는 일이 목사들의 일이었다. 그런데 사정이 생겨 한 번은 떡을 권사님들이 잘랐다. 이것을 안 담임목사가 마치 부정이 탄 것처럼 모든 떡을 땅에 묻고 다시 목사들이 준비하라고 지시한 일이 있었다. 참으로 어처구니없는 행동을 목사가 한 것이다. 이러한 행동은 떡과 포도주에 대한 미신적 신앙 때문에 일어난 일이라고 볼 수 있다. 마치 성찬에 사용되는 떡과 포도주가 예수님의 살과 피라고 하는 것이기 때문이다.

뿐만 아니라 성찬에 사용되고 남은 떡과 포도주에 대한 인식도 여전히 미신적이다. 대부분의 목사들이 남은 떡과 포도주를 땅에 묻으라고 지시한다.

그렇다면 개혁신학에서 가르치는 떡과 포도주는 무엇인가? 그것은 먼저 음식이다. 예수님께서 사람이 먹는 이 음식을 가지고 자신의 살과 피라고 하신 것은 그것 자체가 예수님의 살과 피라는 것이 아니다. 예수를 자신의 구주로 믿고 그것을 말씀하신 주님의 말씀대로 예수님의 살과 피를 먹는다는 신앙을 가질 때 그 떡과 그 포도주가 바로 예수님의 살과 피를 진정으로 먹고 마시는 것이 된다. 단지 물질적인 표가 예수님의 살과 피가 되는 것은 다름 아닌 믿음으로 먹고 마시기 때문이다.

그러므로 성찬에 참여하는 자는 반드시 주 예수 그리스도를 자신의 구주로 믿는 믿음을 가진 자이어야 한다. 하지만 준비하는 과정에서 떡과 포도주, 그리고 성찬에서 사용하고 남은 떡과 포도주는 여전히 음식에 불과하다. 그런데 한국 교회는 마치 로마교회의 화체설처럼 예수님의 살과 피라고 여기고 있다. 이러한 까닭에 준비를 여자들의 손에 맡기면 안 되고 남은 것은 땅에 묻어야 한다고 목사들이 가르치고 있으니 참으로 개탄할 수밖에 없다. 이처럼 성찬에 사용하는 떡과 포도주의 물질에 대한 바른 이해를 가지지 못하면 신비주의로 빠질 수밖에 없다.

성도가 성찬의 떡과 포도주를 믿음으로 받고 마실 때 예수님의 살과 피를 먹고 마시는 것이 성립이 된다. 성도는 믿음으로 예수님의 살과 피를 먹고 마신다. 성도 안에 주님이 계시고 주님 안에 성도가 존재하는 것이다. 그러므로 개혁신학의 성찬은 하나님과 성도 간의 상호 교제를 의미한다. 하나님의 백성이 되는 자는 어린 양의 피를 믿는 자이다. 로마교회처럼 떡과 포도주 자체가 예수님의 살과 피가 되는 것이 아니라 성도가 믿음으로 먹고 마실 때 예수님의 살과 피를 먹고 마시는 것이다. 그러므로 성찬 준비 과정에서의 떡과 포도주, 그리고 사용되고 남은 떡과 포도주는 예수님의 살과 피가 아니다. 이러한 물질의 표에 대한 바른 인식만이 성도를 미신적 신앙에서 벗어나게 할 수 있다.

여전히 한국 교회는 유교적 문화가 뿌리 깊다. 제사 때 사용하는 제수를 준비하는 모습들이 마치 성찬을 준비하는 모습과 유사하게 보인다. 하지만 성찬은 세상적인 제사가 아니다. 물론 성찬을 준비하는 자들은 모든 성도들이 떡과 포도주를 믿음으로 받고 은혜를 누릴 수 있도록 성실하게 해야 한다. 하지만 미신적 신앙을 가지고 준비하는 것은 로마교회의 정신을 따르는 것과 다름이 없다.

예외주의 신앙

사도 바울은 사도행전 13장 15절 이하에서 유대인 회당에 모인 유대인들에게 하나님께서 광야 40년 동안 이스라엘 백성들을 향해 참고 인내하셨다고 말한다. 우리는 이를 보통 광야 40년 동안 하나님께서 이스라엘 백성들을 보호하여 주셨고, 돌보셨다는 것으로 여긴다. 물론 맞는 말씀이다. 그러나 정확하게 보면 하나님은 패역한 이스라엘 백성들을 향해 참고, 인내하셨던 것이다. 그들에게 선한 것이라고는 전혀 없었다. 하나님께서 이들을 광야에서 모조리 심판하여 다 버리실지라도 그것을 비난할 사람은 없다. 왜냐하면 인간은 항상 하나님에 대하여 반역을 일삼기 때문이다. 그러므로 하나님이 이들을 향해 참고 계셨던 것이다. 우리는 이 말씀에서 우리 자신의 신앙을 보는 눈이 새롭게 되어야 할 것이다. 현대교회와 성도들은 마치 자신들이 무엇인가를 잘해서 하나님께서 돌보시고 함께하여 주신다고 믿고 있다. 그러나 여전히 하나님은 이스라엘 백성들에게 참고 인내하셨던 것처럼 우리들에게도 참고 인내하시는 것이다. 우리가 하나님께 드리는 것이 무엇인가? 늘 죄만 생각하고, 죄를 짓는 것밖에 없다. 그런데 이렇게 멀쩡하게 살아 하나님을 섬기는 것은 하나님께서 여전히 우리를 불쌍히 여겨 주시기 때문이다.

사람은 착각 가운데 살아가는 존재들이다. 놀라운 기적이 일어나고 주변에서 일어나는 일들이 자신들이 원하는 대로 되면 모든 것이 다 하나님의 돌보심이라고 여긴다. 자신만은 예외적인 사람이라고 믿는 함정에 빠져드는 모습을 보면 참으로 어리석다. 요즘 대형교회들뿐만 아니라 중소형 교회의 목회자들이 성추행과 횡령으로 고소를 당하고 있다. 그런데 시간이 지나면 그 일들이 아무것도 아닐 뿐만 아니라, 하나님이 자신들을 용서하여 주셨다고 스스로 믿고 목회를 계속한다. 하나님의 용서를 받은 사람들이라면 다시는 그런 세상적인 목회를 하지 말아야 한다. 그런데 예전과 같이 계속하고 있다. 이렇게 변하지 않는 것은 자신들이 예외적인 사람들이라고 믿기 때문이다. 매주 새 신자가 등록하고 교회는 더 커지고 있기 때문에 하나님이 자신의 목회를 축복해 주신다고 믿는다.

하나님께서 여전히 목회를 잘되게 하여주기 때문에, 그것으로 하나님은 나를 용서하셨고 복을 주신다고 여기는 신앙, 교회가 분쟁이 생겨 반토막이 나도 자신을 따르는 성도들이 많기 때문에 하나님은 과거에 싸웠던 일을 다 용서하시고 자신을 도와주신다고 여기는 신앙… 이러한 예외적인 신앙 때문에 자신이 무엇을 잘못하였고, 어떻게 하나님의 교회를 바르게 섬겨야 하는지를 전혀 깨닫지 못하고 계속 과거의 모습을 반복하면서 목회를 하는 것이다.

참된 교회는 하나님의 말씀과 진리로 거룩하여진다. 단지 숫자를 가지고 자신의 목회를 예외적으로 여긴다면 이단들도 수적으로 더 부흥하고 교세가 더 확장되고 있다는 것을 알아야 한다. 그것은 복이 아니고 저주이며, 하나님의 심판을 머리에 이고 살아가는 삶이라는 사실을 명심해야 할 것이다.

이런 예외주의적인 신앙은 비단 일부 목회자들만의 문제가 아니다. 일반 성도들에게도 이러한 신앙이 나타나고 있다. 가정에서, 직정에서 또는 자신이 처한 환경에서 자신만은 하나님이 특별히 사랑하시는 사람이라고 여기며 타인을 배려하지 않고 이기적인 신앙의 모습을 보이고 있다. 오늘날 주님을 믿는 자들이 이혼을 밥 먹듯이 하는 이유도 여기에 있다. 자신만은 예외적인 자리에 있다고 여기는 것이다. 죄를 다시 반복하고, 또 같은 죄를 짓는 이유가 하나님께서 자신을 용서하여 주셨다고 착각하기 때문이다. 하지만 하나님은 우리를 사랑하신다. 그래서 참고 인내하시는 것이다.

바로 이러한 예외주의적인 신앙을 가지고 이스라엘 백성들이 살아갔다. 하나님으로부터 선택받고, 구원받은 백성들이라고 여기며 우상을 만들고, 반역을 꾀하고, 세상을 흠모하며 살아가도 하나님은 자신들을 여전히 사랑하신다고 하는 이러한 예외 신앙이 그들에게 있었다. 그러나 바울은 분명하게 하나님이 참고, 인내하셨다고 한다. 그들에게 아무것도 선한 것이 없었다. 그럼에도 불구하고 하나님은 자신의 아들을 이스라엘 가운데 보내셨다.

이러한 예외주의적인 신앙에서 벗어나는 길은 하나님을 두려워하며 경외하는 것이다. 언제 하나님의 심판이 나에게 임할지 모른다는 그 두려움으로 사는 것이다. 하나님은 자신의 백성들을 사랑하시기 때문에 징계하신다. 또한 징계가 없으면 하나님의 백성이 아니다. 우리의 실존은 죄인이라는 인식을 가지고 주 예수 그리스도를 통해 의를 주신 하나님을 두려워해야 한다.

신학의 변질

신학의 함정

예수 그리스도의 사역은 유대 사회에 한정되지 않는다

　예수님은 2천 년 전 유대에서 태어나셨다. 이 때문에 많은 신학자들과 목사들은 당시 유대인의 관점에서, 또는 유대 사회의 문화적 배경에서 성경을 이해하고 예수님의 사역을 이해해야 한다고 주장한다. 이러한 주장에는 아주 심각한 독소가 숨어 있다. 예수님께서 유대인으로 오셨고 그 나라와 그 사회 속에서 사역을 하신 것은 분명하다. **하지만 예수님께서는 유대 사회를 근거로 해서 사셨던 분이 아니다. 예수님은 유대 사회를 매개체로 사용하신 것이다.** 이 개념에 대한 바른 인식이 어느 정도 가르쳐지느냐에 따라 우리는 예수 그리스도께서 어떤 분이신지 알 수 있다. **만약 예수님께서 유대 사회를 근거로 해서 사역을 하셨다면** 예수님은 그 당시 사회와 문화에 많은 영향을 받았고, 그래서 성경의 계시는 유대 사회와 문화를 그 중심으로 해석해야 한다는 주장이 나올 수밖에 없다. 그러므로 여기에는 복음을 이해하는 데 있어 예수님 당시 유대 사회가 가지는 독특성이 강조된다. 또한 복음은 유대 사회에서 주장된 것이므로 오늘날 우리가 살아가는 시대와 다르게 적용될 수 있다. 결국 복음이 시대마다 바뀐다. 하나님의 말씀이 오늘 우리가 살아가는 시대에 맞게 바뀔 수 있다는 전제가 여기에 숨어 있다. 아주 강력한 실례로, 여성이 교회에서 가르치는 직분을 가지면 안 된다고 하신 것을 당시 예수님의 시대의 산물, 유대 사회의 문화로 한정한다. 결국 성경의 말씀대로 순종하지 않아도 된다는 인간의 주장이 정당성을 가지게 하였고, 현대교회에서는 모든 것이 가능한 것이 되었다.

하지만 우리가 복음을 바르게 이해하면 **예수님은 유대 사회를 매개로** 자신을 계시하신 것이다. 그러므로 예수님은 모든 시대에 자신을 동일하게 계시하신다. 이것이 복음이다. 여전히 예수님은 모든 시대를 통치하시고 하늘과 땅의 모든 권세를 가지신 왕이시다. 단지 예수님께서 2천 년 전 유대 사회라는 곳에 오셨기 때문에 그 시대가 중요할 수 있지만 예수님의 성육신은 그 시대를 변화시키고 구원하는 것이 아니다. 오고 가는 모든 세대를 다 통치하시고 계시하시는 것이다. 그러므로 2천 년 전 유대 사회의 문화와 신학은 중요할 수 있지만 그것이 복음의 기준이 될 수 없다.

현대신학이 계속 인간 예수를 주장하고 예수 그리스도의 하나님이심을 부인하는 것이 바로 여기에서 출발한다. 구원은 이미 창조 경륜 가운데 하나님께서 작정하신 것이다. 그러므로 사도 바울이 "때가 차매" 그리스도께서 오셨다고 하는 의미는 역사의 시간 속에서 이루어진 구원 경륜을 바르게 증거한 것이다. 인간의 어리석음 가운데 하나가 예수 그리스도의 성육신 사건의 목적을 중요하게 여기는 것이 아니라 그 시대와 문화와 상황을 더 중요하게 만든 것이다. 오늘날 거짓 교사들과 목사들은 마치 예수님께서 유대인으로 유대 사회 속에서 태어나고 성장하였기 때문에 유대 문화를 아는 것을 중요하게 가르친다. 하지만 예수님의 성육신은 유대 사회와 문화를 근거로 하는 것이 아니라 단지 매개로 삼고 자신을 성자 하나님으로 우리에게 계시하신 것이다. 시간과 장소와 문화를 매개체로, 하나의 도구로 삼으셨다.

인간의 역사와 문화를 이해하고 탐구한다고 해서 하나님의 아들을 이해하고 알 수 있는 것이 아니다. 성경을 이해하는 데 도움이 될 수 있으나 하나님의 아들 예수 그리스도를 설명할 수 없다. 자신이 연구한 것이 전부라는 어리석음을 버리고 겸허히 주님의 말씀에 순종하는 것이 바른 신학의 표준이다.

성경은 하나님의 말씀이다

독일의 신학자 칼 바르트는 목회자들에게 "한 손에 성경, 다른 한 손에 신문"이라는 개념을 통해 목사가 시대를 읽을 줄 알아야 한다고 했다. 이 말이 목사가 되려고 하는 모든 사람들에게 아주 당연한 것으로 받아들여졌다. 그렇다면 바르트가 이렇게 주장한 이유는 무엇인가? 필자는 바르트의 신학을 옹호하지 않는다. 그가 이렇게 말한 것을 긍정적으로 보는 견해가 있다고 해도 필자는 그의 신학에 대하여 아주 분명하게 거짓이라고 말한다. 그가 비록 삼위일체 하나님과 예수 그리스도의 구속과 부활을 이야기하지만 정통 교회가 가르치고 있는 진리와 다르기 때문이다. 그리고 바르트의 이 말이 오늘날 교회에 얼마나 큰 피해를 주고 있는지 목사들은 확실하게 인식해야 한다.

물론 목사는 사회의 일부분에 속한다. 그러므로 목사가 세상을 떠나서는 살 수 없다. 예수님께서도 당신의 제자들에게 너희가 세상에 있지만 세상에 속하지 말라고 하셨다. 따라서 목사는 세상을 떠나 살 수 없다. 그러므로 목사가 세상의 일들에 무관심한 것은 잘못이다. 하지만 "한 손에 신문"이라는 것을 강단에서 성경을 읽고 설교하면서 세상의 이야기를 해야 한다는 식으로 받아들였다면 그것은 아주 잘못된 오해를 불러일으킬 뿐 아니라 교회를 세속화시키는 첩경이 된다. 왜냐하면 사도들은 오직 주 예수 그리스도와 그분의 복음을 전하고 가르쳤기 때문이다. 오늘날 목사는 예수님의 직접적인 제자들이 아니다. 성도도 마찬가지이다. 예수님의 제자는 오직 사도들뿐이다. 그런데 오늘날 제자훈련이라고 하면서 마치 이 프로그램을 수료하면 예수님의 제자들이 되는 것처럼 왜곡시켰다. 목사는 사도들의 제자이고, 성도는 사실 목사의 제자들이다. 이런 관계를 바르게 알면 오히려 성도가 어떻게 주님을 섬기고 따라야 하는지를 바르게 배우게 된다. 자신의 스승을 보고 닮는 것이 인생의 이치이다. 그러므로 목사는 성도들을 어떻게 가르치고 살아야 하는지를 중요하게 여겨야 한다.

목사가 사도들의 제자들이라는 관계를 바르게 이해하면 목사들이 무엇을 말해야 하는지를 알 수 있다. 사도들은 오직 주의 말씀과 복음을 전하고 가르쳤다. 성도들을 온전하게 만들기 위해 복음만을 가지고 가르친 것이다. 사도들의 양손에는 율법과 복음만이 있었다. 다시 말해 구약성경과 예수 그리스도께서 해석하여 주신 말씀만이 그들의 손에 있었다. 그렇다고 해서 사도들이 복음 사역에 부족한 것이 있었는가? 전혀 그렇지 않다. 오히려 복음의 능력이 그들이 전하는 메시지를 통해 확증되고 분명하게 선포되었다. 그 일로 인해 로마 제국이 큰 혼란에 빠지게 되었다. 복음이 로마를 정복하고 세상에 전해진 것이다. 당시 사도들은 교회와 성도들에게 세상의 정세를 말하고 가르치지 않았다. 그리고 성도가 잘사는 것에 관심을 가지지 않았다. 오히려 부유한 자들에게 돈 때문에 죄를 짓는 일에 쉽게 빠지므로 하나님께 소망을 가지고 살아야 한다고 가르쳤다.

그러나 현대교회는 세속주의에 물들어 있다. 강단에서 하나님의 말씀이 선포되지 않는다. 혹자는 목사가 강단에서 하나님의 말씀을 전하고 있는데 무슨 말이냐고 할 수 있다. 그러나 목사가 성경을 읽고 말씀을 전한다고 해서 그것이 다 복음이 아니다. 설교는 오직 성경의 문맥에 따라 통일성 있게, 그리고 본문이 말씀하는 내용에 충실해야 한다. 하지만 자세하게 살펴보면 한 손에 신문을 들고 말하는 자들은 성경의 말씀을 억지로 해석하고 적용시킨다. 이러한 현상으로 인해 "성경은 하나님의 말씀이다"가 아니라 "성경은 하나님의 말씀이 된다"는 신학 개념이 만들어지고 말았다.

성경이 하나님의 말씀이 된다는 것은 하나님께서 성경을 통해서만 말씀하시는 분이 아니라 다른 도구를 통해서도 말씀하시는 분이라고 인정하게 하는 것이다. 그러므로 신문을 통해서도 말씀하시는 분이 하나님이라는 개념이다. 마치 하나님의 전능하심을 보여 주는 것 같지만 이것은 성경을 무시하고, 성경계시를 통해 구원을 이루시는 하나님의 아들의 사역을 부인하게 하는 결과를 만들고 있다. 그러므로 강단에서 복음을 전하는 목사는 한 손에 율법과 다른 한 손에 복음이라고 하는 성경만을 가지고 말씀을 선포해야 한다. 이것이 올바른 신학이며 목사가 해야 하는 일이다.

성령의 사역

현대신학은 삼위일체 하나님의 사역을 어리석게도 파괴시키고 있다. 특히 성령의 사역에 대한 오해를 불러일으킴으로 인해 중보자이시며 왕이신 예수 그리스도의 통치를 끝난 것으로 가르친다. 이러한 과오는 이미 로마 가톨릭과 이슬람에서 시작한 악의적인 가르침이었다. 그런데 현대교회가 어느 순간부터 성령께서 오늘날 교회를 다스리시고 통치하시며 성도들을 이끈다고 가르치고 있는 것이다. 우리는 성령께서 이 땅 가운데 오신 이유가 예수 그리스도를 뒤로하고 새로운 나라를 세우기 위함이 아니라 성부께서 성자에게 주신 영광을 확증하기 위해서라는 것을 분명하게 인식하고 고백해야 한다.

특히 오순절주의 교회나 성령운동을 하는 일부 아주 미련한 자들은 로마 가톨릭과 무함마드가 주장하는 것을 자신들의 교회에 그대로 가르치고 있다. 하지만 예수님께서 성령에 대하여 자세하게 가르쳐 주신 말씀을 보면 그들이 분명하게 틀렸다는 것을 알 수 있다.

"그가 내 영광을 나타내리니 내 것을 가지고 너희에게 알리시겠음이라"(요 16:14).

이 한 구절 말씀만으로도 우리는 충분히 성령께서 누구를 위해 오셨는지를 쉽게 알 수 있다. 그리고 예수님은 성령이 무엇을 위해 일하시는지도 우리에게 가르쳐 주신다. 오직 성자 하나님 예수 그리스도의 영광을 위해 성령이 오신 것이고, 그 영광을 나타내시기 위해 예수님의 것을 가지고 제자들과 그리고 오늘날 우리들에게도 알게 하신다는 것이다. 성령께서는 당신의 일을 하시러 오신 것이 아니라 아버지와 아들의 일을 하러 오신 것이다. 그런데 악인들은 이제 예수 그리스도의 통치는 끝났고 더 이상 주님은 아무것도 하지 않고 다만 기도만 할 뿐이라고 한다. 예수 그리스도의 자리에 성령을 대치시키는 것이다. 어떤 기독교 신학자들과 목사들은 구약을 성부, 신약을 성자, 그리고 오순절 이후를 성령의 시대로 구분하여 가르친다. 무지이며, 만약 알고도 이렇게 가르친다면 더욱 악한 것이다.

이렇게 어리석은 사람들의 성령에 대한 거짓 가르침 때문에 많은 사람들이 예수 그리스도를 상실하고 있다. 성령을 그리스도의 말씀과 구별한다면 그 순간 다양한 종류의 광기와 거짓 신앙이 양산되고 만다. 우리가 살고 있는 오늘날도 비슷한 일을 자행하는 자들이 많다. 이러한 성령에 대한 오해를 자행하는 자들에 대하여 종교개혁자들은 이미 광신자들이라고 정죄하였다. 어느 시대에나 성경과 그리스도를 분리시키는 자들이 있다는 증거이다.

그렇다면 성령께서는 무엇을 하시기 위해 아버지와 아들로부터 오셨는가? 새로운 나라를 만들기 위함이 아니라 예수 그리스도의 나라를 세우고 아버지께서 아들에게 주신 모든 것을 영원히 고수하고 확증하기 위해 오신 것이다. 이 일을 위해 성령께서는 사람들에게 예수 그리스도께서 하신 말씀을 잘 듣고 명령하시는 그 음성에 순종하라고 한다. 만약 성령께서 그렇게 하지 않으면 성령은 그리스도의 영광을 훼손하게 되고 말 것이다.

그러므로 성령께서는 성도들에게 성령 자신의 것을 주는 것이 아니라 예수 그리스도의 것을 주신다. 그것은 다름 아닌 예수 그리스도의 보혈을 통해 주신 정결과 주님께서 성도들에게 주는 죄 용서, 옛 사람의 십자가 죽음, 주님의 부활을 통해 주시는 새 생명이다. 다시 말하면, 성령께서 성도에게 예수 그리스도의 모든 축복을 주시는 것이다. 그러므로 성령은 단 하나라도 예수 그리스도와 상관없는 것을 주시지 않는다. 성도가 받는 것은 모두 예수 그리스도에게서 받는 것이다.

성령의 가르침도 이와 같다. 성령은 우리를 예수 그리스도에 대한 지식으로 이끈다. 이것이 바로 성령의 사역이고 성령이 오신 목적이다. 이것을 부인하는 자가 있다면 그는 악인이다.

여기에서 오늘날 교회에서 무엇이 가르쳐져야 하고 무엇이 선포되어야 하는지를 아주 단적으로 알 수 있다. 그것은 오직 예수 그리스도이며, 오직 하나님의 영광, 오직 성경, 오직 믿음이다. 복음의 말씀이 선포되는 강단에서 유머나 정치, 드라마, 웰빙에 대한 이야기는 조금도 허락되지 않는다. 사도들은 오직 복음을 전하고 가르쳤다. 당연히 참된 교사와 목사는 이 일에 순종해야 한다.

적그리스도는 누구인가?

초대교회부터 성도들은 예수 그리스도를 배반하는 신앙에 대한 특별한 용어를 가지고 있었다. 그것은 다름 아닌 적그리스도(The Antichrist)라는 것이다. 하지만 오늘날 일부 신학자들과 목회자들은 이 용어를 바르게 이해하는 데 실패하여 사변적으로 성경을 해석하고 말았다. 성경을 보면 적그리스도라는 이 단어는 요한계시록에는 단 한 번도 나오지 않는다. 다만 사탄이 예수 그리스도를 믿는 성도들의 신앙을 궤멸하기 위해 "짐승"을 바다에서 그리고 땅에서 보내고 있는 것을 보여 준다. 바다는 그 당시 로마 제국 이방 세력을 말하는 것이고 땅은 이스라엘을 의미한다. 계시록에서도 짐승은 예수를 믿는 성도들을 핍박하기 위해 등장한다. 그렇다고 해서 당시 로마 황제나 이스라엘 가운데 대제사장 또는 바리새인들을 적그리스도라고 할 수 없다. 그들이 예수의 신앙을 대적한 것은 분명한 것이지만 그들 개인들이 적그리스도는 아니다. **현대신학의 오류 가운데 하나가 바로 이것이다. 적그리스도를 어떤 한 개인이라고 가르치고 있다.** 그래서 적그리스도, 그는 세상의 끝에 자신의 모습을 나타낸다고 가르친다. 이러한 특정 인물에 대한 적그리스도의 개념은 세대주의 성경 해석에 영향을 받은 것이 분명하다. 그래서 어떤 때는 네로 황제

또는 그 뒤의 모든 로마의 황제들을 의미한다고 하였고, 시대가 바뀌면서 히틀러, 또는 스탈린, 급기야는 유럽 경제공동체 EEC가 적그리스도라고 한 적도 있었다. 뿐만 아니라 로마교황은 언제나 적그리스도의 반열에 항상 등장하는 인물로 규정되어 있다.

그렇다면 과연 성경은 적그리스도를 어떻게 말씀하고 있는가? 아무리 일부 신학자들과 목회자들이 적그리스도가 한 개인이라고 개연성을 가지고 주장한다고 해도 성경에서 말씀하는 적그리스도의 실체가 분명하게 있다는 것을 깨달아야 할 것이다. 우리는 성경에서 적그리스도가 누구인지 사도 요한의 가르침을 통해 알 수 있다.

"아이들아 지금은 마지막 때라 적그리스도가 오리라는 말을 너희가 들은 것과 같이 지금도 많은 적그리스도가 일어났으니 … 거짓말하는 자가 누구냐 예수께서 그리스도이심을 부인하는 자가 아니냐 아버지와 아들을 부인하는 그가 적그리스도니 아들을 부인하는 자에게는 또한 아버지가 없으되 아들을 시인하는 자에게는 아버지도 있느니라"(요일 2:18-23)

계속해서 사도 요한은 예수께서 육체로 오신 것을 부인하는 것이 적그리스도의 영(요일 4:3)이라고 말하여 주고 있다. 이러한 가르침을 통해서 보면 적그리스도에 대한 몇 가지 중요한 결론을 내릴 수 있다.

먼저, 1세기 당시 그리스도인들이 적그리스도가 올 것이라고 경고받고 있다. 그런데 적그리스도는 바로 배교자들에게서 나타나고 있다. 배교자들이 가진 사상은 예수께서 그리스도가 아니라는 것이다. 또한 그리스도께서 육체로 오신 것을 인정하지 않는 것이다. 배교자들이 예수를 거부하는 이러한 내용은 유대주의자들이 주장하는 것에 영향을 받았다. 유대주의자들에게 예수는 그리스도일 수 없다. 또한 하나님은 인간으로 오실 수 없다는 것이 유대주의자들의 사상이었다.

두 번째로, 적그리스도는 하나가 아니다. "많은 적그리스도"이라는 말씀에서 적그리스도가 한 특정 개인일 수 없다는 것을 성경은 우리들에게 가르쳐 준다.

세 번째로 이미 적그리스도는 사도 요한 시대에 나타나서 활동하고 있었다. 그러므로 적그리스도는 앞으로, 미래에 나타나는 어떤 인물이 아니다. 그러므로 적그리스도는 세대주의자들이 말하는 특정 인물이 아니다. 그렇다면 적그리스도는 누구인가?

말씀을 종합해 보면 적그리스도는 결국 예수 그리스도를 부인하는 이단 사상을 가진 자들이었다. 교부들의 증언을 보면 1세기 유대주의 종파의 지도자였던 케린투스가 사도 요한이 말하고 있었던 예수 그리스도를 전부 부인한 거짓 사도 중의 한 사람이었다. 처음에는 예수를 믿었으나 결국 배도하여 예수의 모든 것을 부인하는 사상을 가르친 사람이었다. 이처럼 적그리스도는 어느 시대에나 이미 존재하고 있었고, 오늘날에도 이런 적그리스도들이 활동하고 있다는 것을 알 수 있다. 신학교에서, 교회에서 적그리스도들이 활동한다. 삼위일체 하나님을 부인하고, 예수 그리스도의 신성과 인성을 믿지 않고, 성경에 계시된 예수 그리스도의 모든 사역을 믿지 않는 자들이 바로 적그리스도들이다. 사도들의 신앙을 이어받은 교부들과 정통신학을 부인하는 것이 바로 오늘날 적그리스도들이다. 유명한 신학교 교수라고 할지라도 그가 예수의 신성과 인성을 부인한다면 그는 적그리스도이다. 교회에서 인기를 누리고 많은 사람들로부터 칭찬을 받는다고 할지라도 강단에서 예수 그리스도를 바르게 전하지 않고 자신의 이익을 위해 거짓 복음을 전한다면 아무리 목사라고 할지라도 그는 적그리스도이다. 결국 적그리스도란 예수 존재에 대한 성경적 가르침을 부인하는 사상을 따르는 자들이다. 1세기부터 오늘날까지 그리고 앞으로 적그리스도는 계속 나타나며 성경과 교회와 성도들을 대적할 것이다. 적그리스도에 대한 바른 이해를 통해 참된 신앙을 소유해야 한다.

참된 신앙은 바른 지식에 기반을 둔다

성도들은 성경에 대한 호기심이 상당히 많이 있다. 그래서 그런지 몰라도 성경 공부를 하다 보면 많은 질문을 받는다. 때로 호기심 때문에 성경을 사변적으로 해석하는 사람들이 종종 있다. 하지만 성경을 가르치는 교사(목사)들은 모든 성경에 대한 전반적인 지식을 충분히 가지고 있어야 한다. 간혹 어떤 교사는 그저 믿기만 하면 된다는 식으로 성도들에게 믿음을 강조한다. 어떻게 보면 의심하는 성도들보다 이해되지 않지만 믿음으로 믿는 성도가 더 훌륭한 신앙인처럼 보일 때가 있다. 그러나 이러한 가르침은 우리 기독교를 아주 미신적이고 비도덕적인 종교로 타락하게 만들고 있다는 것을 알아야 한다. 사실 우리가 믿고 있는 하나님과 성경은 아주 합리적이고 도덕적이며 이성적이다. 또한 논리적이다. 쇠렌 키르케고르가 "신앙의 도약"이라고 하여 이해되지 않는 것은 단지 믿으면 된다고 주장하였다. 키르케고르의 이 철학적 사유가 현대 기독교의 모토가 되면서 기독교의 모든 이성적이고 합리적이며 논리적인 가르침이 거의 사라지고 말았다는 것을 우리는 반성해야 한다.

이런 키르케고르의 철학이 기독교 신앙을 거의 미신적으로 만들었다는 것을 깊게 지적하지 않을 수 없다. 정통 교회가 성도들에게 가르쳤던 신앙의 체계에서 요구되는 것은 바로 지식이었다. 하나님을 아는 지식과 인간을 아는 지식, 이것이 가장 중요한 신학의 출발이라고 종교개혁자 칼빈도 지적한다. 합리적이고 이성적이고 논리적이라는 것은 어떤 대상에 대한 지식이 있어야 가능한 것이다. 그러므로 기독교가 이성적이고 합리적이며 논리적이라는 것은 그만큼 지식을 강조하고 있다는 것이다. 하지만 이해되지 않는 것을 믿음으로 믿고 신앙의 도약을 이룬다는 것은 어떻게 보면 맹목적인 비신앙으로 인도하는 것이다. 하나님은 성경의 말씀을 통해 자신을 계시하신다. 누구든지 하나님을 알고자 하는 자는 반드시 성경을 알아야 한다. 성경에 대한 바른 지식이 있어야 하나님이 누구인지 알 수 있다.

하나님은 자신의 백성들에게 거룩을 요구하신다. 신·구약 성경에서 동일한 이 거룩에 대한 요구는 하나님께서 자신의 백성들에게 하시는 명령이다. 성도가 거룩하게 됨은 하나님을 아는 참된 지식에서 일어난다고 우리 조상들은 가르쳐 왔다. 그렇다면 하나님을 아는 참된 지식은 어떻게 주어지는가? 그것은 다름 아닌 배움에서 나타나는 것이다. 물론 배웠다고 해서 바른 신앙을 전부 소유한다고 할 수 없다. 그러나 분명한 것은 참된 신앙은 지식에서 일어난다는 것이다. 이것 때문에 우리 조상들은 교회에서 성도들에게 성경과 교리를 가르쳤다. 그러나 이제 현대교회 안에서 이러한 가르침을 보기란 그야말로 모래사장에서 바늘을 찾는 것처럼 보기 드물다.

또한 하나님의 영광을 위해 교회와 성도가 존재한다는 것은 누구나 인정한다. 그렇다면 하나님의 영광이 어떻게 나타나는가에 대해서도 바르게 배워 알아야 한다. 그것은 가장 먼저 하나님을 아는 지식에서 출발한다. 하나님을 알면 알수록 성도는 하나님의 영광이 무엇이며 어떻게 해야 하나님의 영광을 위한 삶을 사는지를 알게 된다. 이러한 전반적인 기독교의 신앙을 바르게 알려고 한다면 반드시 하나님을 아는 지식이 필요하다는 것을 우리는 인정해야 한다. 여기서 우리 기독교가 합리적이고 이성적이며 논리적이라는 것이 성립된다. 우리는 알지 못하는 것을 믿음으로 믿지 않는다. 오직 하나님께서 계시하신 것을 믿는다. 이것이 바른 기독교의 모습이다. 계시된 하나님, 계시된 하나님의 의지(뜻)를 믿고 순종하는 것이 기독교이다. 맹목적인 믿음이란 없다. 그저 믿기만 하면 복을 받고, 능력을 받는다는 것은 무속 종교에서나 가르치는 것이다. 역사적으로 이러한 일들이 교회 가운데서도 일어났다. 중세 시대에 로마교회(로마 가톨릭)는 일반 성도들에게 하나님의 말씀을 가르치지 않았다. 단지 사제들이 말하는 것을 믿기만 하면 된다고 하면서 성화와 성상까지 만들어 성도들에게 거짓 복음을 전했다. 그 결과 그 시대 교회는 하나님을 전혀 모르는 이방 종교와 같은 집단이 되었다.

이러한 역사가 오늘날에도 계속 반복된다. 그 이유는 하나님의 말씀을 가르치지 않기 때문이다. 혹자는 오늘날처럼 이렇게 말씀을 많이 가르치는 시대가 있었는지 반문할 수 있다. 많이 가르치는 것이 중요한 것이 아니라 바르게 가르치는 것이 중요하다. 참된 신앙과 삶은 오직 하나님의 말씀에 대한 바른 이해와 가르침에서 시작된다는 것을 깨닫기 바란다. 기독교는 살아 계신 하나님의 말씀을 통해 오늘날에도 역사한다. 기독교가 합리적이고 논리적이며 이성적이라는 것은 단지 지식만을 의미하는 것이 아니다. 그것은 성도의 신앙과 삶 전체를 의미하는 것이다. 잘못된 신학의 한계에서 벗어나 바른 신앙의 길로 나아가야 한다.

성경을 쪼개는 거짓 신학

오늘날 현대신학은 하나님의 영광을 위해 연구하고 탐구하는 것이 아니다. 인간의 명예와 인기를 위해 성경을 쪼개고 나누고 말았다. 신학의 대상이 하나님이라고 인정하면서도 하나님께서 말씀하신 성경을 자신들의 입맛에 맞게 세분화시키고 있다. 신학교에서 가르치는 교육과정을 보면 그것들이 세분화되어 가르쳐지고 있다는 것을 알 수 있다. 예를 들어 구약신학, 신약신학, 역사신학, 실천신학, 조직신학 등 다양한 신학들이 가르쳐진다. 뿐만 아니라 더 나아가서 구약신학을 모세오경, 소선지서, 대선지서, 시가서, 역사서 신학 등등 또 나눈다. 계속해서 이렇게 신학들이 세분화되고 나눠지면서 하나님에 대하여 더 깊게 알고 성도들에게 바른 하나님의 말씀을 가르친다고 여긴다. 하지만 결국 인간들이 하는 것은 하나님의 진리를 드러내고 가르치는 것이 아니라 인간의 공로와 역사를 드러낼 뿐이다.

자신의 명예를 위해 거짓을 진리인 양 말하기도 한다. 바울 신학을 연구하고 전공하는 대부분의 현대 신학자들은 기독교의 출발을 바울에게서 찾는다. 어처구니없는 일을 하고 있지만 현대 사상에 물들어 있는 교회 지도자들의 영향으로 대부분의 목사들도 마치 이들의 연구가 성경적인 것처럼 받아들인다. 하지만 성경에서 바울 신학, 요한 신학, 그리고 다른 제자들의 신학을 말씀하고 그것을 배우고 가르치라고 하지 않는다. 오직 예수 그리스도는 자신의 제자들에게 그들이 주님으로부터 배우고 들은 것을 가르쳐 지키게 하라고 분부하셨다. 성경을 너무 세분화시키고 환원시킨 결과 복음이 상실되고 다른 복음이 강단을 장악하고 있는 실정이다.

이러한 현상이 일어나는 이유는 다름 아닌 현대 신학자들에게 성경이 하나님의 말씀이 아니기 때문이다. 만약 성경이 하나님의 말씀이라는 것이 그들의 신학 연구에 전제되어 있다면 인간들 마음대로 성경에 대하여 말할 수 없다. 바울 신학을 통해 이신칭의가 가르쳐졌다는 주장이 설득력 있게 전해지는 것이 바로 이런 이유에서다. 하지만 하나님의 진리는 인간의 이성을 뛰어넘는다.

신학의 주요 골자는 누가 뭐라고 해도 모든 인간에게 선언된 죽음의 저주이다. 그리고 인간의 전적인 타락이다. 하나님과 원수가 된 인간은 늘 죄를 짓는다. 여기에 하나님의 은혜가 주어진다. 성육신과 유일한 하나님의 아들의 희생 제사를 통해 주어지는 화해가 선포되고 하나님께서 죄인을 의롭게 여겨주시는 칭의가 있다. 또한 모든 성경은 무오한 하나님의 말씀이다. 그리고 성령의 조명을 통해 하나님의 구원의 말씀을 받아들이고 그 말씀에 순종하는 삶이 나타난다. 이러한 성경의 내용들이 인간 세상에서는 도저히 이해되고 받아들여지는 것이 아닌 역리(파라독스)이기 때문에 세상 인간들은 이것을 아주 경멸하고 싫어하고 배척하는 것이다. 그래서 이러한 초보적인 진리에 관심을 가진 사람은 칼빈이 말하는 것처럼 열 명 가운데 한 사람 정도도 찾아보기 힘들다고 하였다. 그래서 그런지 신학을 하는 사람들의 특징 가운데 하나는 바로 이러한 가장 중요한 초보적인 진리에 대하여 연구하고 탐구하는 것을 아주 진부(陳腐)한 것처럼 여긴다는 것이다. 마치 아직도 발견되지 않고, 연구되지 않은 진리들이 성경에 있는 것처럼 자신들의 생각을 가미하여 새로운 신학을 만들어 내고 있다. 이것이 바로 신학의 세분화이며 환원주의 사상이다. 세상 철학과 학문적 방식을 하나님을 대상으로 연구하고 탐구하는 신학에 적용하는 것에서부터 부작용이 일어나고 있는 것이다. 어떻게 하나님을 연구하고 탐구하는 신학이 인간의 학문 방식으로 가능할 수 있는가?

기독교는 오직 하나님의 계시 종교이다. 하나님의 말씀이 증거되고 선포되었기 때문에 그것을 믿고 순종한다. 그럴 때만 하나님께서 영광을 받으시는 것이다. 하지만 인간의 탐심으로 인해 연구되는 작금의 신학은 하나님의 영광을 그 대상으로 하지 않고, 인간의 명예와 영광을 그 중심에 두고 말았다. 그래서 성경을 가지고 자신들 마음대로 이 신학, 저 신학이라고 명칭한 것이다. 하지만 성경은 성령의 감동으로 기록되었기 때문에 우리는 성령께서 하나님의 영광을 드러내는 신학을 인간에게 주셨다고 고백한다.

예수님께서 구약성경을 말씀하실 때 "모세의 글들과 시편과 선지자들의 글"이라고 하셨다는 것을 볼 때 구약성경이나 신약성경을 인간들의 입맛에 맞게 세분화시키는 것은 바른 복음을 상실케 만들고 있다.

유대교는 구약 종교가 아니다

현대교회는 여전히 유대교가 마치 구약 종교인 것처럼 가르치고 있다. 하지만 이스라엘 역사를 보면 유대교가 어떻게 발생하였고, 어떤 종교인지를 쉽게 알 수 있다. 그러나 사람들은 일반적으로 여전히 유대교가 구약 종교라고 쉽게 여긴다. 이러한 현상은 목회자들이 구약성경을 읽고 성도들에게 말씀을 전하면서 유대교에 대한 선 이해를 갖지 못한 결과이다. 유대교는 모세를 거부하기 때문에 결국 그리스도를 거부한 것이다. 유대교는 바벨론 포로 후 이스라엘 백성들이 귀환하면서부터 나타난 구약 종교의 한 종파로 볼 수 있다. 율법을 강조하고 무너진 성전 터를 새로 세우는 과정 가운데 일어난 종교 운동이었다. 그런데 이 신앙 운동이 변질되어 결국 하나님께서 모세에게 주신 율법이 왜곡되고 인간의 방식이 도입되어 만들어진 종교가 유대교인 것이다. 유대교가 구약성경에 기초하여 있다고 주장하지만 결국 그것은 권위 있는 인간들의 전통으로부터 온 것이다. 그래서 예수님께서 유대인들에게 사람들의 전통을 가지고 하나님의 법을 폐한 자들이라고 책망하신 것이다.

유대인으로서 그리스도를 만나 개종한 유대 역사가인 알프레드 에더스하임의 『메시아』를 추천한다. 독자들에게 이 책을 소개하는 것은 기독교를 이해하는 데 있어 중요한 신학과 신앙을 가르쳐 주기 때문이다.

성도는 오늘날 기독교만이 구약 종교의 참된 연속이요 성취라는 것을 믿어야 한다. 그렇지 않고 유대교가 마치 구약의 종교인 것처럼 믿게 된다면 오늘날 세대주의 신학에서 계속 주장되는 동물의 피 제사가 다시 회복되는 길을 여는 것이 된다. 세대주의는 여전히 예루살렘의 회복을 주장한다. 하지만 예루살렘은 하나님께서 자신의 아들의 피를 통하는 것만이 구원에 이르는 유일한 길임을 보여 주시기 위해 A.D. 70년에 완전히 파괴시키셨다. 이제 아브라함의 혈통을 통해 나타나는 이스라엘 자손들은 없다. 오직 하나님의 아들을 믿는 새로운 영적 이스라엘 백성들만 존재할 뿐이다. 어리석게도 유대인들의 교육을 강조하는 목회자들이 종종 있는 것을 본다. 그들은 하나님께서 유대인들에게 복을 주셔서 노벨상을 자주 수상하고 세계 경제를 이끈다고 가르친다. 하지만 유대인들의 교육이란 결국 그리스도 예수를 죽이는 데 앞장섰고, 하나님의 법을 무시하는 율법 종교인 것이다. 하나님께서 이스라엘 백성들에게 쉐마를 통해 이스라엘 자손들이 어떻게 하나님을 믿고 섬기며 이웃을 사랑해야 하는지를 가르쳐 주셨다. 쉐마는 유대인들의 교육 방식이 아니다. 정말로 쉐마를 통해 하나님을 바르게 교육시켰다면 유대인들은 예수를 죽이지 않았을 뿐만 아니라 신약 교회 성도들도 핍박하지 않았을 것이다. 그러나 불행하게도 초대 그리스도인들이 유대인들로부터 가장 많은 희생을 당하고 말았다.

예수님께서 세상에 오신 것을 두고 많은 신학자들이 자신들의 신학을 가지고 다양한 의미를 제시한다. 어떤 이는 하나님의 나라를 회복시키기 위해 오셨다고 하고, 혹자는 하나님의 형상을 회복시키기 위함이라고 한다. 또는 재창조의 사역을 위해 오셨다고 하신다. 이러한 주장들은 각각의 신학적 전제를 통해 충분히 제시되고 이해된다. 예수님께서 어떤 목적을 이루시기 위해 세상에 오셨든지 가장 중요한 것은 자신의 백성들을 구원하시기 위함이다. 하나님의 백성들은 구약에서부터 오늘날까지 항상 그 시대마다 택자들로 존재한다. 하지만 유대교는 하나님을 바르게 알지 못할뿐더러 하나님의 아들을 부인하는 종교이다. 이들에게 구원이란 있을 수 없다. 이러한 종교를 여전히 칭송하고 따르는 무리들이 있다면 회개하고 돌이켜야 한다. 유대교는 구약 종교도 아니고 기독교를 탄생시킨 종교도 아니다. 기독교가 구약 종교의 참되고 연속적인 성취인 것이다. 구약에서는 양의 피를 통해 자신의 백성들을 구원하셨고, 신약에서는 어린 양이신 하나님의 아들의 피를 통해 구원하신다.

예수님의 제자들이 유대교의 사상에서 벗어나는 일은 성령의 역사를 통해서만 가능하였다. 예수님께서 그렇게 가르쳤던 것들을 뒤로하고 떠났지만 결국 예수님의 죽음과 부활을 보고 성령의 역사를 통해 그들이 유대교에서 벗어날 수 있었던 것이다. 유대교는 예수를 거부하고, 하나님의 사역을 인정하지 않는다. 더 이상 유대교는 구약종교가 아니다. 기독교는 오직 성경만이 하나님의 말씀이지만 유대교는 조상들이 물려준 탈무드가 성경의 권위보다 더 위에 있는 종교이다. 그러므로 유대교는 삼위일체 하나님을 믿지 않는다.

지상의 예루살렘을 통해 그리스도가 천 년 동안 왕으로 통치하는 것은 성경적 가르침이 아니다(1)

요한계시록 20장에 "천 년"이라는 단어가 나온다. 이 단어 때문에 천년왕국이라는 말이 만들어졌다. 그런데 누가 이 천년왕국이라는 말을 만들어 사용했는지 자료를 찾을 수 없다. 하지만 대부분 세대주의적 성경 해석을 하는 사람들이 천년왕국이라는 용어를 사용하는 것으로 보아 그들에 의해 만들어진 것으로 추정할 뿐이다. 물론 일부 교부들이 천년설을 주장한 것은 사실이다. 또한 "천 년"이라는 단어를 문자적으로 보는 잘못으로 인해 천년왕국이라는 용어가 교회 안에서 보편적으로 사용되고 있는 실정이다. 적은 지면에서 신학적으로 깊은 내용을 말하기는 어렵다. 하지만 요한계시록 20장을 간단하게 살펴보면 " 천 년"의 의미가 무엇인지 알 수 있다.

세대주의적 성경 해석 때문에 많은 사람이 마지막 종말론 사상에 혼돈을 갖는다. 대표적으로 주장되는 천년왕국 이론은 전천년설과 후천년설이다. 그리고 천년왕국과 상관없는 무천년설이 신학계를 주도하고 있다. 전천년주의자들은 그리스도께서 천년왕국 전에 재림하셔서 성도들을 부활시키고 예루살렘에서 모든 나라를 정치적으로 통치하시는 왕으로 계실 것을 말한다. 이 때 모든 성도들도 주님과 함께 왕 노릇 한다고 가르친다. 후천년주의자들은 그리스도께서 초림과 재림 사이에 천년왕국으로 주님께서 성도들과 함께 지금 왕으로 통치하시는 것을 말한다. 무천년설은 주님의 초림과 재림 사이에 주님께서 도둑같이 갑자기 재림하여 모든 것을 심판하시고 새 창조의 역사를 이루신다고 주장한다. 어떻게 보면 후천년설과 무천년설은 비슷하게 보인다. 하지만 가장 많은 성도들이 바로 예수님께서 천년왕국 전에 재림하셔서 왕으로 통치하신다는 사상을 가지고 있다. 이 전천년설을 대부분의 목회자들이 신학교에서 배워 가르치고 있다. 그러나 이러한 천년왕국에 대한 해석은 결국 세대주의적 성경 해석에 영향을 받은 것이 분명하다. 그러므로 아무리 많은 사람들이 배웠다고 해도 그것이 바른 성경 해석이 아님을 알아야 한다.

세대주의 신학에서 강조하는 것은 다름 아닌 지상에 있는 예루살렘의 회복이다. 지상에 있는 이스라엘 민족이 여전히 대망하고 있는 동물의 피의 제사가 예루살렘에서 이루어지기 위해 그들은 그리스도를 기대하며 통곡의 벽에서 기도를 하는 중이다. 하지만 하나님께서는 이미 A.D. 70년에 로마 장군 티투스에 의해 예루살렘을 파괴시키고 모든 제사장들을 다 죽이셨다는 역사적 사건을 잊어서는 안 된다. 하나님께서 예루살렘을 파괴시키고 레위 족속을 멸절시킨 것은 더 이상 지상에서 어떤 피의 제사도 용납하지 않기 위함이었다. 그것은 오직 하나님의 아들의 피를 통해서만 믿음으로 구원을 이루시기 위한 하나님의 구속 경륜의 완성을 의미한다. 예루살렘이 파괴되어 거의 2천 년 동안 이스라엘은 역사가 없는 민족이 되었다. 세상에서 나라 없는 민족으로 떠돌다가 1946년에 영국과 미국의 도움을 받아 지금의 팔레스타인 지역에서 국가를 이루게 된 것이다. 여기에서 어느 정도 지적인 생각을 갖는 사람이라면 2천 년 동안 이스라엘 민족이 육체적 아브라함의 혈통을 보존할 수 있는지 의문을 가져야 한다. 왜냐하면 2천 년 동안 한 민족이 나라가 없이 이방세계에서 떠돌아 살면서 그들의 피가 섞이지 않을 수가 없기 때문이다. 그러므로 개혁주의 신학에서는 오늘날 이스라엘 민족이라고 하는 사람들의 98%이상이 육체적으로 아브라함의 혈통이 아닌 이방의 피가 섞인 이스라엘 백성이라고 간주한다. 이러한 하나님의 구원 역사를 보면서 타락한 인간들은 계속예수 그리스도의 피로 구원받는 것을 원치 않고 다시 율법주의로 돌아가고 있는 것이다. 여기에 세대주의 종말론이 한몫을 하고 있다. 이것을 깨닫는다면 우리는 "천 년"이라는 계시록의 말씀을 단지 문자적으로 이해해서는 안 된다.

"1,000"이라는 숫자는 문자적으로 천 년을 의미하는 것이 아니라 상징적인 의미이다. 그것은 아주 많은 시간을 의미한다. 예수님께서 지상에 오신지가 2천 년이 넘었다. 그럼에도 불구하고 아직 세상의 종말은 오지 않고 있다. 내일이라도 오실 수 있지만 주님께서 더 많은 시간이 흐른 뒤에 오실 수 있다. 그러므로 "천 년"의 의미를 인간의 수 개념에 대입해서는 안 된다. "천년"이라는 단어는 문맥상 부활과 연관되어 있다는 것을 쉽게 알 수 있다. 첫째 부활과 두 번째 부활에 대해 말씀하시는데 "천 년" 안에 아주 많은 사람들이 예수 그리스도를 믿고 거듭나는 중생과 영원한 생명을 누리는 영화를 의미하는 것이다. 사도 요한은 요한계시록 19장에서 이미 예수 그리스도가 "만왕의 왕, 만주의 주"라는 이름을 가지시고 복음으로 세상을 통치한다고 말해주고 있다. 따라서 예수 그리스도는 천 년 동안 왕국을 통치하는 것이 아니라 모든 세대와 시간 속에서 만왕의 왕으로 우주 만물을 통치하시는 분이시다. 그러므로 그리스도가 재림하여 지상에서 예루살렘을 통해 세상을 통치하는 가르침은 성경적 가르침이 아니다.

지상의 예루살렘을 통해 그리스도가 천 년 동안 왕으로 통치하는 것은 성경적 가르침이 아니다(2)

천년기 사상에서 예루살렘을 통해 예수 그리스도의 통치가 다시 이루어진다는 가르침이 얼마나 비성경적인지 간략하게 기술하였다. 역사 가운데 교회가 이미 천년왕국에 대한 이러한 이단적 가르침을 배척하였다는 것을 좀 더 알리고 싶다.

381년 콘스탄티노플 신경을 보면 "예수 그리스도께서 만세 전에 하나님 아버지에게서 나시고 그의 나라는 끝이 없다"고 확정하였다. 이때 예수 그리스도의 나라를 천 년에 국한시키는 것이 잘못되었다고 공식적으로 확정하였다. 예수 그리스도께서 재림하셔서 천년왕국을 세울 때 예수 그리스도의 나라가 세워진다는 가르침을 배척한 것이다.

교부 아우구스티누스는 천년왕국을 가르치는 자들을 이단으로 정죄해야 한다고 했다. 바른 교회는 천 년 동안 그리스도의 통치가 지상에서 있을 것이라는 가르침을 받아들이면 안 된다고 하였다. 이러한 천년왕국에 대한 가르침은 일부 소수 이단적 분파들에 의해 가르쳐졌는데 이것을 교회의 공적 신경을 통해 거부하였던 것이다. 한때 재세례파에 의해 천년왕국이 가르쳐졌지만 보편적인 성경해석으로 받아들여지지 않았다. 하지만 19세기 중엽 영국의 다비의 세대주의적인 성경해석을 통해 문자적으로 천년왕국이 있다는 것이 강하게 주장되면서 미국의 복음주의 교회들이 이것을 받아들였고, 결국 한국에 들어온 선교사들에 의해 이 천년왕국이 마치 성경의 가르침인 것으로 확정되게 된 것이다.

하지만 분명한 것은 다시 한번 성경에 천년왕국이라는 말이 없다는 것을 우리는 인정해야 한다. 천 년 동안 그리스도께서 왕 노릇 한다는 말씀을 천년왕국이라는 것으로 받아들인다면 그야말로 하나님의 말씀을 아전인수 격으로 해석하는 것이 된다. 하지만 정통교회와 신학과 성경은 예수 그리스도의 재림을 통해 모든 세상의 역사가 종결되며 완전한 구원이 완성되고 하나님이 새로운 자기 백성들을 통치하시는 새 창조가 이루어짐을 말씀하고 있다. 그러므로 예수 그리스도의 재림 이후에 또 다른 천년기를 통해 그리스도께서 지상의 왕으로 세상을 통치하는 유예기간을 두신 것이 아니다. 사실 이러한 세대주의자들에 의한 문자적 해석이 오늘날 현대교회에 거부감 없이 받아들여지고 있는 것은 바로 유대교와 기독교를 바르게 이해하지 못한 결과이기 때문이다. 유대교는 정통 구약 이스라엘 종교가 아니고 기독교와 상관도 없는 그런 종교인데 신학자들과 일부 목회자들이 유대교를 마치 구약성경의 종교로 인식하기 때문이다.

그러면 왜 요한계시록 20장에 천 년이라는 시간적 단어가 언급되고 있는지 바르게 알아야 한다. 이미 예수 그리스도는 요한계시록 19장에서 만왕의 왕, 만주의 주라고 선포되고 있다. 예수 그리스도께서 세상 만물을 통치하실 때 입에서 나오는 검, 즉 복음으로 세상을 다스린다는 것이다. 그러면 이제 천 년 동안 사탄이 무저갱에서 결박되고 성도와 그리스도가 천 년 동안 하나님의 보좌에서 왕 노릇 한다는 말씀은 결국 예수 그리스도께서 자신의 제자들과 성도들에 의해 복음이 예루살렘과 유대와 사마리아와 땅 끝까지 증거되게 하시는 역사를 이루시기 위해 사탄을 결박시키는 것이다. 사탄을 천 년 동안 결박시키는 것은 "만국을 미혹하지 못하게 하기 위함"이라고 성경은 말씀한다. 다시 말해 복음이 땅 끝까지 증거될 때 이 복음을 사탄이 훼방하지 못하게 하기 위해 결박시키는 것이다(그렇지만 여전히 세상의 임금은 사탄이다).

이 말씀은 주 예수 그리스도를 믿는 복음이 만국에 증거되는 것을 사탄이 가로막지 못한다는 의미이다. 그러므로 "천 년"이라는 단어는 "아주 많은, 충만한, 완벽한" 것을 이룬다는 의미인 것이다.

그러므로 우리는 성경 어디에도 없는 천년왕국에 대한 왜곡된 가르침을 버려야 한다. 사도 요한 당시 그리스도인들은 엄청난 고난과 죽음 앞에 직면하고 있었다. 예수를 믿고 구원받는다고 하면 완전히 이단이라고 정죄함을 받았다. 그런데 역으로 예루살렘이 멸망을 당하고 이스라엘 전체가 심판을 당하고 말았다. 당시 그리스도인들은 이 역사적 사건을 보면서 자신들이 믿고 있는 주 예수 그리스도가 구원의 주이시며 만왕의 왕인 것을 확신할 수 있었다. 그러므로 천년왕국은 앞으로 이루어지는 사건이 아니라(어떤 신앙적 위로와 확신을 줄 수 없다) 사도 요한 당시 순교와 고난당하는 성도들에게 예수 그리스도께서 만왕의 왕으로 이방 세계까지 복음이 증거될 것을 확실히 확증해 주시는 말씀이다.

중간기는 있으나 중간 처소는 없다

예수님께서 강도에게 "오늘 네가 나와 함께 낙원에 있으리라"고 하신 말씀에서 구원받은 성도는 낙원에 간다는 것을 알 수 있다. 그렇다면 오늘날 우리 기독교는 천국과 낙원의 차이를 어떻게 받아들여야 하는가? 혹자는 낙원과 천국을 비교하면서 낙원을 마치 천국이라는 커다란 집에 있는 마당쯤으로 가르치는 것을 읽을 수 있었다. 우리는 예수님께서 자신을 믿는 강도에게 "오늘 네가 나와 함께 천국에 있으리라"고 하시지 않고 왜 '낙원에 있으리라'고 하신 것인가 질문을 던지지 않을 수 없다.

현대신학에서는 낙원이라는 것을 인정하지 않는다. 그저 일하는 장소를 뜻하는 정도로 인식하고 있다. 지구상에는 낙원이 없다고 한다. 원래부터 없었다고 보고 있다. 하지만 유대인들은 낙원이 지상에 있었는데 하나님의 심판(노아 홍수)으로 파괴되자 이 낙원을 하늘로 올려 보냈다고 후대 유대교에서 발전시켜 가르쳤다. 그래서 낙원이 하늘에 있다고 믿는다. 왜냐하면 낙원은 메시아의 처소이기 때문이다. 그렇게 알고 있는 유대인들의 사상을 예수님께서 사용하신 것이다. 예수님 당시 유대인들에게 낙원을 말씀하시고 그곳에 자신을 믿는 자가 함께 있을 것이라고 하신 것은 십자가에 못 박히시는 주 예수께서 바로 메시아라는 것을 증명하신 것이다. 낙원을 사용하심으로 예수가 메시아이신 것을 알리신 것이다. 그러므로 낙원이라는 것을 천국과 따로 구분하여 이해하고 가르쳐서는 안 된다.

낙원을 천국의 중간지점 정도로 믿는 것은 잘못이다. 인간은 영원한 존재이다. 그가 믿는 자이든 아니든 그는 육신의 몸으로 삶을 살아갈 때 죽은 후에 자신의 영혼이 결정되는 것이 아니라 살아 있는 동안 결정된다. 죽은 이후에 어떤 제3의 장소에 영혼이 머무는 것이 아니다. 믿는 자는 육신의 죽음 이후에 그의 영혼이 주님께로 간다. 또한 음부와 지옥은 다른 곳이 아니다. 불신자가 죽으면 그 영혼이 음부, 곧 지옥으로 가는 것이다. 하지만 교회가 타락하면서 인간의 영혼이 가는 중간 처소를 만들어 장사를 하게 되었다. 연옥과 림보라는 장소가 천국 문 앞에 있으니 얼마나 좋겠는가? 예수를 믿지 않고 죽어도, 죽은 조상들이 여전히 천국에 갈 수 있는 길이 있게 된 것이다. 성경에 없는 거짓 교리를 만들고 인간들의 마음을 위로해 주는 이런 거짓 복음이 교회를 타락하게 하였다. 비록 종교개혁 이후에 많은 것을 성경으로 돌아가게 하였지만 여전히 부족한 것이 너무 많다.

장로교회 신학의 기본문서인 웨스트민스터 대요리문답은 성도가 죽으면 자신이 가진 육체의 모습으로 다시 부활한다고 가르친다. 새로운 모습이 아니다. 물론 몸은 새로운 몸이지만 보이는 형태는 지금 자신이 보고 있는 그 모습이다. 그런데 대부분의 성도들은 자신의 모습이 선남선녀처럼 변한다고 믿고 있다. 그래서 힘들게 살고 그 길이 끝이 보이지 않으면 빨리 죽어서 주님께 가야지 하는 생각들이 성도들에게 있는 것이다. 이러한 생각 때문에 지상에서의 삶을 마귀의 삶이라고 규정하는 이단들이 나타나서 하루 빨리 휴거하여 주님께로 가야 한다고 미혹하는 것이다. 하지만 참된 성경의 가르침은 성도가 지금의 육체를 가진 몸으로 살아가는 동안 최선의 삶을 살 것을 가르치고 있다. 이러한 삶이 선한 삶이다. 그러므로 성도는 믿음으로 사는 것을 가장 귀한 복으로 여겨야 한다. 비록 힘들고 어려워도 끝이 보이지 않는다고 절망해서는 안 된다. 최선의 삶을 살다가 주님께서 자신의 백성을 부르시는 그날 성도의 영혼은 주님이 계신 곳으로 가는 것이다. 어떤 새로운 중간 처소에 잠시 부르는 것이 아니라 즉시 육체로 계신 주 예수 그리스도께로 가는 것이다. 그러나 여전히 몸은 무덤 속에 있고 완전한 구속의 상태가 아니므로 주님께서 재림하셔서 죽은 자들의 몸을 일으킬 것이다. 이때까지가 바로 중간기이다. 이 중간 기간에 대한 잘못된 이해 때문에 천년왕국 같은 시간적 통치가 지상에서 이루어질 것이라고 교회에서 가르쳐지고 있다.

성도는 죽는 즉시 그의 영혼이 주님께로 가고, 주님께서 재림하시면 모든 세상 역사는 종말을 이루고 새 하늘과 새 땅 가운데서 새롭게 부활한 육체의 몸으로 영생을 누리게 된다는 이 단순한 진리의 가르침이 성경의 가르침이라는 것을 잊어서는 안 된다.

진화론적인 신학을 거부해야 한다

현대신학은 여전히 진화론적 사고방식으로 신학을 개진한다. 성경의 기록에 대해서도 가장 먼저 기록한 것을 토대로 다른 성경이 필사되고, 확장되었다고 본다. 예를 들면 신약성경에서 4복음서를 공관복음과 요한복음으로 나눈다. 마태, 마가, 누가복음을 공관복음이라고 한다. 예수님의 구속사역에 대하여 같은 견해를 가지고 같은 내용을 기록하였다고 하여 공관복음이라고 한다. 요한복음은 다른 공관복음과 다르게 예수님의 신성, 즉 예수께서 하나님이심에 대한 기록이 독특하게 강조되기 때문에 다른 세 복음서와 다르게 구분한다.

이러한 구분은 결국 신학자들의 구분이다. 하지만 여기에는 상당한 오류가 있다. 대부분 신학교에서 성경 기록 순서를 마가복음으로 시작한다고 가장 쉽게 가르친다. 그 이유는 마가복음이 가장 적은 분량으로 기록되었기 때문이다. 다른 이유보다 이러한 진화론적 사고가 결국 성경을 왜곡하게 된 것이다. 우리가 잘 알고 있는 진화론이란 가장 단세포적인 물질에서 복잡한 구조를 가진 인간으로 발전한 것을 말하는 학설이다. 이러한 개념을 가지고 하나님의 말씀인 성경을 이해한다면 모든 성경은 성령의 감동하심으로 기록된, 이 말씀이 결국 오류에 빠지고 마는 것이다. 마가복음이 다른 복음서보다 짧기 때문에 마가복음으로 시작하여 다른 복음서들이 확장되고 기록되었다는 가르침이 오늘날 신학교에서 대세를 이루고 있는 것이다. 학생들은 너무 어리석어서 학교에서 가르치는 것이면 다 그런 줄 안다. 하지만 성경에 대한 자유주의의 가르침은 결국 하나님 말씀의 무오성과 완전성, 그리고 불변성과 사도성을 인정하지 않게 된다.

그렇다면 우리가 현재 가지고 있는 이 성경 66권이 정말 하나님의 말씀인지를 어떻게 인정하게 되었는가를 알 필요가 있다. 어리석은 사람들은 성경의 말씀이 단지 사람들의 회의나, 교회의 의사 결정을 통해 66권으로 인정된 것으로 믿고 있다. 하지만 교회 역사를 살펴보면 그렇지 않다. 이미 사도들로부터 시작하여 초대교회가 구약 39권과 신약 27권을 사용하고 있었다는 것을 알 수 있다. 교부 아타나시우스는 자신의 글에서 성경 66권만이 하나님의 말씀이라는 것을 사도들이 인정하고 있기 때문에 더 이상 어떤 다른 성경을 첨부해서는 안 된다고 하였다. 그리고 사복음서에 대해서도 각각의 기록자들이 복음서를 기록한 것으로 구분하고 있다. 마가복음이 원 복음이 아니고 이미 하나님께서 마태, 마가, 누가, 요한을 통해 하나님의 아들의 생애와 존재 그리고 구속 사역을 동일하게 또한 각자의 관점에서 독특하게 기록하신 것이다.

이러한 성경의 정경성은 이미 교회가 믿고 받아 사용하고 있었다. 보통 사람들이 알고 있는 A.D. 387년 카르타고 회의에서 성경 66권이 정경으로 확증되었다는 것은 잘못된 이해이다. 이 회의에서 확증한 것은 이미 초대교회부터 사용하고 있는 성경 66권만이 하나님의 말씀이라는 것을 재확인한 것이다. 하지만 마귀는 하나님의 말씀인 성경이 인간의 저작물이며 결국 사도들에 의해 66권만이 하나님의 말씀이라고 정해 놓았다고 가르치면서 다른 성경의 필사본들도 하나님의 말씀이라고 한다. 우리가 알고 있듯이 성경의 원본은 세상 가운데는 없다. 오늘날 수많은 필사본들만이 전해 내려오고 있다. 여기에서 참된 교회와 성도는 하나님의 섭리가 얼마나 위대한지를 보아야 한다. 수천의 많은 신약성경 필사본들이 있지만 결국 그것들은 이미 초대교회부터 사용되었던 신약성경 27권이 하나님의 말씀임을 한결같이 증명해 준다. 비록 필사본마다 약간의 차이는 있지만 거의 모든 필사본들이 초대교회가 사용하였던 신약성경이 하나님의 말씀이라는 것을 지지해 준다. 그러므로 사람들의 호기심으로 하나님의 말씀인 이 성경이 마치 인간의 저작물, 또는 교회 회의의 산물인 것처럼 생각해서는 안 된다. 마귀는 하나님의 말씀인 성경을 사라지게 하려고 했지만 결국 하나님은 자신의 말씀인 이 성경을 모든 교회와 성도들에게 끊임없이 전해 주고 계신다.

그러므로 인간의 방식으로 신학을 하는 길은 하나님의 말씀인 성경을 부인하는 결과를 낳는다. 모든 신학은 하나님의 영광을 위해서 출발해야 한다는 것을 명심하길 바란다.

성경의 가르침과 상관없는 거룩(성화)하게 되는 방식

현대신학과 현대교회는 성도의 성화에 많은 관심을 가진다. 물론 정통교회와 개혁신학도 성도의 성화에 관심을 가지고 아주 적극적으로 가르쳤다. 하지만 오늘날 현대교회에서 관심은 있으나 정작 성화에 대한 올바른 개념과 성도가 자신의 삶 속에서 성화를 어떻게 이룰 수 있는지에 대한 구체적인 가르침은 거의 없다.

현대교회가 성도의 성화를 위해 가르치는 것을 살펴보면 누구나 다 보편적으로 알 수 있는 신앙의 방법들이다. 오순절 계통의 교회는 성령세례를 받으면 성도가 거룩하게 된다고 가르친다. 성령을 받으면 능력이 생겨 죄와 싸워 이길 수 있다고 한다. 그래서 성령을 받기 위해 금식도 하고 기도원에서 철야를 하면서 몇 날 며칠을 기도한다. 성도가 성령을 받았다는 것을 어떻게 알 수 있는가? 그 증거로 방언을 제시한다. 기도하다가 방언이 터지면 성령을 받은 것이라고 가르친다. 오늘날 한국 교회가 성도들에게 성화를 가르치는 목회적 현실이 바로 이것이다. 하지만 성령을 받기 위해 기도하고 금식하며 신앙생활을 하는 사람들을 보면 거룩한 삶에 대한 구체적인 모습들은 볼 수 없다. 이러한 왜곡된 교리들이 현대교회에 만연한 것은 근대에 일어난 일이 아니다. 이미 종교개혁 이전에 로마교회에서 성도가 성령을 받으면 거룩해진다는 왜곡된 가르침이 있었다. 가톨릭의 7성례 가운데 하나인 견진성사는 성도에게 기름을 부어 성령을 받게 하는 의식이다. 쉽게 말해 성령을 받게 되면 성도의 마음에 은혜가 임하여 거룩하게 된다는 것이다. 견진성사는 성도가 성령을 받아 죄와 싸워 이길 수 있다고 한다. 이러한 로마교회의 가르침이 결국 오늘날 현대교회에서 성령을 받는 것과 동일한 의미를 포함하는 것이다.

그렇다면 성도가 성령을 받으면 거룩하게(성화) 되는가? 존 웨슬리는 성도가 지상에서 사는 동안 완전 성화될 수 있다고 가르쳤다. 웨슬리도 완전 성화를 위해 성령을 받아야 한다고 했으나 우리가 역사적 교회와 성도들의 모습을 통해서 지금까지 로마교회나 오순절교회, 그리고 존 웨슬리가 세운 교단에서 성도가 완전하게 거룩하게 되었다는 것을 본 적이 없다. 오히려 인간은 더 타락하고 악해져 가고 있으며 교회 안에서도 자신들의 탐심을 이루기 위해 신앙을 왜곡시키는 일들만 하고 있다는 것을 알 수 있다. 긍정적으로 본다면 성도의 완전 성화를 위해 노력해야 한다는 것을 말한다고 할 수 있으나 그것은 이룰 수 없는 것임을 우리는 분명하게 보고 있다.

여기에서 개혁신학은 무엇을 가르치고 있는지 알아야 한다. 오늘날 현대교회에서 성도의 성화를 그렇게 중요하게 말하면서 정작 믿음의 조상들이 가르쳐 준 진리는 관심이 없다는 것은 참으로 어리석은 모습이다. 개혁신학에서는 이신칭의만 가르친다고 부정적으로 말하는 사람들도 있다. 하지만 그것은 정말 어리석게도 개혁신학에 대해서 아무것도 알지 못하는 사람이 하는 말이다. 개혁신학은 칭의와 함께 성화를 가르친다. 칭의 안에 성화가 있다고 가르친다. 그래서 칭의를 말할 때 이중칭의인 믿음과 성화를 함께 가르친다. 그러면 믿음으로 의롭게 된 자가 어떻게 성화를 이룰 수 있는 것인가? 하나님께서 모세에게 주신 법, 즉 도덕법을 순종하면서 성화의 길을 걸어갈 수 있다고 한 것이다. 우리가 잘 알고 있는 십계명이 바로 하나님의 도덕법을 요약한 것이다.

단순히 문자적으로 십계명을 이해하면 하나님께서 이 법을 주신 목적을 전혀 알 수 없다. 십계명은 모든 성도들이 마땅히 지켜야 할 법이다. 물론 완전하게 지킬 수 없다. 하지만 성도에게 이 법은 단순히 외적인 모습으로 지키라는 것이 아니다. 이 법은 성도의 말과 행실과 태도뿐만 아니라 이해와 의지와 감정과 기타 영혼의 전역에 영향을 미친다. 사람이 겉으로 인사하고 서로 사랑한다고 할 수 있으나 속에서는 미워하는 마음이 여전히 있다면 하나님의 법은 그것을 정죄한다. 사랑한다고 인사하면 속에서도 정말로 사랑하고 존경하는 마음으로 인사를 해야 한다. 동기는 선하지 못하면서 외적으로는 천사같이 행동하는 것은 외식이다. 오늘날 현대교회는 예수님 당시 바리새인들이 하나님의 법을 이해하고 있었던 수준에서 벗어나지 못하고 있다. 예수님께서 하나님의 법을 어떻게 이루시고 그 정신을 어떻게 보여 주셨는지를 여전히 깨닫지 못하고 있다. 십계명은 지금도 하나님의 백성들이 지켜야 할 거룩한 법이다. 그리고 그 속에는 아주 큰 사랑이라는 정신이 담겨 있다. 성도는 성화를 이루어야 한다. 성화를 이룰 수 있는 길은 성령을 받아서 이루는 것이 아니라 성령으로 구원받은 성도가 하나님의 법인 십계명을 사랑하고 그것에 순종하는 삶으로 나타낼 때 가능한 것이다. 단순히 믿음이 좋다고 해서 좋은 성도가 아니다. 좋은 성도는 하나님의 법을 사랑하고 그 정신과 의미가 무엇인지 올바르게 알며 순종하는 사람이다. 교회에서 하나님의 율법이 선포되는 것은 예수 그리스도께서 주신 복음의 빛을 더욱 빛나게 하는 일이다. 율법을 사랑하고 율법을 순종하면 성화가 된다고 필자가 주장하는 것이 아니다. 성도의 성화도 결국은 예수 그리스도의 보배로운 피로 말미암아 이루어진다. 즉, 복음이 성도의 성화를 이끄는 것이다. 그리스도 예수의 복음을 받는 자는 거룩한 성화의 삶을 이미 향하는 것이다. 이러한 복음을 소유한 자가 믿음으로 사는 방식이 바로 하나님이 주신 율법을 사랑하고 순종하는 것이다. 결국 성화도 하나님의 은혜이다. 어리석고 미련한 자들은 성화와 율법의 관계를 주장하면 율법주의로만 이해하려고 한다. 하나님의 칭의가 성화를 이끈다는 칼빈의 가르침을 바르게 이해하고 있다면 성도가 하나님께서 주신 율법을 어떻게 사용해야 하는지 알 것이다. 율법의 도덕적 기능은 성도의 거룩한 삶을 요구한다.

성도가 거룩하게(성화) 되는 길

성도가 거룩하게 되는 방식에 대하여 언급하였다. 현대신학에서 말하듯 성령을 받으면 성도가 거룩하게 되는 것이 아니라 성령으로 구원받은 성도가 하나님의 법인 십계명을 사랑하고 그것에 순종하는 삶으로 나타낼 때 가능한 것이라고 하였다. 그렇다면 정말로 하나님의 법, 즉 십계명에 순종하는 삶을 살 때 성도는 거룩(성화)을 이룰 수 있는가?

정말로 그렇다. 성도가 하나님의 법의 정신이 무엇인지 제대로 알고 순종하면 성화의 삶으로 나갈 수 있다. 왜냐하면 하나님의 법은 "신령"하기 때문이다. 로마서 7장 14절에서 율법은 원래 "신령"하다고 말씀하시고 있기 때문이다. 그렇다면 신령이란 형용사의 의미는 무엇인가? 바울 사도가 신령이라는 말을 사용할 때 이 형용사는 현대교회가 사용하는 것처럼 종교적이거나 외형적인 의미로 사용한 것이 아니다. 다시 말해 신령한 것은 종교적인 것이 아니다. 오히려 신령하다는 말은 언제나 영혼과 관계된 의미에서만 엄밀하게 사용되었다. 성경에서 이 용어는 하나님의 성령과 관계된 의미로만 사용된다는 것을 알아야 한다. 그러므로 성경의 용법으로 볼 때 신령하다는 것은 종교적인 사람을 의미하는 것이 아니라 하나님의 성령께서 내주하는 사람을 의미한다. 어떤 특정한 사람만이 신령하지 않다. 기도를 많이 하고 은사를 아주 특별하게 받은 사람만이 신령한 것이 아니라 주 예수 그리스도를 자신의 구주로 믿는 성도가 신령한 사람이다.

이러한 이해하에서 하나님의 법이 신령하다는 것은 하나님의 법인 십계명이 성도의 영혼과 관련되어 있다는 것이다. 다시 말해 십계명은 신령하기 때문에 그것이 성도의 외적인 삶의 모습과 행동에만 영향을 주는 것이 아니라 영혼에까지 영향을 미친다는 것이다. 성도의 생활과 마음과 상태와 감정과 의지, 그리고 어떤 일을 하는 그 동기에 이르기까지 영향을 미친다는 것이다.

이것을 쉽게 이해하기 위해서 세상의 법과 하나님의 법인 십계명을 비교하면 알 수 있다. 세상의 법은 인간을 신령하게 만들지 않는다. 할 수도 없다. 왜냐하면 세상의 법은 인간의 외적인 행동만 어느 정도 규제할 뿐이지, 그 사람의 마음까지 통제하지 못한다. 이해를 돕기 위해 예를 들면, 세상의 법은 소득이 있는 자들에게 세금을 법으로 강요하고 있다. 이 세금을 내면서 어떤 사람이 기쁨과 감사의 마음으로 내는가? 이처럼 세상의 법은 사람의 마음과 감정을 통치하지 못한다. 하지만 하나님의 법인 십계명은 사람의 영혼 전체에까지 영향을 미친다. 외적으로 선하고 착한 사람처럼 행동하지만 그 속사람의 상태가 진실하지 못하면 여전히 그 사람은 외식적이고 가증한 모습으로 사는 것이다. 이런 사람은 결코 거룩한 삶이 무엇인지 모르고 거룩한 삶을 살지 못한다.

성경에서 하나님의 법인 십계명이 신령하다고 하는 것은 바로 인간의 영혼과 삶 전체를 거룩한 삶으로 이끌 수 있는 능력이 있기 때문이다. 현대신학은 율법은 단지 죄를 깨닫게 하는 방편이라고만 가르친다. 사실 깨닫는다는 것은 단지 그렇다고 인정하는 것이 아니다. 깨닫는다는 것은 무지하였기 때문에 알고 순종해야 한다는 의미를 함의하고 있다. 하나님의 법은 구원받은 성도들이 마땅히, 그리고 당연히 순종해야 하는 것이다. 성도는 바로 성령을 통해 믿음으로 하나님의 자녀가 되며 이후 신령한 법인 십계명에 순종할 때 신령한 성도의 모습으로 살아갈 수 있다.

하나님의 법은 성도의 내면과 외적인 모든 삶을 통치한다. 그러므로 성도는 외식으로 사람을 속일 수 있으나 하나님을 속일 수는 없다. 하나님의 법이 거짓 없는 삶을 요구하시기 때문이다. 우리는 분명하게 말할 수 있다. 신앙이란 단지 예수 그리스도만 믿는 것이 아니다. 주 예수 그리스도를 자신의 구주로 믿는다면 주님께서 요구하시는 모든 것을 다 믿어야 하며 그것에 순종해야 한다. 현대교회가 믿음을 강조하고 있다. 그렇다면 그 믿음의 대상과 내용, 그리고 믿음이 요구하는 것이 무엇인지까지 올바로 배우고 순종해야 한다. 사도 야고보는 참된 믿음을 요구한다. 믿음과 행위를 구분하지 않는다. 네가 가진 믿음이 무엇인지를 보여 달라고 한다. 결국 모든 사도들은 주 예수 그리스도를 믿는 성도들에게 하나님의 법을 사랑하라고 가르치고 있다. 하나님의 법 자체가 신령하기 때문에 그것에 순종하는 성도는 신령하게 되는 것이다. 또한 하나님의 법은 선하고 아름답다. 결국 성도가 거룩하게 되는 길은 신령한 법을 순종할 때 나타난다. 하나님의 법은 신령하지만 성도는 여전히 죄인이다. 성도가 하나님의 법에 순종하였다고 그 자체로 거룩해지는 것은 아니다. 하나님의 법에 오늘 순종하였다고 내일 또 순종한다고 하는 보장이 없다. 그러나 하나님의 법은 그 자체로 항상 거룩하다. 결국 성도가 하나님의 법에 대한 바른 이해를 가지고 산다면, 넘어져도 다시 일어나 하나님의 법을 사랑하고 순종할 것이다. 비록 불완전한 성화이지만 그 모습이 바른 성화를 이루려고 노력하는 거룩한 신앙의 모습이다.

성도는 완전하고 거룩한 삶을 살기 위해 갈망해야 한다

예수 그리스도께서 위선자들을 향해 그들이 겉과 속이 다르다고 말씀하셨다. 위선이란 가면을 쓴 상태를 의미한다. 겉으로는 하나님의 말씀을 아는 것 같이 말하지만 위선자들은 하나님의 말씀에 순종하는 것이 아닌 자신들의 이성과 탐욕을 위한 삶을 산다. 사실 복음으로 예수 그리스도에 대하여 알지 못하면 그리스도와 교제할 수 없다. 하지만 위선자들은 복음의 진리를 알지 못하면서 마치 아는 것처럼 말하고 자신들이 늘 하나님과 교제한다고 말한다. 복음의 진리는 말에 있는 것이 아니라 삶에 있기 때문에 위선자들이 아무리 복음의 진리를 말한다고 해도 그들은 결국 자신에게 없는 것과 모르는 것을 아는 것처럼 말하면서 죄를 짓는 자들인 것이다.

참된 복음의 진리는 단순히 배워 이해하고 아는 것에 있지 않다. 배워서 알고 이해하는 것은 일반 학문에서도 가능하다. 그러나 일반 학문을 배워서 이해한다고 그 사람이 거룩해지거나 온전해지지 않는다. 이와 마찬가지로 성경의 진리를 알고 배웠다고 해서 거룩해지지 않는다. 물론 성도는 성경의 진리를 배워서 이해하고 알아야 한다. 참되게 하나님을 경외하는 것은 성경의 진리를 바르게 아는 것에서 출발하기 때문이다. 하지만 위선자들처럼 단순히 성경의 진리를 알고 이해한다고 해서 하나님을 바르게 섬기고 믿는다고 여겨서는 안 된다. 가라지는 알곡과 거의 비슷하기 때문이다.

기독교는 성도의 신앙을 포괄하는 교리를 중요하게 다룬다. 왜냐하면 성도의 구원이 시작되기 때문이다. 그러나 교리가 성도의 마음속으로 들어가 모든 삶에 전해지지 않고 단순히 아는 지식에 그치는 말로 한정된다면 그것은 아무것도 아니다. 참된 진리가 성도의 삶에 열매를 맺지 못하면 단순히 떠드는 사람들처럼 위선에 머물고 만다. 그렇다면 그리스도인은 완전한 복음의 진리를 따라 살 수 있는가? 그렇지 않다. 그리스도인이 오직 복음으로만 숨 쉬고 완전한 삶을 살 수 없다. 만약 그렇게 된다면 그것은 가장 이상적인 성도의 삶이고 사실 그렇게 살려고 해야 한다. 하지만 거듭난 사람도 그런 삶을 살지 못한다. 어리석게도 교회 지도자들은 자신도 복음의 진리를 따라 완전한 삶을 살지 못하면서 일반 성도들에게 강요하는 면도 있다. 엄격한 실천을 요구하는 것은 오히려 성도를 위해 구원을 주신 예수 그리스도의 구속의 사역을 훼손시킬 수 있다. 하나님의 말씀에 온전하게 순종하지 못하는 자를 성도가 아니라고 여겨서는 안 된다. 만약 그런 기준을 둔다면 교회 안에는 단 한 사람도 남아 있지 못할 것이다. 모든 그리스도인들은 하나님의 말씀에 완전한 모습으로 살지 못한다. 그러면 우리는 어떻게 해야 한단 말인가?

완전하고 거룩한 삶을 온전하게 살 수 없기 때문에 방종해야 하는가? 아니다. 성도는 완전하고 온전한 거룩한 삶을 향한 목표를 가지고 살아야 한다. 비록 그렇게 살지 못한다고 해도 말이다. 이렇게 완전한 사람을 향한 목표를 세워 날마다 살아가는 것이 성도의 삶이다. 이러한 상태를 위해 최고의 목표를 세워 최선을 다해 살아가야 한다. 성도는 두 마음을 품고 살 수 없다. 하나님을 향한 믿음을 가지게 되면 세상에서 살았던 옛 모습으로 더 이상 살지 않는다. 예수 그리스도의 피의 능력이 성도의 모든 삶을 거룩하게 만들어 주시기 때문이다. 하나님에 대한 믿음을 소유하기 시작하면 성도는 거룩함과 의가 배양되기 시작하므로 그리스도인의 삶이 영적으로 성장한다고 할 수 있다. 하지만 육체를 입고 사는 동안에는 여전히 옛 사람의 모습으로 살려는 경향이 강해서 새 사람으로 사는 삶을 향해 나가는 속도가 느릴 수밖에 없다. 어떨 때는 너무나 연약해서 한 발짝도 나가지 못하고 머물 수도 있다. 때론 그 자리에서 넘어지고 죄도 짓는다. 그렇다고 해서 성도가 시작한 거룩한 삶의 여정에서 계속 멈추어 설 수 없다. 어제보다 오늘이 더 나아질 것이라는 기대를 가지고 살아야 한다. 절대 포기하거나 뒤돌아서서 다시 과거에 불신앙의 모습으로 살았던 자리로 돌아가서는 안 된다. 원하는 만큼, 기도한 만큼 되지 않았다고 해서 완전하고 온전한 삶을 뒤로할 수 없다. 믿음에는 인내가 필요하다.

성도는 자신이 기대한 만큼 거룩한 삶을 단번에 살 수 없다. 그러므로 성도에게 있어야 하는 삶의 자세는 비록 실패하고 넘어지고 더디게 나간다고 해도 완전하고 온전한 거룩한 삶을 향해 살아가겠다는 목표를 세우는 것이다. 그러면 주님께서 자신의 백성을 의로운 오른손으로 붙잡고 결국 완전한 삶에 이르기까지 함께하여 주실 것이다. 이것이 참된 그리스도인의 거룩을 향한 열망이다.

성경에 나오는 인물들을 조명하는 자세

현대교회는 성경의 인물들에 대하여 상당한 존경을 가져야 한다고 말한다. 사실 우리는 믿음의 조상들의 신앙을 본받고 그들이 고난과 환난 가운데서도 하나님을 믿는 믿음을 끝까지 가지고 살았던 신앙적 삶을 본받아야 한다. 그러나 사도 바울은 모든 사람이 죄를 범하였으므로 하나님의 영광에 이르지 못한다고(롬 3:23) 말하고 있다. 이 말은 원어적으로 이미 모든 인간은 범죄하였으므로 현재에도 하나님의 영광에 이르지 못하고 있다는 말이다. 그러므로 모든 사람은 하나님 앞에서 죄인이라는 것이다. 그러나 현대교회에서는 성경의 인물들을 상당히 의로운 사람들로 조명할 뿐만 아니라 그들이 누린 세상적 축복을 강조하면서 오늘 우리들도 그들처럼 하나님께 순종하면 놀라운 축복을 받는다고 가르치고 있다.

사도 바울이 하나님의 은혜로 죄인이 의인이 되는(칭의) 것을 말하기 전까지 모든 인간은 죄를 범하였고 하나님의 영광에 이르지 못하는 행동을 계속하고 있다. 이러한 바울의 가르침은 결국 성경에 기록된 믿음의 조상들을 바라보는 시각을 바르게 가지게 함으로 오늘 우리에게 바른 신앙을 세울 수 있는 길이 무엇인지 가르쳐 준다. 성경에 나오는 모든 사람들은 죄인들이다. 그러나 그런 죄인들을 하나님께서 부르셔서 자신의 백성으로 삼으시고 사역자들로 삼으셨다. 결국 믿음의 조상들은 자신들이 얼마나 큰 죄인이었는지를 우리들에게 보여 준다.

성경을 읽는 성도들이라면 믿음의 조상들의 약점과 그들의 죄가 무엇인지를 알 수 있다. 하나님께서 성경을 통해 그들의 죄악을 보여 주시는 것은 완전한 의인이 없다는 것을 나타내시는 것이다. 그럼에도 불구하고 죄인들이 하나님의 은혜를 통해 성경의 위대한 조상들로 비춰지는 것은 그들에게 주신 믿음이 얼마나 위대한 하나님의 선물인지를 보여 주시는 것이다.

사도 바울은 자신이 하나님의 은혜로 말미암아 택함을 받고 주 예수 그리스도에 대한 믿음을 가질 수 있었다는 것을 강하게 고백하고 있다.

또한 구약성경을 통해서 하나님께서 세우신 그분의 권세자들이 하나님으로부터 죄에 대한 책망과 심판을 받는 것을 볼 수 있다. 이러한 장면은 결국 모든 인간은 하나님 앞에서 죄인들이며 아무리 위대한 왕이라고 할지라도 하나님의 심판을 면할 수 없다는 것을 보여주는 것이다. 인간은 권세자들의 죄를 안다고 해도 감히 그들을 책망하지 못한다. 그러나 성경은 그렇지 않다는 것을 보여 준다. 모든 사람은 하나님 앞에서 반드시 심판을 받는다. 이러한 인간 실존에 대한 바른 인식이 있을 때 특히 예수 그리스도의 몸이라고 하는 교회 공동체는 각자의 역할에 대하여 성실하고 진실할 수 있게 된다.

오늘날 교회에서 가장 중요한 역할을 하고 있는 직분은 바로 장로직이다. 목사와 장로는 일반이므로 이들을 장로라고 한다. 목사의 경우는 자신들이 다른 일반 성도들보다 영적으로나 모든 면에서 더 거룩한 자들이라고 착각하는 경우들이 있다. 사실은 그렇지 않다. 선지자들과 사도들이 자신들에 대하여 말할 때 그들이 한결같이 어떻게 자신들을 말하고 있는지 보아야 한다. 마른 막대기보다 못하고, 흙먼지보다 못한 존재임을 하나님 앞에 고백하며 자신이 죄인 중에 괴수라고 말하고 있다. 이러한 모습들은 결국 아무리 위대한 믿음의 조상들이라고 할지라도 하나님 앞에서는 그 누구도 의롭지 못하다고 하는 것을 보여주는 것이다. 그러므로 오늘날 현대교회는 성경에 나오는 믿음의 조상들을 대할 때 먼저 그들이 죄인들이라고 하는 것을 알아야 한다. 그것을 통해 내 자신도 동일한 죄인의 자리에 있다는 것을 인식하는 것이다. 결국 믿음의 성도들에게 있어 참된 신앙의 모범은 조상들이 아니라 그들이 멀리서 바라보고 환영하였던(구약의 성도들), 실제로 보고 믿었던(신약의 성도들) 우리 주 예수 그리스도 한 분이시다.

그러나 우리가 이렇게 이야기하는 것을 두고 교회의 질서가 사라졌다고 여기면 결코 안 된다. 왜냐하면 하나님은 여전히 죄인들을 사역자들로 삼아 자신의 교회를 세워 이끌고 가시기 때문이다. 중요한 것은 교회의 지도자들이 가져야 할 바른 신앙의 자세다. 성경의 모든 위대한 믿음의 조상들조차도 하나님 앞에서 심판의 대상이었다면 아무리 목회를 잘하고 있다고 한들 자신도 결국 하나님께 심판을 받는 피조물이라는 것을 알아야 한다.

예수 그리스도의 유아기 신성

예수 그리스도의 유아 시절 신성이 성경에 기록되지 않았다고 하여 예수의 신성이 어느 시점에 부여된 것이 아니다.

자유주의 신학은 예수 그리스도의 신성이 하나님 존재로서 가지고 계신 신성이 아니라 공생애 사역을 위해 성부께서 성령을 통해 주신 신적인 능력이라고 주장한다. 결국 예수 그리스도는 하나님의 아들, 성자 하나님이 아니라 피조물에 불과한 한 인간이라는 것이다. 그렇다면 성경은 왜 예수 그리스도의 유아 시절에 대하여 언급하지 않는가?

예수님은 우리의 주님이고 구주이시고, 교회의 머리이시다. 우리는 예수님의 부모, 특히 마리아가 천사로부터 수태고지를 받은 이후에 그 일을 마음속으로 간직하고 있었다는 것을 알 수 있다. 그럼에도 불구하고 마리아는 예수님께서 소년 시절에 성전에서 랍비들과 대화한 행동을 꾸짖었다. 그리고 예수께서 성전에 있어야 할 당위성을 말씀하시자 이상하게 여겼다. 요단강에서 세례받은 이후, 예수님의 공생애 사역 시절에 예수님의 형제들은 예수님을 미친 상태로 이해할 정도였다. 가정에서 마리아가 아들인 예수가 신적 사역을 할 것이라는 천사의 고지를 잊어버렸거나 이해하지 못했다고 생각할 수 있다.

우리는 성경을 접하면서 예수님의 공생애 이전 생활에 대해서 상당한 호기심을 가진다. 헛되고 그릇된 호기심은 일부 신학자들과 목회자들이 예수님의 신성을 부인하는 계기가 되었다. 그들은 예수님 자신이 스스로 누구인지를 의식하였다는 결론을 갖는다. 예수님 자신이 메시아로 의식하였다거나, 또는 제자들이 예수를 메시아로 불렀다는 신학을 개진한다. 예수님이 유아 시절에는 단지 어린아이에 불과했다는 것이다.

그렇다면 지금부터는 몇 가지 실증을 통해 왜 하나님께서 예수의 유아 시절에 대해 언급하지 않으셨는지 살펴본다.

먼저 가정에서부터 예수님이 메시아라는 것이 숨겨져야 했다. 마리아가 만약 아들 예수가 신적인 존재라는 것을 알고 있었다면 완전한 인간으로서의 삶이 가능하지 않았다. 우리는 이방 세계에서 어린아이에게 신적인 존재의 지위를 부여하는 네팔의 '쿠마리'에 대하여 알고 있다. 만약 이들처럼 예수께서 어린아이 때부터 메시아인 것이 드러났다면 유대교에서 과연 어린 예수를 어떻게 다루어야 하는가? 그리고 이미 정치적 메시아라는 것이 로마 제국에도 알려졌기 때문에 로마 황제가 그냥 있지 않았을 것이 자명하다. 유대를 돈과 정치로 얻은 헤롯은 어린 예수의 신적 존재를 그냥 두지 않았을 것이다. (헤롯은 동방의 박사들이 베들레헴에서 왕이 태어나신다고 한 이야기에 살기를 드러내고 당시 모든 유아들을 다 죽였다). 결국 유아 시절 예수의 신적 인식을 가장 가까운 부모들이 하지 못한 것은 하나님의 섭리다. 또한 어린 예수가 육신의 부모들에게 순종하였기 때문에도 신적 인식이 어려웠을 것이다.

다음으로 유아 시절 예수의 메시아 인식이 부모들이나 사람들에게 감추어진 것은 하나님께서 구약 계시의 모든 역사를 이루시기 위함이었다. 장성한 이후에 하나님의 나라를 공적으로 선포하고 구원 사역을 공개적으로 하신 것은 예수님 자신이 증거하고 가르치는 모든 것들이 어린아이로는 충분하게 할 수 없었기 때문이다. 고난받는 그리스도를 통해 구속의 역사를 이루시는 하나님의 큰일이 열매를 맺지 못하고 인간들의 교만과 어리석음으로 인해 어린 예수는 자신이 그리스도라고 하는 사실로 인해 참된 인간의 모든 인성을 나타내지 못했을 것이 분명하다. 예수가 어린아이 때도 신적인 존재였고 그리스도였지만 사역에 있어서는 감추어졌어야 한다는 사실이다.

마지막으로 어린아이 때 예수의 신성이 공개적으로 드러나지 않게 하시는 의도는 신성으로 말미암아 예수의 인성이 우리의 죄를 속죄하는 일에 방해를 받기 때문이다. 이것은 예수님 자신이 그렇게 하는 것이 아니라 인간들에 의해 그렇게 받아들여지기 때문이다. 인간들이 바라는 메시아는 참된 인성을 약화시킨다. 단지 인간 이상의 능력만을 구하고 바라기 때문이다. 성경에서 제자들이 예수님과 함께 먹고 마시고 같이 지냈던 날들과 다정하게 보낸 시간이 기록되지 못했을 것이다. 뿐만 아니라 제자의 배신도 과연 일어날 수 있었겠는가? (구약에 계시된 그리스도의 모형이 성육신 이후 실체로 오신 그리스도로 인해 이루어져야 하는데 어린아이의 모습으로는 다 이룰 수 없기 때문이다.) 이러한 모든 것들을 종합해 볼 때 하나님께서 예수의 유아 시절에 그분이 신적인 존재임을 감추신 것은 인간으로 오신 하나님의 모습을 온전히 보여 주시기 위함이었다. 결국 자신의 백성들을 죄에서 구원하시려는 그 일을 위해 성자 하나님이 인간의 어린 시절을 신비에 두신 것이다.

유아세례를 부정하면 안 되는 이유

유아세례는 역사적으로 초대교회 때부터 교회 안에서 시행되었다. 유아세례를 부인하기 시작한 것은 사실상 16세기부터로 볼 수 있다. 16세기에 등장한 재세례파가 유아세례 무용론을 강력하게 주장하면서 유아세례의 위기가 시작된 것이다.

재세례파는 유아세례를 단순히 인간의 감정과 의지에 의존하여 교회가 시행한 것으로 보고 교회에서 유아세례를 행해서는 안 된다고 하였다. 재세례파가 유아세례를 부정하는 또 다른 이유는 세례는 죄 씻음인데 죄의 용서가 이루어지기 위해서는 '회개'가 선행되어야 하므로 신앙고백과 회개 후에 더불어 시행되어야 하는 공적인 의식을 어린 유아들이 자신들의 의지로 할 수 없다고 본 것이다. 즉 유아들이 자신들의 신앙을 고백하지도 못하고 죄를 회개하지도 못함을 유아세례를 반대하는 가장 큰 이유로 여긴다.

현대에 이르러 이런 재세례파의 주장을 강하게 변호하는 책들이 출간되고 있다. 그중에 영국 출신의 침례교 목사가 쓴, 『성서적 침례론』이라는 제목으로 번역 출판된 책에서 유아세례를 부정하는 이유를 유아세례는 역사적으로도 드물고 그 증거가 없다고 한다. 그리고 유아들의 의식이 없기 때문에 유아세례는 정당하지 않다고 주장한다.

그러나 신앙을 고백한 자만이 세례를 받고 그 세례만이 유효하다면 유아에게만 세례를 베풀 수 없을 뿐만 아니라, 육체적으로 또는 정신적으로 심각한 장애를 가진 이들에게도 세례를 베풀어서는 안 될 것이다. 하지만 누가 그러한 이들에게 결코 세례를 베풀어서는 안 된다고 가르쳤는가? 사도들은 그렇게 하지 않았다.

우리는 세례가 죄 용서와 죄 씻음을 의미하지만 물세례 자체가 구원을 확실하게 보증하는 것은 아니라고 가르친다. 우리 가운데 물세례와 구원의 관계가 개인에게 어떻게 작용하는지 아는 사람은 아무도 없다. 신앙을 고백할 수 없는 아이에게 베풀어지는 유아세례와 구원의 관계도 그렇고, 신앙을 고백하는 한 사람에게 베풀어지는 물세례와 구원의 관계도 역시 마찬가지다. 왜냐하면 개인의 구원에 관한 정보는 오직 하나님만 아시는 문제이기 때문이다.

유아세례는 성경적인 가르침을 따른 제도다. 특히 언약의 백성이라는 개념이 유아세례 가운데 아주 중요한 위치를 차지한다. 너무 많은 지면을 필요로 하기 때문에, 수많은 교부들과 종교개혁자들이 한결같이 유아세례를 사도 시대부터 교회 안에서 베풀어진 성례로 전해 주고 있다는 것을 강조하고자 한다.

만약 유아세례를 부인하게 되면 부모들이 자신의 자녀들의 신앙을 언약의 후손으로 바르게 이끌 의무를 가질 이유가 없다. 그렇지 않아도 현대적 개념 때문에 단순히 어린아이의 생일 잔치 정도로 전락하고 만 유아세례에 대하여 우리는 많은 반성을 해야 한다. 유아세례를 부인한다고 해서 장로교회의 모든 교리가 무너지는 것은 아니지만 그것은 장로교회의 교리를 무너뜨리기 시작하는 시도이기 때문에 묵인해서는 안 될 것이다. 대한예수교장로회 합동 교단은 어리석게도 2018년 총회에서 유아세례와 더불어 어린이 세례까지 도입하였는데 이러한 결의는 성경의 언약 사상을 제대로 알지 못하고 다만 교인 수만 부풀리는 세속주의 현상이라고 할 수 있다. 우리 조상들은 오직 믿음(sola fide)으로 구약의 할례를 신약의 세례로 보고 자녀들에게 유아세례를 베풀었다. 그렇다면 구약의 백성들이 자녀들에게 행한 할례를 유아세례로 보지 못할 이유가 어디에 있는가? 유아세례를 부인하게 되면 하나님께서 구약 백성들에게 구원의 은혜로 주신 언약을 부인하는 것이고, 이는 결국 신·구약 교회의 통일성을 무너뜨리는 죄를 범하는 것이 된다. 교회는 시대정신을 따라 새로운 제도를 만들고 폐하는 것이 아니다. 교회는 오직 선지자와 사도의 터 위에 세워진다. 하나님께서 믿음의 조상들에게 보여 주신 신앙의 길만이 참된 것임을 알고 목사와 신학자들은 이 일에 충성을 다해야 한다.

갈 길을 잃은
교회의 모습

현대성에 빠진 교회

　21세기 문명사회는 지금까지의 모든 시대와 비교할 때 그야말로 최고의 과학 진보를 이루고 있다. 인간의 역사를 볼 때 최근 50여 년의 과학기술은 그야말로 신세계를 보여주고 있다. 그러나 인간의 타락과 죄악의 모습은 줄어들고 있는 것이 아니라 과학의 발전과 함께 더 많은 문제를 나타내고 있다. 이렇게 인간 사회의 발전과 성장이 이루어지고 있는 현대 사회에서 인간의 죄악된 성향이 더 강하게 나타나는 이유는 어디에 있는가? 그것은 죄인이라는 인간 본연의 실존 때문이다.

오늘날 세상 교육의 내용은 긍정적 가능성에만 초점이 맞추어지고 있다. 실패와 한계에 대한 교훈은 그야말로 긍정적이지 않은 가르침이라고 여긴다. 이러한 교육 사상이 결국 교회 안에도 만연하고 있다. 현대 사회가 추구하는 사상 가운데 하나는 실패가 아니라 성공이다. 그것도 짧은 시간 안에 성과를 이루어 내는 성공을 최고의 선으로 보고 있다. 불과 20-30여 년 전만 해도 대기만성(大器晩成)이라는 한자성어대로 시간이 걸려도 노력하면서 결과를 얻었다. 하지만 최근에는 대기만성이라는 말은 선한 말이 되지 못한다. 시작과 함께 무엇인가 결과를 얻어야 한다는 어리석은 가르침에 빠져 있다. 이러한 현상이 오늘 그리스도인들이 함께 이루고 있는 교회 안에서도 나타나고 있다. 특히 목회자들의 어리석음이란 바로 이러한 세상의 현대성을 이해하지 못하고 오히려 현대성의 결과물들을 적극적으로 교회로 들여 오고 있는 것이다.

목회를 시작하면 빨리 부흥하기를 갈망한다. 이것을 위해 모든 부흥의 방법을 찾아다니고 있다. 여기에는 신학의 옳고 그름이 필요 없다. 무조건 교회 성장과 부흥만 이루어진다면 그것이 도덕적으로 바른 것인지도 중요하지 않고 교회 안에서 시행하고 있다. 결국 현대교회가 이렇게 쉽게 세상과 하나가 될 수밖에 없는 것은 하나님의 말씀을 가지고 살지 않기 때문이다. 물론 강단에서는 설교를 하면서 하나님의 말씀을 전하고 있다고 한다. 하지만 그 내용을 살펴보면 인간의 긍정적인 가능성만 이야기하는 내용이 가득하다. 복음은 거의 사라지고 단지 축복과 성공 이야기만 전해지고 있다. 조엘 오스틴이 쓴 『긍정의 힘』은 과거 여호와의 증인이 쓴 『성공하는 사람의 일곱 가지 습관』이라는 책을 모방한 것인데 이것을 마치 복음으로 알고 대부분의 목회자들과 성도들이 무분별하게 읽고 그렇게 사는 것을 그리스도인의 삶처럼 받아들였던 적이 있었다. 다수가 하면 좋은 것으로 여기는 현상도 현대성에 포함되고 있다는 것을 깨달아야 한다.

특별히 교회를 섬기는 목사는 이러한 현대성에 빠져서는 안 된다. 시작과 동시에 성공해야 한다는 어리석음은 성경에서 가르치는 내용이 아니다. 성경은 성도들에게 인간의 삶이 고난의 연속이라고 가르친다. 또한 인간 안에 선한 것이 하나도 없다는 것도 분명하게 말씀하신다. 그러므로 목사는 강단에서 계속 복음만 선포하고 하나님의 계명에 순종하라는 말씀을 선포해야 한다. 이것이 없이는 인간은 계속 현대성에 물들고 결국 하나님을 자신들의 성공의 도구로 삼게 된다.

하나님은 자신의 교회를 섬기는 지도자들을 찾으실 때 이러한 현대성에 빠진 자들에게 양떼를 맡기지 않는다. 인생 속에서 실패와 좌절을 경험하고 그것을 통해 하나님의 선하신 손길을 의지하며 결국 고난과 역경의 인생 경험들을 가지고 주님의 양떼를 사랑하는 지도자의 모습으로 나타나게 하신다. 우리는 이러한 모습들을 믿음의 조상들을 통해 쉽게 볼 수 있다. 오늘날 현대 사상은 실패의 축적이 없다. 단지 성공에 대한 축적만 있을 뿐이다. 하지만 종교개혁 이후 수많은 믿음의 지도자들은 자신들의 삶 속에서 실패를 축적하면서 후대에게 바른 신앙이 무엇인지를 가르쳐 주었다. 이렇게 지나온 경험을 통해 현대를 살아가는 우리들은 더 바른 신앙의 길이 무엇인지를 알 수 있게 되었다. 그런데 현대성은 이러한 모든 신앙의 유산들을 단번에 무너뜨리고 빨리 성과를 이루려는 새로운 길만 찾고 있는 것이다. 여기에 복음의 변질과 신앙의 타락이 쉽게 나타나는 것이다.

성도의 싸움이 혈과 육에 대한 싸움이 아니라 어둡고 악한 영적 존재와의 싸움이라는 것을 성경은 말해 주고 있다. 이제 사탄은 인간의 정신을 하나님의 말씀과 신앙의 방법에서 떠나게 하고 있다는 것을 깨달아야 한다. 그러므로 오늘날 목회자와 성도는 지난날 믿음의 조상들이 남겨 준 신앙의 위대한 유산들을 찾고 그것을 통해 우리들이 어떻게 바른 길로 가야 하는지를 배워야 할 것이다. 현대성은 빨리 성공하기를 원하지만 또한 빨리 포기하게 만든다.

새로운 신학을 전개하는 사람들

현대신학 사상은 전통적인 기독교 교리를 무시하고 새로운 신학을 전개하고 있다. 여러 가지 현대신학 사상이 사람들에게 호소력을 가지면서 성경과 상관없는 신앙도 마치 구원 얻는 신앙인 것처럼 가르친다. 우리는 성경에서 가장 먼저 인간이 하나님의 말씀에 불순종하여 죄를 짓고 죽음에 이르는 것을 본다. 죄의 삯은 사망이라고 하는 하나님의 말씀은 진리임에도 불구하고 이것을 인정하지 않으려고 한다. 아담과 하와의 범죄로 인해 모든 인간이 다 죄 가운데 출생하여 죄로 인해 죽는 심판을 자신들의 두 눈으로 직접 보고 있으면서도 원죄로 인한 인간의 비참함을 부인한다.

자연인은 당연히 하나님의 말씀에 순종할 수 없다. 그러나 그리스도인들이라고 할지라도 하나님의 말씀에 완전히 순종할 수 없다는 것이 진리이다. 왜 그리스도인들이 하나님을 믿으면서도 하나님의 계명에 완전히 순종할 수 없는 것인가? 그것은 모든 인간은 아담의 범죄로 인해 원죄 가운데 태어나기 때문이다. 그러므로 죄인이다. 모든 인간은 원죄로 말미암아 타락하고 부패한 본성을 가지고 이 세상에 태어난다. 그러므로 이 원죄가 사람의 삶과 행동의 도덕적인 성질을 결정하는 것이다. 성령으로 말미암아 중생한 자들마저도 이 세상에서 원죄로 인한 부패는 완전히 사라지지 않는다. 다만 억제될 뿐이다. 그러므로 성도는 날마다 자신이 죄인이라는 것을 고백하면서 의로우신 주 예수 그리스도께 나가야 한다.

하나님께서 자신의 백성들에게 완전히 거룩하라고 요구하신다는 가르침은 잘못된 사상이다. 하나님은 온전하라고 하신다. 내가 거룩하니 너희도 거룩하라고 하신다. 원죄의 부패성에 대해 날마다 거룩한 성화의 삶을 요구하신다. 날마다 성화되는 삶을 요구하는 자체가 바로 완전히 거룩해질 수 없다는 것이다. 그러나 완전주의는 계명을 통해 하나님이 요구하시는 참된 의미와 본질과 범위에 대한 인식의 실패로 인해 주장된다. 하나님의 계명의 본질과 포괄적인 성경을 바르게 이해하는 사람은 절대로 완전주의자가 될 수 없다. 결국 하나님의 계명에 대한 불완전한 이해와 어리석은 개념을 가진 자만이 완전주의, 완전성화를 외치는 것이다. 이렇게 완전한 신앙을 주장하는 자들은 하나님의 법이 완전하기 때문이라고 말한다. 그것은 사실이다. 하나님의 계명은 절대적인 선이다. 하나님의 법은 완전하다. 하나님은 우리에게 상대적으로 선한 사람이 되라고 말하지 않는다. 절대적인 선이 그 기준이다. 그러므로 이 세상에서 지금까지 단 한 명의 인간도 완전하지 못하였다. 결국 모든 인간은 스스로 자신들이 죄인이라고 고백해야 한다. 그럼에도 불구하고 하나님의 법은 완전하다. 이렇게 완전한 하나님의 법을 지킬 수 없는데 왜 이 법을 주셨는지 그 의도를 알아야 한다. 그 의도는 죄인이라는 것을 깨닫게 하기 위함이다.

그러나 이 원죄에 대한 진리가 오늘날 현대신학에서 가르쳐지지 않고 사라지고 있다. 성경은 인간의 원죄와 전적 타락, 부패를 말씀하시는데 현대신학은 이 진리의 말씀들이 극단적인 교리라고 왜곡하면서 가르치지 않는다. 현대인들은 이 진리가 강단에서 설교되고 교훈되는 것을 싫어하고 혐오하기까지 한다. 이러한 경향은 인간이 가진 긍정적 가능성 때문이다. 다시 말해 인간 스스로가 악과 죄를 극복하고 충분히 선해질 수 있다는 긍정적 평가 때문이다. 진화론은 인간의 본질을 개선할 수 있다고 가르치는 학문이다. 이러한 진화론적인 사상은 결국 성경의 모든 교리를 다 무력화시킨다. 과학의 발전과 사회의 발달은 인간을 개선하고 선을 이룰 수 있다는 낙관을 주장한다. 그러므로 현대신학 사상은 인간의 본성에 대하여 아주 낙관적이다. 따라서 원죄는 있을 수 없다. 원죄로 인해 모든 인류가 죽는 이 비참한 결과를 보고서도 끝까지 부인한다.

강단에서 죄에 대한 말씀이 사라진 것은 작금의 현상이 아니다. 다른 복음, 거짓 복음을 전하는 자들은 죄에 대하여 침묵한다. 죄에 대해 설교를 하면 교회가 부흥이 되지 않기 때문에 될 수 있는 대로 목사는 죄에 대해 설교하지 말라고 한다. 하지만 그것은 오히려 하나님 앞에서 죄를 짓는 행위이다. 오늘날 성도들 간의 이혼이 증가하고 그리스도인의 자녀들이 성에 대하여 아주 개방적인 자세로 자기들 마음대로 성관계를 가지는 이유가 바로 바른 복음을 설교하지 않고 가르치지 않고 있기 때문이다. 이제 이혼과 혼전임신도 죄가 되지 않는다. 현대교회는 이미 죄가 아니라고 여긴다. 하지만 하나님의 말씀은 그것이 죄라고 여전히 말씀하신다. 인간이 불편하게 여긴다고 해서 하나님의 말씀대로 가르치지 않는 것은 오히려 더 큰 패악을 낳는 것이다. 오직 성경이 말씀하시는 대로 성도는 믿고 순종해야 한다.

주관적 신앙으로의 변질

　과거 우리 믿음의 조상들은 후손들에게 하나님에 대해 쉬지 않고 가르쳤다. 우리가 가지고 있는 개혁주의 신앙고백서들이 그 증거이다. 현대 사회는 교육을 통해 삶의 수준을 높이고 있다. 그런데 아이러니하게 오히려 교회는 성경을 교육하지 않고 인간의 감정에 호소하는 아주 주관적인 신앙으로 변질되어 가고 있는 것을 볼 수 있다. 이것은 객관적인 기독교의 신앙을 주관적인 신앙으로 변질시키는 아주 큰 패악이다. 시간이 갈수록 현대교회는 성경과 거리가 먼 신앙으로 사람들을 상대하고 있다. 현대교회가 하나님의 말씀과 상관없는 교회가 된다는 것은 저주스러운 것이다. 중세 로마교회의 모습이 이제 현대교회 안에 자리잡고 있다. 성경은 가지고 있지만, 성경을 가르치고 성경대로 살지 않는 것이 바로 로마교회의 모습이었다. 오늘날 현대교회가 바로 이런 모습으로 변해 가고 있는 것이다.

자연과학은 하나님이 없다는 가설들을 계속 제공한다. 이들은 공통적으로 우주 창조의 진리가 허구라고 직접 말하지 않는다. 다만 오래된 우주에 대해 말 하면서 하나님이 없다고 인간 스스로가 느끼게 만들고 있는 것이다. 그리스도인들 가운데 오늘날 우주 창조를 성경적으로 믿는 자들이 사라지고 있다. 세상으로부터 영향을 받고 있는데 그것을 모른다.

이렇듯 현대교회는 하나님의 아들 예수 그리스도에 대한 믿음을 가지고 있다고 하면서 예수 그리스도의 모든 구속 사역을 바르게 가르치지 않는다. 그 결과 성도들의 마음속에서 예수 그리스도에 대한 믿음이 점점 사라지게 하는 결과를 가져온다. 진리는 감춰지는 것이 아니다. 진리는 빛을 발한다. 하나님의 교회는 진리의 기둥과 터다. 교회가 하나님의 아들에 대한 진리의 말씀을 가르치고 전하지 않는다면 교회는 존재할 수 없다. 이러한 것을 믿음의 조상들이 알고 오직 진리만 가르치고 설교하였다. 그러나 오늘날 현대교회는 진리만 가지고 가르치고 설교하지 않는다. 아주 다양한 세상의 것들을 가르치고 설교한다. 뿐만 아니다. 교회는 오직 진리를 위해 고민하고 싸우면서 피를 흘렸다. 하지만 현대교회는 진리가 아닌 돈 때문에 고민하고 싸운다. 돈이 목적이 되다 보니 교회가 부자가 되었다. 이렇게 모은 돈을 관리하기 위해 고민하고 애를 쓰는 모습을 우리는 언론을 통해 보고 있다. 참으로 개탄하지 않을 수 없다. 이러한 교회의 모습을 보고 갑론을박하고 있다. 돈을 위해 아들에게 목사직을 세습하는 모습은 성경에 없다. 오히려 성경은 돈을 사랑하지 말라고 분명하게 말씀하신다. 오늘날 교회가 현대성에 빠져 있다는 것을 알 수 있는 아주 극단적인 모습이 바로 돈을 사랑하고 돈을 모으는 것이다.

돈을 위해, 목회를 하기 위해서는 성도들에게 바른 신앙을 가르치면 안 된다. 성도들이 바른 신앙을 알면 목사의 거짓 가르침에 반항하기 때문이다. 어떤 무식하고 어리석은 목사는 성도들이 많이 알면 똑똑해서 목회가 어렵다고 말한다. 과연 이 말이 얼마나 비참한 것이고 자신이 비진리를 위해 목회를 하고 있다는 것을 알지 못하는가? 하지만 일부 목사들이 이런 생각을 한다는 것은 하나님의 교회가 무엇인지도 모르고 단지 육신의 정욕을 위해 목회를 하는 것이다. 교회는 선지자들과 사도들의 터 위에 세워졌다는 말씀은 선지자들과 사도들이 계속 가르치고 증거하였던 하나님의 아들에 대한 신앙이었다. 그러므로 교회는 오직 진리만 위해 존재한다. 성도들이 멀리서 자신들이 모여 예배하는 교회 공동체를 바라보면서 보아야 하는 것이 오직 진리의 불기둥이 타오르고 있는 예배 처소여야 한다. 세상에서 여전히 죄를 짓고 살지만 자신들의 눈에 보이는 교회는 진리의 불이 타오르는 곳이다. 그곳에서 함께 예배하면서 자신의 죄를 진리의 불로 다 씻고 태워서 늘 죄 용서의 은혜를 받아야 한다. 인간에게 있어 가장 위대한 은혜는 죄를 용서받았다는 은혜이다. 돈과 비교할 수 없는 가장 위대한 보석이 교회에서 선포되는 죄 용서의 은혜이다. 그런데 이 은혜를 돈으로 바꿔 버린 것이다.

현대교회가 다시 진리의 기둥으로 서기 위해서는 부지런히 성도들에게 바른 신앙을 가르쳐야 한다. 이것을 대체할 수 있는 것은 없다. 그러므로 우리 믿음의 조상들이 물려준 신앙고백서를 가지고 성경의 모든 진리를 계속 가르쳐야 한다. 해 아래 새로운 것이 없다. 무엇인가 새로운 교회 부흥을 위해 만들어진 것들은 모두 이미 예전부터 가르쳐진 것들이다. 빠르게 교회를 부흥시키기 위해 진리를 왜곡하는 것을 멈추고 성경에서 가르치는 방식으로 교회를 세워야 한다. 하나님께서 받으시는 불이 아닌 다른 불로 교회를 밝히는 것은 심판만 받게 된다는 것을 명심해야 할 것이다.

순종하지 않는 교회들

현대교회의 특징 가운데 또 다른 모습은 로마교회처럼 예수 그리스도의 천상 사역에 대한 무지로 인한 예수 그리스도의 통치권에 순종하지 않는 것이다. 히브리서 13장 8절은 예수 그리스도는 어제나 오늘이나 영원히 동일하시다고 말씀하고 있다. 이 말씀은 히브리서 전체 주제와 연관되는 말씀이다. 예수 그리스도는 하나님의 아들이시고, 영원한 대제사장이시다. 뿐만 아니라 천사들을 창조하신 창조주이시며, 그 어떤 피조물과 비교할 수 없는 하나님이라고 증거한다. 그러므로 히브리 그리스도인들은 다시 유대교로 돌아가면 안 된다고 하는 메시지이다. 이 메시지는 히브리서에서 계속 일관되게 증거되고 있다. 그러므로 예수 그리스도는 지금도 천상에서 영원히 동일한 방식으로 구원을 베푸시고 역사하신다. 다시 말해 구약과 신약의 모든 하나님의 자녀들은 오직 믿음으로 구원을 받는다.

그렇다면 오늘날 현대교회는 하나님의 아들의 구원 사역의 동일성과 통치권을 어떻게 인정하고 있는가? 두말할 것도 없이 현대신학은 이미 예수 그리스도를 믿는 믿음으로 구원받는 것을 거부하고 있다. 예수 그리스도의 천상 사역을 거부한다. 예수 그리스도께서 하나님 보좌 우편에 계신다고 고백하는 우리의 신앙고백은 예수님께서 지상에서 계실 때 보여 주신 구속 사역이 천상에서도 계속 동일하게 이루어지고 있다는 고백이다. 그러나 현대신학은 이것을 부인한다. 다른 보혜사, 성령께서 오신 이유가 하나님의 아들 예수 그리스도를 죄인들이 믿음으로 믿어 구원에 이르게 하시는 사역임에도 불구하고 현대신학은 이미 오직 믿음으로 구원 얻는 기독교의 신앙을 거부하고 있는 것이다.

오늘날 교회가 타락하고 세상과 같이 되어 가고 있는 가장 큰 이유는 다름 아닌 예수님께서 지금도 동일하게 자신의 일을 하시고 있다는 것을 인정하지 않는 것이다.

매년 10월 마지막 주는 종교개혁 주간으로 기념하고 있는데 중세 시대에 교회가 타락한 이유 중에 한 가지는 이렇게 역사하시는 하나님의 아들에 대한 이해와 가르침이 없이 인간이 그 중심에 서서 모든 것을 지배하려고 하는 인본주의 사상 때문이었다. 로마교황은 자신의 통치가 마치 하나님의 통치인 것처럼 성경의 교리를 가르쳤다. 오늘날 교회도 이와 마찬가지다. 교회의 목사의 통치가 마치 하나님의 아들 예수 그리스도의 통치인 것처럼 행세한다. 목사와 교사, 그리고 장로와 집사, 모든 성도들은 오직 하나님의 아들 예수 그리스도께서 주신 말씀 아래에서 통치를 받아야 한다. 가르치는 목사는 자신의 것을 가지고 가르치는 것이 아니라 자신의 주님이신 예수님의 말씀을 바르게 배우고 연구하여 그것을 전하고 가르쳐야 한다. 여기에 예수 그리스도의 통치가 있다는 신앙 원리가 성립되는 것이다. 그런데 목사가 마치 교회의 머리가 되는 것처럼 가르치고 자신의 권세를 나타내면 그 때부터 교회는 예수 그리스도의 다스림이 사라지고 인간의 제도만 남게 된다. 로마교회는 예수님이 아니라 교황이 교회의 머리 되었다. 오늘날도 교회의 머리가 교황이지 예수님이 아니다. 어떻게 교황이 성경을 해석할 권세가 있고, 그가 말하는 것이 곧 하나님이 말씀하시는 것이 되는가? 또한 교황도 죽어 심판을 받는 자인데 그런 자가 죄가 없다는 무오성의 가르침은 사탄의 가르침이 분명한 것이다. 결국 이렇게 로마교회가 타락한 것은 교회 가운데 예수 그리스도의 사역을 인정하지 않는 어리석은 가르침 때문이었다. 이와 같이 오늘날 현대교회도 예수님의 사역에 대한 가르침이 거의 전무해지고 있다. 왜 이런 일이 교회 안에 일어나고 있는 것인가! 교회의 머리가 예수 그리스도라고 그렇게 말하고 있는데 어떻게 교회에서 예수님의 구원 사역과 지금도 동일하게 일하시는 예수님의 사역을 증거하지 않는 것인가!

그 이유는 인간의 교만과 어리석음이 하나님의 복음의 진리를 거부하고 있기 때문이다. 이것을 사탄이 조종하고 있다. 그리스도의 몸 된 교회에서 복음의 진리가 증거되지 않게 하는 것이 사탄의 일이다. 하나님의 아들을 아는 것과 그 아들을 보낸 분을 아는 것이 영생이라고 성경은 말씀하여 준다. 다시 말해 구원은 하나님께서 아들을 보내신 것을 믿는 것이다. 왜 하나님께서 아들을 세상 가운데 보내셨는가? 그것을 알려면 예수님께서 이 세상 가운데 오셔서 하신 모든 일들을 알아야 한다. 예수님의 제자들인 사도들은 이 일을 가장 중요하게 여겨 복음을 전하고 성도들에게 예수님에 대하여 가르쳤던 것이다. 여기에 구원의 은혜가 넘쳐나고 감사가 일어난다. 이것을 사탄이 모를 리가 없다. 그래서 사탄은 교회에서 예수님께서 하신 일들이 가르쳐지지 않게 하고 있다. 우리 믿음의 조상들은 이것을 알고 교회에서 예수님의 사역이 계속 가르쳐지게 하기 위해 교리를 만들고 그것을 문답하게 하였던 것이다. 이렇게 중요한 일이 교회에서 사라지고 있는 것은 어리석은 자들이 무엇을 소중하게 여겨야 하는지를 모르기 때문이다. 교회에서 분쟁이 일어나고 도둑질이 나타나고 있는 것도 예수 그리스도께서 지금도 천상에서 일하시고 있다는 것을 인정하지 않기 때문이다. 오늘날 현대교회가 가지고 있는 모든 문제는 예수 그리스도께서 어제나 오늘이나 영원히 동일하시다는 것을 인정하지 않는 죄악 때문이다.

그리스도께 순종하지 않는 교회

예수 그리스도의 통치와 다스림에 대한 가르침이 점점 사라지고 있다. 그것은 예수께서 하나님이시라는 진리를 인정하지 않으려는 죄악 된 일이다. 보통 대부분의 그리스도인들과 교회의 교사들은 예수께서 신성을 가지셨다는 것을 인정한다. 하지만 예수님께서 단지 신성을 가지신 분이라고 말한다면 그것은 예수가 누구인지를 증거하려는 목적을 사람들에게 온전히 심어 주지 못한다. 왜냐하면 타락한 죄인은 전능하신 하나님을 날마다 부인하려고 하기 때문이다. 죄는 언제나 하나님을 대적한다. 그리스도인에게 여전히 남아 있는 죄는 하나님의 통치를 거부한다. 이제 현대신학은 예수 그리스도의 신성을 가르치면서 예수님이 하나님이라는 것을 보여 주려고 하지만 결국 예수께서 신성을 가지셨다는 것을 통해 오히려 예수의 피조됨을 부각시키므로 예수 그리스도가 하나님이라는 신앙고백을 하지 못하게 하고 있다.

우리는 '신성'과 '하나님'이라는 용어를 같은 것으로 여겨서는 안 된다. 어떤 사람이 만약 자신이 믿고 있는 예수 그리스도의 신성에 대해 낮은 인식을 가지고 있다면(하나님에 대한 견해와 차이가 있는) 예수 그리스도께서 온전한 하나님이 될 수 없기 때문이다. '신성'에 대한 견해는 모든 사람이 다 같을 수 없다. 요즘은 인간의 한계를 뛰어 넘는 영웅들의 이야기가 영화나 드라마로 만들어져 사람들에게 다가온다. '마블' 영화에 나오는 인물들은 거의 다 신적인 능력을 가진 자들이다. 이제 현대사회는 성경에서 말씀하시는 예수 그리스도의 신성과 인간들이 보여 주는 능력을 거의 같은 수준으로 만들고 있다. 죽은 자도 살려내는 능력이 마블에서는 가능하다. 그렇다면 세상이 가진 예수님의 신성에 대한 이해는 결국 인간성을 가진 한 인간의 능력일 수밖에 없다. 그러나 성경은 예수의 신성에 대하여 말씀하지 않는다. 오히려 성경은 예수께서 하나님이심을 말씀하시고 있다. 그것도 전능하신 하나님이시다. 모든 우주 만물을 창조하신 창조주로 계시하신다. 물론 예수의 신성과 인성이 한 인격 안에 존재한다고 가르친 교부들의 가르침은 이단과의 분명한 대립에서 예수 그리스도의 사역에 완전성을 부여한 것은 사실이다. 하지만 현대교회가 예수가 하나님이시라는 가르침을 등한히 함으로 나타난 현상으로 말미암아 얼마나 많은 수치를 당하고 있는지를 우리는 인정해야 한다.

그리스도인들이 예수께서 하나님이심을 믿는다면, 여전히 예수께서 온 우주 만물에 충만하시고 모든 피조물들을 다스리시는 분으로 믿는다면 예수 그리스도 앞에서 죄악의 길을 향해 걷지 않을 것이다. 목사가 비자금과 재산을 보호하기 위해 자신의 아들에게 교회를 세습하는 것과, 수십 명의 어린 여자아이들을 성폭행하는 일이 생기는 이유는 결국 예수께서 살아 계셔서 지금도 통치하시는 분이라는 것을 인정하지 않고 있기 때문이다. 만약 예수께서 매일매일 성도의 삶을 다스리고 통치하시는 분이라는 것을 믿고 있다면 다른 배우자와 잠자리를 같이할 수 없을 것이고, 사람을 속이고 타인의 재산을 가로채지 않을 것이다. 그리고 강단에서는 오직 주 예수 그리스도의 복음만 선포할 것이다. 하지만 예수 그리스도의 다스림과 통치를 부인하는 자들은 어떤 죄악도 서슴없이 저지른다. 악인들은 예수의 신성에 대한 부분은 어느 정도 인정하지만 예수께서 하나님이시라는 참된 신앙고백은 없다. 결국 이런 자들은 위선자들이며 예수를 자신의 구주로 믿지 않는 자들이다. 단지 예수를 자신들의 이익의 방편으로 삼는 사악한 이리들이다.

모든 그리스도인들은 예수의 신성에 대한 가르침을 반드시 배워야 한다. 그러나 단지 한 인간에게 나타나는 신성을 뛰어 넘어 예수의 신성은 바로 하나님 자신이라는 사실을 믿어야 한다. 그렇지 않고서는 예수는 여전히 한 인간으로만 제시된다. 하지만 예수는 무한 속에 계신다. 예수는 가장 먼 우주

까지 충만하신 분이시다. 모든 우주 만물을 다스리시고 통치하시는 분이 바로 우리 주 예수 그리스도이시다. 예수께서 하나님이라고 믿는 자들만이 영원한 나라의 자녀들이다. 하나님 아버지께서 영광을 받으시는 길을 죄인들에게 보여 주셨다. 그것은 아들을 믿고 아들께 경배와 영광을 돌림으로 성부께서 영광을 받으시는 것이다. 성부께서 모든 피조물들을 아들에게 복종하게 만드셨다. 아들께 영광을 돌리지 않는 자는 성부를 부인하는 자이다. 그러므로 모든 우주 만물은 지금도 예수 그리스도만 경배하고 찬양해야 한다. 왜냐하면 예수가 하나님이시기 때문이다. 살아 계신 하나님 예수 그리스도께 모든 성도들은 순종해야 한다. 왕 앞에 나서는 자는 늘 겸손해야 함을 반드시 자각하길 바란다.

실용주의에 빠진 교회

복음서에 나오는 예수님의 사역 중에는 독특한 것들이 있다. 부모들이 어린아이들을 데리고 예수님께 데리고 나올 때 제자들은 어린아이들이 예수님께 나오는 것을 막았다. 하지만 예수님은 어린아이들이 주님 당신에게 나오는 것을 허락하시고 천국은 어린아이와 같은 자들이 갈 수 있다고 말씀하여 주셨다. 그렇다면 우리는 어린아이와 같이 되지 아니하면 천국에 갈 수 없다는 주님의 이 가르침이 무엇을 의미하는지 알아야 한다.

현대신학 가운데 실용주의 신학은 어린아이들이 갖고 있는 믿음은 지식적이지 않고 단지 상대방에 대한 신뢰에 그 바탕을 둔다고 가르친다. 물론 너무 어린 아이는 여전히 부모의 손길에 모든 것을 의지해야 한다. 하지만 아이가 자신의 지각을 가지고 어느 정도 기본적인 생활을 할 수 있는 나이에 도달하면 어린아이는 자신의 믿음이 지식으로 형성되고 있다는 것을 배우게 된다. 부모를 알아보는 가장 어린 나이의 아이는 자신의 부모가 누구인지를 안다. 이것은 어린아이에게 가장 기본적인 지식이다. 젖을 먹이고 배설물을 치워주며 자신을 보고 웃는 부모가 누구인지를 어린아이는 알아보고 부모를 향해 웃는다. 어떻게 자신의 부모라는 것을 알고 웃는가? 그것은 그 어린아이가 의지할 대상이 부모라는 것을 알고 있기 때문이다. 이것은 결국 성도에게 있어 믿음의 대상이 누구인지를 알고 있는 것과 같은 것이다. 어린아이는 자신의 부모에 대한 믿음을 가지고 있다. 비록 완전히 성장한 사람들이 가진 지적인 능력이 없을 뿐이지 어린아이가 가진 믿음은 여전히 자신의 부모를 신뢰하는 지식에 기초해 세워진 믿음인 것이다.

예수님께서 너희가 어린아이와 같아야 한다고 하신 말씀은 어린아이들처럼 자신의 의사 표시를 온전히 할 수 없고 의식적이고 인격적인 삶이 아직 시작되지 않는 그런 모습이 되어야 한다는 말씀이 아니다. 그런 시기로 성도의 믿음이 돌아가야 한다는 것이 아니다.

하지만 현대 신앙은 어린아이들이 가진 맹목적인 믿음, 또는 무조건적으로 믿으면 된다는 믿음주의를 말씀하시고 있다고 방향을 돌리고 있다. 이런 가르침은 결국 기독교가 이성적이고 지적이며 합리적인 종교가 아니어도 말할 수 없는 종교적 경험을 가지고 충분히 하나님과 관계를 맺고 살 수 있다는 것을 주장한다. 결국 이제는 말씀을 배워서 믿음을 가지지 않아도 하나님의 깊은 곳까지 들어가 언제나 하나님과 교제할 수 있다고 가르친다. 그러나 이런 현대신학과 신앙은 성도 개인의 인격을 통해 하나님께서 뜻하시는 온전한 뜻을 알지 못하게 할 뿐만 아니라 한 사람의 지, 정, 의 모든 인격을 완전히 상실하게 하는 해로운 사상이라는 것을 알아야 한다. 현대교회는 이렇게 한 개인의 의식과 상관없는 신앙을 마치 기독교의 신앙인 것처럼 가르치고 있는 것이다. 지성에 대한 무시와 경시는 결국 기독교를 신비주의로 몰아가고 있다.

예수님께서 제자들에게 너희가 어린아이와 같이 되어야 하나님 나라를 소유할 수 있다고 말씀하신 의미는 어린아이들이 가지고 있는 무지가 아니라 하나님의 선물을 받아들 수 있는 자세, 즉 인간의 무력함과 혼합하여 가지고 있는 자기 지식의 확신을 부인하는 것이다. 예수님께서 어린아이들을 칭찬하신 것은 하나님의 나라를 어린아이들처럼 받아들인다는 것, 그것을 인간 스스로의 힘으로 얻기 위해 어떠한 인간적인 방법을 찾지 않고 값없이 주시는 하나님의 선물로 받아들인다는 것이다. 예수님은 하나님이 주시는 구원의 선물을 자신의 방법과 시도들을 통해 얻으려고 하는 것을 꾸짖으신 것이다. 어린아이들이 가진 믿음은 그들의 연약성, 단순한 무지에 의해 결국 훼손을 당한다. 하지만 결코 배움을 통한 지식에 의해 오염되지 않는다. 이 말은 현대교회가 추구하는 신앙의 모습이 잘못되어 가고 있다는 것을 지적한다. 현대교회는 가르치고 배우지 않고 있다. 성경뿐만 아니라 성경을 통해 만들어진 교리들도 무시하고 있다. 오직 체험과 새로운 경험만을 강조하고 그것이 마치 기독교인 것처럼 가르치고 있는 것이다.

칼빈은 모든 인간의 존재 목적은 하나님을 알기 위해서라고 정의하여 준다. 하나님을 바르게 알기 위해서는 오직 하나님의 말씀인 성경을 통해 하나님이 누구인지를 배워야 한다. 기독교는 감독의 가르침의 터 위에서 배우는 종교라는 뜻을 담고 있다. 그러므로 교회의 목사와 장로는 성경의 모든 부분에 있어 아주 충만하고 분명하며 확실한 지식으로 가득 차 있어야 한다. 가르치는 교사들이 성경에 대한 정확한 지식을 가지고 있지 않으면 결국 기독교는 신비주의로 계속 흘러가고 말 것이다.

우리 믿음의 조상들이 물려준 신앙의 위대한 산물인 신앙고백들의 가르침은 후손들의 삶과 신앙을 훼손시킨 적이 결코 단 한 번도 없었다. 기독교의 진리와 하나님의 이름이 그것을 추구하지 않는 자들에 의해 모욕을 당하고 있는 것이다.

누구에게 순종해야 하는가?

그리스도인은 무엇을 믿는가? 이 질문을 받는다면 당신은 무슨 말로 답할 수 있는가. 오늘날 현대성에 빠진 교회는 성도들에게 목사의 지도에 순종하라고 가르치고 있다. 다른 말로 하면 현대주의는 "당신이 원하는 대로 믿으라, 그러나 목사의 말에 순종하라"고 가르치고 있다. 그러나 우리의 조상들이 한결같이 가르치는 신앙은 "당신이 공교회의 신앙고백이 증거하고 있고, 믿음의 선진들이 물려준 위대한 신앙교육의 산물들을 통해 — 이것은 결국 성경이 무엇을 말씀하고 있는가를 바르게 증거한 것을 요약한 교리라고 할 수 있다 — 믿고 있는 한 당신이 원하는 대로 하라"고 가르친다.

이 두 사상의 차이는 언뜻 보면 그렇게 중요하지 않게 보일 수 있다. 하지만 그 차이는 참 신앙과 거짓 신앙의 경계를 보여 주는 것이다. 먼저 현대사상은 목사의 말에 순종하는 것을 긍정적으로 말하고 있지만 사실은 전혀 그렇지 않다. 현대주의에 빠진 성도는 자신의 뜻대로 모든 것을 결정한다. 그것은 중생한 그리스도인의 참된 모습이 아니다. 자신이 원하는 것만 듣기를 바란다. 그리고 자신이 원하는 대로 믿는다. 이것을 바른 신앙인 것처럼 인정받기 위해서 결국 목사의 말에 순종하면 된다고 하는 것이다. 과연 이 부분에서 목사의 말에 순종하는 것이 바른 신앙인가? 물론 목사가 가르치는 참된 진리에 순종한다면 말할 것도 없다. 하지만 이미 현대주의에 빠진 성도는 자신이 원하는 대로 믿기 때문에 목사의 바른 진리의 가르침에 전혀 순종하려고 하지 않는다. 단지 자신이 원하는 대로 믿는 것이 신앙이라는 것을 인정받기 위해 목사의 말에 순종하면 된다고 하는 것이다. 이것은 위선이다. 목사의 말에 순종하면 된다는 것이 긍정되기 위해서는 성도는 자신이 원하는 대로 믿어서는 안 된다. 교회의 목사는 하나님의 진리만을 선포하는 주의 종이다. 자신의 사사로운 주장과 의견을 강단에서 전하는 자가 아니다. 그렇기 때문에 인간적인 이야기가 아니라 오직 진리의 말씀인 성경의 말씀만을 전하고 가르친다면 목사의 말에 순종하는 것은 당연한 것이다. 그러므로 자신이 원하는 대로 믿는 자는 주님의 양이 아니라 위선자이거나 종교인에 지나지 않는다.

현대성에 빠진 자들은 일반 성도들뿐만이 아니다. 교회의 지도자들은 이미 권세욕과 명예욕에 빠져 자신이 원하는 대로 믿고 행동하고 있다. 성경의 진리가 오직 하나님의 영광과 오직 믿음, 그리고 오직 예수 그리스도만을 변함없이 증거하고 있음에도 불구하고 교회 지도자들은 로마교회의 정신에 빠져 행동하고 있다. 교회 연합이라는 것을 말하면서 사이비 종교지도자들과 무당들, 그리고 이방 종교 지도자들과 이미 한 몸을 이루고 있다. 이들은 거룩한 옷을 입고 서로 손을 잡으면서 거리를 활보하며 종교적 연합과 사랑이라는 정신을 이루었다고 대대적으로 홍보한다. 얼마나 인상 깊은 로마교회의 가르침에 순종하는 것인가? 자신들이 원하는 대로 믿으면서 로마교회의 정신에 비판 없이 순종하고 있는 것이다. 이런 자들이 교회에서 성도들에게 목사인 자신들에게 순종하라고 하면서 성경의 진리는 가르치지 않는다. 어떻게 보면 목사가 진리를 가르치지 않기 때문에 성도는 자신 마음대로 믿고 있는 것이다. 따라서 현대주의에 가장 앞장서 있는 자들이 바로 교회의 목사들이 아니고 누구이겠는가?

하지만 신앙고백이 말하는 대로 믿고 자신이 원하는 대로 하는 자는 개혁주의 신앙의 원리에 충실한 자라고 할 수 있다. 이 말은 성도가 자신이 원하는 대로 한다는 것이 교만한 행동이 아니라 이미 신앙고백 위에서 그것을 믿고 그 믿음대로 행동한다는 가르침이기 때문에 성도는 자신의 뜻대로 행하는 것이 아니라 신앙고백에 따라 판단하고 행한다는 것이다.

장로교회의 정치 가운데 중요한 가르침은 성도의 자유와 양심의 자유이다. 성도가 가진 양심의 자유는 그 어떤 사람도 비난이나 비판할 수 없다. 하지만 이 신앙의 자유는 오직 진리 안에서 나오는 것이다. 성도가 바른 신앙고백이 말하는 대로 믿는 한에서 성도가 원하는 대로 행동하는 것은 성경이 지지하고 있는 것이다. 성도는 자신이 배운 바른 신앙고백 위에서 행하는 모든 것에 자유해야 한다. 그것은 전혀 양심을 침해하지 않는다. 다만 바른 진리를 알지 못하는 자들이 비아냥거릴 뿐이다. 모든 성도와 교회의 지도자들은 세상의 거짓과 불의에 대항하여 진리를 말해야 한다. 교회 안에서는 더더욱 죄에 대하여 증거하고 올바른 신앙이 무엇인지 계속 가르쳐야 한다. 그것만이 성도가 자신의 뜻대로 믿고 행동하는 것을 막을 수 있다. 세속주의와 현대주의에 물들어 있는 성도와 교회를 바르게 세울 수 있는 유일한 길은 오직 성경의 가르침대로 순종하는 것이다.

교회의 재산은 누구를 위해 사용되어야 하는가?

오늘날에는 교회 안에 감독 직분이 없다. 그러나 그들이 교회를 위해 자신들의 직분을 어떻게 감당하였는지 그 실제적인 행동들은 교회 안에서 목사와 장로와 집사로 임명받은 사람들이 당연히 따라야 할 신앙의 본이 된다.

교회의 재산은 토지든 돈이든 전부 빈민을 위한 것이라는 생각을 우리는 가져야 한다. 칼빈은 자신의 책(『기독교 강요』 4권 4장)에서 고대 교회에서 이미 감독들이 이를 분명하게 지켰다고 언급하는 것을 볼 수 있다. 감독과 집사들은 자신의 소유를 주장하기 위해서가 아니라 빈민들을 돕기 위해 임명되었기 때문에 그들이 악한 마음으로 교회 재산을 감추거나 낭비하는 배신 행위를 저지른다면 그들은 살인죄를 범한 것이라고 말한다. 그러나 교회에서 교회를 위해서 일하는 사람이 공적인 경비로 생활을 유지하는 것은 정당한 일이며 또한 하나님의 율법에 의해서도 인정된 일이다. 우리는 여기에서 감독과 장로들이 어떻게 교회 재산을 사용하였는지 알 수 있다.

고대 교회법에서는 교회 재산을 감독에게 맡겼다는 것이 감독 개인의 수입이 되었다는 뜻이 아니기 때문에 감독이 마음대로 사용할 수 있는 것이 아니라고 말한다. 과거 예루살렘 지방에 극심한 가뭄이 일어나자 키릴로스는 교회의 기물과 예복들을 팔아서 그 돈을 빈민구제에 사용했다는 기록이 있다. 아미다의 감독 아카키우스도 페르시아의 많은 사람들이 기근으로 아사 직전에 있을 때 자기 교회의 성직자들을 모아 놓고 이런 연설을 했다고 한다. "하나님께서는 음식을 잡수시거나 마시지 않으시므로 접시나 잔이 필요 없습니다." 이 연설을 하고 나서 그는 교회의 기물을 녹여 가난한 사람들을 위해서 먹을 것을 사며 노예로 팔리는 사람들을 위해 몸값을 지불하였다. 제롬도 당시 교회들이 지나치게 호화롭다고 비판하고 나섰다. 암브로시우스는 "금을 가지지 않은 사도들을 파견하신 분께서 또한 금이 없는 교회를 모으셨다. 교회가 금을 가지는 것은 지니고 있기 위함이 아니라 값을 치르기 위해서이며, 곤란한 사람들을 구제하기 위해서이다." 계속해서 그는 "교회의 소유는 모두 가난한 자를 돕기 위한 것이며, 감독이 가진 것은 모두 빈민의 것이었다."라고 주장한다.

교부들과 감독들이 이렇게 교회 재산에 대한 개념을 분명하게 가지고 있었다는 것은 이미 사도들에 의해 가르쳐지고 전해진 교회의 전통에서 교회 재산은 일부 사역자들과 가난한 사람들을 위해, 그리고 비록 불신자들이라고 할지라도 이웃을 위해 사용해야 한다는 것이었다. 교회가 재산을 가난한 자들을 위해 사용할 때 복음의 능력이 나타난 것이다.

이를 볼 때 오늘날 교회를 섬기는 목사들이 어떻게 교회 재산을 사용해야 하는지 알 수 있다. 교회가 성장하고 헌금이 많아지기 시작하면 탐심이 가득한 일부 목사들은 자신들의 사택과 승용차를 고급으로 바꾼다. 여기에 부흥사들은 교회 부흥회를 하면서 신앙이 좋은 사람들의 이야기를 꺼낸다. 담임목사에게 자동차를 사 주고 용돈을 많이 주는 사람을 치켜세우면서 그런 사람들에게 하나님께서 사업과 자녀들을 축복하여 주었다고 살을 붙여 이야기를 크게 만들면 듣는 성도들은 그렇게 하면 자신도 복을 받는 것으로 여긴다. 현대교회는 이미 세속주의가 하나님의 말씀 위에 서 있다. 사도들과 고대 교회로부터 가르쳐지고 전해진 교회의 전통은 사라지고 기복주의 신앙이 목사들에게도 만연하다. 그래서 목사가 교회 성도들이 많은 교회로 부임하거나 교회 건물이 커지게 되면 그때부터는 성공한 목사가 된다. 이런 모습을 보는 성도들은 누구 하나 깨어 있지 못하고 같은 시각으로 바라보게 된다.

교회가 성장하고 교회의 재산이 풍족해지는 것은 하나님께서 복음의 사역을 위해 축복하여 주신 것이다. 이것을 바로 알고 가난한 자들과 이웃들을 위해 아낌없이 사용해야 한다.

오늘날 교회를 섬기는 목회자들에게 필요한 생활비(자녀교육비) 이외에 다른 명목으로 교회의 재산이 사용되는 것은 하나님의 것을 도적질하는 것이다. 교인들에게 하나님의 것을 도적질하면 안 된다고 설교하면서 성도들에게 십일조를 강요하는 교회의 지도자들은 정작 자신이 하나님의 것을 도적질하지 않나 자신을 먼저 살펴야 할 것이다.

바로 알아야
할 것들

부의 대물림을 위한 교회세습은 죄악이다

작금 한국 교회 타락의 한 부분은 바로 목회 세습이라고 할 수 있다. 우리는 왜 목회자가 자신의 자녀에게 교회를 세습시키는 것을 타락한 것으로 보는가? 세습이란 단어의 의미는 돈(재산), 권력, 지위, 신분을 자손 대대로 이어가게 하는 것이다. 목사가 자신의 목회를 자녀에게 물려주는 것은 사실 아름다운 일이다. 하지만 목사가 자신이 가지고 있었던 부와 권력을 자녀에게 물려주는 것은 탐심이고 죄악이다. 목회를 물려준다는 것과 부와 권세를 유지하기 위해 교회를 물려준다는 것은 완전히 다른 의미이다. 현대교회가 대형화되면서 마치 자신이 섬겼던 교회를 자녀에게 물려주는 것을, 목회를 이어가게 하는 헌신이라고 착가하는 어리석은 목사들이 있다. 하지만 그들의 마음은 예수 그리스도께서 가르치신 목사들의 모습과는 아주 다른 탐욕에 빠져 있는 것이다.

교회의 머리가 되신 예수 그리스도께서 자신의 종들을 불러 자녀들을 섬기게 하신다. 여기에 목사의 섬김이란 자신의 것을 가지고 섬기는 것이 아니다. 모든 것이 다 주 예수 그리스도의 것을 가지고 섬긴다. 목사가 단 하나라도 자신의 것이라고 내세워서는 안 된다. 그런데 목사가 자신이 개척한 교회를 크게 성장시켰다고 그것을 자신의 것으로 여기는 순간부터 목사는 예수 그리스도와는 상관없는 자가 되는 것이다. 교회의 헌금은 성도들이 목사와 당회가 마음대로 사용하라고 한 것이 아니다. 성도들은 하나님의 구원의 은혜에 감사해서 기꺼이 헌금한 것이다. 목사가 가진 것은 자기 것이 아니다.

물론 교회를 개척하고 자신의 모든 것을 바쳐 수고한 것은 분명 칭찬할 만하다. 그러나 목사를 부르시고 교회를 부흥케 하신 것은 목사 자신의 헌신과 수고가 아니다. 그것은 오직 하나님의 선물이고, 하나님의 일이다. 애굽에서 이스라엘을 이끌고 나온 모세는 자신의 교회, 나라를 만든 것이 아니라 하나님의 교회를 세우는 일에 헌신하였다. 모세에게 자녀들이 있었지만 하나님은 모세의 후계자를 여호수아로 부르시고 그를 지도자로 세워 이스라엘을 가나안으로 이끄셨다. 물론 모세는 구약 시대의 지도자이다. 하지만 신약의 교회는 성령의 강림을 통해 모든 성도들에게 내주하시는 성령의 역사가 반드시 있으므로 성도 개개인을 통해 주님의 교회를 섬기게 하신다. 인간들이 타락하여

지도자를 선택할 때 부정과 부패를 일삼지만 하나님의 영은 언제나 성도들을 통해 올바른 지도자를 세워 당신의 교회를 이끌고 계시는 것이다.

이것이 바로 신본주의 개념이다. 목사가 하는 대로 하는 것이 신본주의가 아니다. 하나님의 영이신 성령께서 아버지와 아들의 일을 하시기 위해 모든 성도들에게 역사하심을 통해 각자의 위치에서 하나님의 계시된 뜻(도덕법)에 순종하고 자신에게 주신 은사의 직분에 충성을 다하는 것이 신본주의 사상이다.

목사는 교회의 법에 순종하는 것을 하나님께서 일반 은총을 통해 주신 세상의 법에 순종하는 것보다 더 당연하게 받아들여야 한다. 교회법이라고 해서 목사가 이렇게 저렇게 마음대로 해석하고 자신의 정치적인 힘을 가지고 마음대로 적용해서는 안 된다. 지금 한국 교회 안에서 문제가 되고 있는 대형교회 목사들의 불법적인 모습은 하나님을 두려워함이 없고 자신의 신분이 부와 권세와 지위를 계속 유지하기 위한 수단에 불과한 것이다. 주 예수 그리스도의 교회와는 상관없이 결과적으로 자신을 위해 성도들을 모으고 교회를 성장시킨 것이라고 할 수 있다. 순복음교회와 장로교회, 그리고 감리교회와 성결교회 모든 교단에서 우리는 너무나 쉽게 이러한 결과물들을 계속 보고 있으며, 앞으로도 계속 볼 것이다. 왜냐하면 목사도 죄인이기 때문이다. 목사가 되면 성령 충만하여 아무런 죄도 짓지 않고 탐심도 없다고 믿는다면 그것은 정말 어리석은 것이다. 목사만이겠는가? 모든 성도들이 다 죄인이다. 예수 그리스도를 믿는다고 하지만 인간의 마음속에는 탐심과 반역이 계속 죄를 통해 일어난다. 타락한 인간은 하나를 갖고 있으면 열을 가지고 싶어 한다. 예수를 이용하여 부와 지위와 권세를 누리는 자들은 바리새인들처럼 거짓 신앙을 가진 자들이다. 바리새인들은 하나님께서 자신들에게 복을 주셔서 자신들만이 올바른 신앙을 가진 자들이라고 여기고 다른 이들을 정죄했다. 예수님 당시 종교인들은 자신들의 기득권을 자녀들에게 대물림하여 주었다. 오늘날 교회를 세습하는 것과 같은 모습이다.

어렵고 힘든 교회를 대를 이어 목회한다면 그것을 세습이라고 비난할 수 있는가? 오히려 예수 그리스도의 복음을 위해 아름답게 목회에 헌신한다고 격려를 보낼 것이다. 하지만 목회는 세습하는 것이 아니다. 세습이란 세상에서 누리는 부와 권력과 지위를 이어가는 것이다. 하나님의 교회는 세습으로 세워지는 것이 아니라 오직 예수 그리스도의 피와 성도들의 믿음으로 세워진다.

칼빈은 "하나님 나라 운동"을 한다고 해서 그리스도인이 되는 것이 아니라고 하였다. 그리스도인은 믿음으로 되는 것이며 그 믿음은 행함으로 보여지고 나타나는 것이다.

하나님께 순종한다는 의미

예수 그리스도를 자신의 구주로 믿는 자들은 하나님의 말씀에 순종해야 한다. 그렇다면 하나님의 말씀에 순종한다는 의미는 무엇인가? 먼저 결론적으로 말하면 교회 안에 있는 자들에게 하나님의 말씀에 순종한다는 것은 그야말로 기록된 성경 말씀에 순종한다는 의미이다.

성경이 하나님의 말씀임을 인정하는 자만이 성경에 순종한다. 오늘날 대부분의 성도들이 성경이 하나님의 말씀이라는 것을 알면서도 왜 순종하지 못하는가? 그 이유는 아주 다양하다. 하지만 가장 큰 이유는 성도가 기록된 성경의 말씀이 하나님의 말씀임을 자신의 생각으로 생각만 하고 있기 때문이다. 물론 그렇게 생각하지 않는 자는 생각하는 자보다 어리석다. 하지만 그리스도인은 단지 생각만 한다고 해서 올바른 신앙인이 되는 것은 아니다. 교회를 다니는 사람들의 이야기를 들어 보면 거의 모든 사람들이 목사의 신앙보다 더 뛰어나다고 느낀다. 왜냐하면 말로는 자신들은 거의 완전한 신앙인인 것처럼 말 하기 때문이다. 성도가 스스로 생각하고 그것이 전부라면 과연 참다운 신앙이라고 할 수 있는가? 신앙은 생각으로 되는 것이 아니다. 거의 대부분의 성도들은 자신들이 하나님께 더 충성하고 헌신하기를 바란다. 특히 새해가 되면 나름대로 신앙의 정진을 위해 계획도 세운다. 새벽기도를 열심히 해야겠다고 하는 성도가 있을 것이다. 아니면 올해 한 해는 성경을 일독하고, 자녀들과 함께 기도하는 시간을 계획하든지, 또는 자신이 생각하는 일이 이루어지면 교회에 헌금을 하겠다고 하는 자들이 있을 것이다. 이러한 성도들의 계획과 생각은 귀하고 선한 것이다. 하지만 단지 이렇게 계획하고 생각했다고 해서 자신이 참된 신앙을 가진 자라고 착각해서는 안 된다. 왜냐하면 여전히 하나님의 말씀에 순종하지 않고 있기 때문이다. 생각이 순종을 낳지 않는다는 것을 깨닫기 바란다. 순종은 자신을 부인해야 한다. 또한 성경의 말씀이 하나님의 음성이라는 것을 믿을 때 하나님께 순종할 수 있는 것이다.

오늘날 많은 사람들이 성경이 하나님의 말씀이라는 것을 알면서도 순종하지 못하는 것은 자신의 이익과 관련되어 있다. 하나님은 자신의 백성들에게 하나님의 자녀들로 합당한 모습을 가지고 살아가는 길을 주셨다. 그것이 바로 도덕법이다. 우리는 보통 이것을 십계명이라고 부른다. 하나님의 법은 십계명에 요약되어 있다. 다시 말해 하나님께서 자신이 택한 자녀들이 하나님께 순종하도록 하기 위해 십계명을 주신 것이다. 또한 이 십계명은 성도가 거룩해져 갈 수 있는 은혜의 선물이다. 그러나 안타깝게도 오늘날 현대교회와 성도들은 이 하나님의 법에 순종하는 것을 그렇게 중요하게 여기지 않고 있다. 누가 십계명에 순종하는 것을 성도의 가장 중요한 신앙의 규범이라고 믿고 있는가? 단지 주일학교 학생들에게만 문자적으로 외우게 하고 있는 것이다. 이러한 신앙교육은 참된 그리스도인을 만들어 내지 못한다. 문자적으로 외우는 하나님의 법은 그 의미와 의무와 순종이 무엇인지를 가르치지 못한다. 더구나 성인들을 예수 그리스도께로 인도하고 하나님을 믿는 사람들로 세우려고 할 때 교회에서 하나님의 법인 이 십계명을 가르치는 교사(목사)들이 거의 없다. 현대교회는 새로운 사람을 교회의 회원으로 받을 때 가장 먼저 초신자, 또는 새가족 교육이라는 것을 한다. 하지만 이런 프로그램을 이수하였다고 해서 그리스도인이 되는 것은 아니다. 한편 이러한 프로그램 속에는 하나님의 백성으로 어떻게 살아가야 하는지를 바르게 가르치는 십계명에 대한 해석이 없는 실정이다. "예수를 믿고 하나님의 백성으로 살아가야 합니다"라고 하면서도 성경 말씀을 통해 계시된 하나님의 뜻에 순종하는 삶에 대한 가르침은 전무한 실정이라 할 수 있다. 성도의 정체성은 과연 어디에서 나오는가? 그것은 다름 아닌 믿음이다. 하지만 이 믿음이 무슨 믿음이냐고 할 때 구체적으로 말할 수 있는 사람들이 얼마나 있는가? 성도가 믿는 믿음이란 주 예수 그리스도를 자신의 구주, 하나님으로 믿는 믿음이다. 또한 기록된 성경의 말씀이 하나님의 말씀이라는 것을 믿는 믿음이다. 그리고 성도 자신은 이 성경의 말씀에 순종하는 것이 살아 계신 하나님께 순종하는 것을 믿는 것이다.

성도가 하나님의 말씀에 순종한다는 것은 자신의 생각에 그치는 것이 아니다. 성도는 성경에 기록된 모든 말씀에 순종해야 한다. 그것만이 하나님께서 원하시는 순종이다. 성경에 기록된 대로 순종할 때 성도는 자신의 이익을 손해 볼 수 있다. 육체적으로 평안한 삶을 빼앗기고 고난과 고통의 길로 갈 수도 있다. 하지만 하나님께서 말씀하신 대로 살고자 한다면, 세상의 기준으로 볼 때 손해와 고난과 고통이 주어진다고 해도 그 사람은 분명 그리스도인이며 하나님께서 언약을 통해 말씀하신 대로 반드시 복을 받을 것이다.

성도는 단지 생각과 말로만 자신의 신앙을 드러내서는 안 된다. 생각과 말로 하는 것은 세상 불신자들도, 마귀들도 할 수 있는 것이다. 주 예수 그리스도가 자신의 구주라고 믿는 자들은 모든 성경의 말씀에 순종해야 한다. 이것이 바로 성도가 하나님께 순종하는 것이다.

하나님을 볼 수 있고, 알 수 있는 신앙이란?

일반적으로 사람들은 자신들의 노력으로 어떤 사물이나 존재에 대한 지식을 가질 수 있다고 여긴다. 인간이 노력해서 안 되는 일이 없다는 식이다. 요즘은 물리학자들이 마구잡이로 내놓은 우주 기원설이 마치 사실처럼 사람들에게 다가온다. 인간이 가지고 있는 최고의 과학으로도 검증하지 못한 가설들을 계속 만들고 있다. 칼빈이 말한 것처럼 "인간은 죄악을 생산하는 공장"임이 진리이다. 이러한 인간의 도전은 하나님이라는 전능하신 분까지 왜곡시킨다. 이제 이러한 일이 불신 세상에서 일어나는 것이 아니라 교회라는 신학현장에서도 일어난다. 오늘날 현대교회는 성도들에게 하나님을 만나는 길을 제시한다. 그 중에 가장 쉽게 가르치고 알려진 것이 바로 기도다. 성도들이 기도만 하면 하나님을 만날 수 있고, 하나님의 능력을 받을 수 있다고 가르친다. 하지만 이러한 기도 만능주의로는 결국 하나님을 참되게 알 수 없고 만날 수도 없다. 오히려 왜곡된 기도는 거짓 종교를 만들고, 하나님을 우상으로 섬기게 만든다. 그렇다면 성도는 하나님을 어떻게 믿고 알 수 있는가?

하나님을 믿고 알 수 있는 유일한 길은 오직 하나님의 아들을 통해서만 가능하다. 수천 년 동안 하나님을 섬겼던 이스라엘 백성의 후손들이 자신들이 가진 유대교 전통으로는 하나님을 알지 못했다는 예수님의 말씀에 우리는 귀를 기울여야 한다. 주님께서는 바리새인들에게(요 8:19 이하) 예수님을 알지 못할 뿐 아니라 하나님 아버지도 알지 못한다고 말씀하심으로 아들을 알았다면 아버지도 알았을 것이라고 가르치고 있다. 그러므로 누구든지 하나님을 알고자 하는 자는 하나님의 아들 예수 그리스도를 알아야 한다. 구약 이스라엘 백성들을 통해 우리는 인간들이 눈에 보이지 않는 하나님을 알기 위해 만들어 놓은 것이 고작 금송아지라는 것을 배울 수 있다. 모든 인간은 자신들의 상상력으로 하나님에 대한 상을 그리고 만들고 있다. 하지만 하나님은 자신이 누구인지 알게 하시기 위해, 그리고 하나님을 보기를 원하는 자들을 위해 아들을 세상에 보내시고 하나님을 알 수 있도록 하셨다. 이것을 위해 구약에서 하나님의 아들께서 세상에 오실 것을 계속 말씀하여 주셨다. 따라서 누구든지 하나님의 아들 예수 그리스도를 믿는 자가 하나님을 아는 자이고, 하나님을 보는 자이다.

그렇다면 하나님 아버지는 자신을 어떻게 보여 주시는가? 단지 하나님의 아들을 보는 자들에게 자신을 보여 주는 것이 아니다. 예수님 당시 제자들이나 성도들은 사도들의 가르침대로 근본 하나님의 형상이요, 모든 만물의 창조주이신 예수님을 자신들의 두 눈으로 보았다. 하지만 예수님께서 승천하신 이후 지금까지 예수님을 인간의 눈으로 본 사람들은 없다. 그렇다면 사도들 이후 예수님을 보지 못한 자들은 어떻게 하나님을 보았다고 할 수 있는가? 결국 오직 하나님 아들의 구속 사역을 믿는 자들이 하나님을 본 자들이고, 하나님을 아는 자들이라는 신앙이 성립되는 것이다.

성경의 기초에서 볼 때 하나님의 아들 예수 그리스도의 인격과 사역을 통하지 않고서 다른 방식으로 하나님을 알려고 하거나 하나님을 예배하려고 하는 자들은 혼란과 화를 자초할 것이 분명하다. 히브리서 기자는 이스라엘 백성들에게 율법을 가져다 준 천사를 믿고 의지하는 신앙이 얼마나 어리석고 미신적인지를 가르쳐 준다. 예수님 당시 천사 숭배로 인한 미신이 상당하였다는 것을 교부들과 종교개혁자들의 글에서 충분히 알 수 있다. 영적이고 신적 능력이 뛰어난 천사들이라고 할지라도 그들을 통해 하나님을 찾고 의지하는 자들은 결국 영원한 심판을 받을 것이라는 진리를 히브리서 기자는 선포한다. 오직 하나님의 아들을 통해서만 하나님을 알 수 있고 만날 수 있다는 것을 확증한다. 천사는 하나님의 아들을 예배하는 피조물에 불과한 것이다.

이제는 하나님의 아들만이 하나님을 보고 알 수 있는 유일한 길임을 알아야 한다. 오늘날 교회에서 하나님의 아들에 대한 복된 말씀만이 선포되고 가르쳐져야 하는 이유가 바로 여기에 있다. 성도는 가만히 있으면 자연인처럼 되고 만다. 배우지 않는 자는 결국 우상숭배의 신앙을 가질 뿐이다. 교회가 계속해서 성도들에게 하나님의 아들에 대하여 가르치고, 아들을 믿고, 아들에게 순종하게 만드는 일이야말로 하나님께서 가장 영광을 받으시는 일이다. 모든 세상의 피조물들이 하나님의 아들께 무릎을 꿇고 경배하게 하는 방식으로 하나님께서 영광을 받으신다고 하셨다. 예수님께서 이 땅에 오신 것은 인간들에게 하나님이 살아 계신다는 것을 보여 주시고, 인간의 어리석은 노력을 버리고 하나님의 아들 예수 그리스도를 통해 하나님을 믿으라고 하기 위해 오신 것이다. 누구든지 하나님을 보고 알고자 하는 자가 있다면 하나님의 아들 예수 그리스도를 믿고 그분의 가르침을 받으면 된다. 이것이 바른 기독교 신앙이다. 누구든지 하나님의 아들 예수 그리스도를 자신의 구주로 믿는 자는 하나님을 보는 자이며 아는 자이다.

하나님을 믿는 믿음이란?

성경은 하나님을 믿는 믿음이 무엇인지 잘 가르쳐 준다. 하나님을 믿는 믿음이란 하나님이 누구인지를 아는 지식과 연관되어 있다. 이것을 누구보다 잘 알고 있었던 사람이 바로 종교개혁자 존 칼빈이다. 칼빈은 주 예수 그리스도를 믿는 믿음에 대한 정의를 그 누구보다 성경을 통해 가르친다. 하지만 성경은 수많은 믿음의 선진들을 통해 하나님을 믿는 믿음이 무엇인지를 쉽게 보여 주고 있다. 우리는 다니엘의 세 친구들, 사드락, 메삭, 아벳느고의 신앙을 통해 하나님을 믿는 믿음이 무엇인지 충분히 배울 수 있다. 다니엘서에 나오는 느부갓네살은 금으로 만든 신상을 세워 신상에 절하지 않는 자들을 풀무불에 던져 넣는다고 하였다. 모든 백성들과 이방 나라 사람들은 이 신상에 엎드려 절해야만 했다. 하지만 다니엘의 세 친구는 그렇게 하지 않았다. 바벨론 사람들은 이 세 친구들을 주목하고 있었다. 다니엘이 여기에 나오지 않는 것은 아마도 다니엘은 이미 높은 위치에 있었기 때문에 다소 낮은 위치에 있었던 세 친구들만 위협적인 상황에 부딪힌 것으로 보인다.

중요한 것은 이 사람들이 느부갓네살의 명령에 굴하지 않았던 것이다. 이것을 본 바벨론 사람 몇이 왕에게 보고를 하였다. 느부갓네살 왕이 세운 금 신상에 절하지 않았으므로 이들을 뜨거운 풀무불에 던져야 한다고 하였다. 이 문제는 유대인들이 바벨론으로 끌려와 살면서 바벨론 문화에 적응해야 하는 것과 그렇지 못한 것으로 여겨서는 안 된다. 즉 문화와 다른 문화 간의 충돌로 여겨서는 안 된다는 것이다. 오늘날 대부분의 자유주의 신학자들과 지도자들은 문화충돌로 이해해야 한다고 한다. 타문화를 존경하는 것이 상대방을 존중하는 것이고, 이웃 간의 화합을 이루는 것이라고 주장한다.

그러나 이 사건은 참 신과 거짓 신과의 충돌이다. 여전히 현대사회에서는 하나님과 다른 신들과의 충돌이 계속되고 있다. 예를 들어 동양 불교권에서 일어나고 있는 기독교의 전투적인 복음 증거는 세상 사람들로부터 지탄을 받고 있다. 불교권의 문화를 인정하지 않고 기독교 문화를 강제로 심어 놓으려고 한다는 이유 때문이다. 물론 지혜롭지 못한 사람들로 인해서 문제가 일어나는 경우도 있지만 이것은 사람들의 문제가 아니다. 문화와 문화의 문제가 아니다. 신앙은 참과 거짓과의 대결인 것이다. 따라서 하나님을 믿는 믿음이란 오직 하나님만이 참된 신이고 유일한 분이라는 것을 믿는 것이다. 여기에 하나님의 아들 예수 그리스도의 구속의 사역과 예수님의 속성에 대한 지식을 통해 예수님이 하나님이라는 것을 믿는 것이다.

하지만 안타까운 것은 다니엘의 세 친구에 대한 신앙을 기복주의식으로 이해하는 것이다. 하나님을 잘 믿고 섬기면 하나님께서 풀무불 가운데서도 구원해 주신다는 가르침이 만연하고 있다. 우리가 성경의 본문을 자세하게 살펴보면 지금 다니엘의 세 친구들은 하나님께서 자신들을 구원해 주시기 때문에 느부갓네살에게 하나님을 믿는 믿음을 증거하지 않았다. 오히려 세 친구들은 하나님이 자신들을 구원하셔도, 구원하지 않으셔도 우리는 우상을 섬기지 않겠다고 한 것이다. 여기에 참된 기독교의 믿음 신앙이 나타난다. 하나님을 믿는 믿음이란 자신들의 환경과 상황을 하나님께서 더 나은 형편으로 이끌고 가는 것을 바라지 않는다. 오직 하나님을 믿는 신앙을 진실하게 나타낼 뿐이다. 오늘날 현대교회는 하나님을 믿는 믿음을 인간의 신념으로 바꿔 버렸다. 만약 당신이 원하는 것을 하나님으로부터 받고 싶다면 믿음을 가지고 구하라고 한다. 그러나 기독교는 이런 것을 믿음이라고 하지 않는다. 성도에게 있어 믿음이란 오직 삼위일체 하나님에 대한 참된 지식으로 충만해지는 것을 의미한다. 성도가 하나님에 대하여 바르게 알게 될 때 바른 믿음이 나타나는 것이다. 다니엘의 세 친구들이 극한의 상황 속에서 하나님께서 자신들을 구해 주시든지 않든지 간에 우상에게 무릎을 꿇지 않은 것은 오직 하나님을 믿는 믿음 때문에 가능하였던 것이다. 그들이 하나님이 어떤 분인지 알고 있었기 때문이다.

이렇듯 우리는 하나님을 믿는 믿음에 대한 바른 신앙을 가져야 한다. 그것은 성경에서 말씀하시는 하나님이 어떤 분인지를 알 때 가능한 것이다. 부디 현대교회가 기복을 바라는 믿음주의 신앙에서 벗어나서 하나님의 영광만을 위해 사는 성도들을 세워 가기를 바란다.

성부께서는 아들을 통해 계시를 완성하시고 종결시켰다

기독교의 유일한 신앙이란 바로 하나님의 계시의 말씀을 어떻게 받아들이고 이해하고 있느냐에 달려 있다고 할 수 있다. 오늘날 우리 주변에서 하나님의 계시를 받았다고 하는 사람들을 쉽게 볼 수 있다. 우리가 잘 알고 있는 베니 힌이라는 사람은 죽은 자의 무덤에서 기도하고 귀신과 신접하여 능력을 얻은 사람이다. 귀신이 하나님의 말씀을 계시하여 준다고 해서 능력이 있는 사람이라고 일부 목사들이 추앙하여 따른다. 이러한 현상을 바르게 파악하지 못하고 마치 그것을 성령의 능력처럼 여겨 많은 성도들을 거짓 신앙으로 이끌고 있다. 이러한 일이 가능한 것은 하나님의 계시가 아직도 일어난다고 하기 때문이다. 하지만 히브리서 기자는 **"옛적에 선지자들을 통하여 여러 부분과 여러 모양으로 우리 조상들에게 말씀하신 하나님이 이 모든 날 마지막에는 아들을 통하여 우리에게 말씀하셨으니 이 아들을 만유의 상속자로 세우시고 또 그로 말미암아 모든 세계를 지으셨느니라."**(히 1:1-2) 이 말씀을 통해 하나님의 계시는 아들이신 예수 그리스도로 말미암아 완성되고 종결되었다고 선언하고 있다. 하나님의 최종적인 계시는 오직 아들 예수 그리스도로 말미암아 다 이루어진 것이다. 그러므로 하나님의 계시를 알려고 하는 사람이 있다면 그는 하나님의 아들 예수 그리스도의 말씀을 들으면 된다. 이것을 강조하기 위해 히브리서 기자는 먼저 옛적, 즉 구약 시대에 하나님께서 자신을 어떻게 계시하셨는지 말해 주고 있다. 우리가 알고 있듯이 구약 시대에 하나님께서 아주 다양한 방식으로 자신을 나타내 주셨다. 환상과 꿈, 또는 천사들을 통해 말씀하시고 선지자들을 통해서도 말씀하셨다. 특히 율법을 통해서도 하나님은 조상들에게 말씀하셨다. 우리는 구약이라고 하면 쉽게 율법을 생각한다. 하지만 이 율법은 그리스도의 모형과 그림자에 불과한 것이다.

어떻게 보면 지금 히브리서 기자는 유대인들에게 반하는 신앙의 진리를 아주 직접적으로 선포하고 있다. 여전히 유대인들은 하나님의 계시가 선지자들을 통해 자신들에게 주어진다고 믿고 있었다. 그래서 구약 시대에 선지자들이 예언한 그리스도가 오셔서 자신들을 로마의 식민지에서 구해 줄 것이라고 믿고 있기에 십자가에서 죽은 예수는 더 이상 그리스도가 될 수 없다고 여긴 것이다.

이러한 시대적 분위기 속에서 히브리서 기자는 가장 먼저 유대인들의 신앙을 부정한다. 유대인들이 가진 신앙은 결국 거짓이고 헛된 것이라고 시작부터 선언하는 것이다. 구약 시대에는 선지자들을 통해 하나님께서 말씀하셨지만 이제는 하나님의 아들이신 예수 그리스도를 통해 말씀하신다는 것이다. 그래서 "마지막 날"이라는 말로 하나님의 마지막 계시는 오직 예수 그리스도를 통해 다 이루어졌다는 것을 증언한다. 이제 예수 그리스도가 마지막 계시인 것이다. 더 이상 구약의 계시로 돌아갈 이유가 없다. 또한 새로운 계시를 찾기 위해 오늘날처럼 괴이한 신앙을 좇을 필요도 없다. 그러나 신사도 운동을 하는 자들은 아직도 예수님께서 사도들을 세워 새로운 계시를 주신다고 가르친다.

아직도 하나님의 계시가 다양한 방법으로 오늘날에도 주어진다고 믿고 있는가? 아니다. 여러 모양과 여러 부분으로 하나님께서 과거에 그렇게 계시하신 것은 사실이라고 히브리서 기자가 말해 준다. 하지만 이제는 하나님은 아들을 통해 계시를 다 이루셨고 그래서 더 이상 새로운 계시가 없다고 말씀하신다. 아들이 말씀하시고 아들을 통해 이루신 일만 하나님의 계시이다. 유대인들은 계속 선지자를 통해 하나님이 자신들에게 말씀하신다고 믿고 기다리고 있다. 하지만 하나님은 이미 아들을 통해 다 말씀하셨고 완성하셨다. 하나님은 오직 자신의 아들을 믿고 구원을 얻는 신앙만을 참된 종교로 여기신다.

그래서 더 이상 예수 그리스도 이후 유대교에 선지자를 보내시지 않았다. 새로운 계시가 없게 하신 것이다. 그런데 사탄은 새로운 하나님의 계시가 계속 있다고 속이고 있다. 여기에 수많은 목사들과 사람들이 속고 있는 것이다. 사탄도 능력을 행한다. 광명의 천사처럼, 자신이 하나님인 것처럼 늘 그렇게 속여 왔고 지금도 속이고 있다. 그리스도인들이 하나님의 계시의 완성, 그리고 계시의 종결로 예수 그리스도를 바라보지 못하면 성경은 하나님께서 과거에 말씀하신 것으로만 여기게 될 것이다. 그러나 하나님의 말씀은 오늘 우리들에게 여전히 살아 역사하여 문자로 기록된 성경을 통해 계속 말씀하신다. 참된 기독교와 성도는 오직 성경이 하나님의 말씀이라는 것을 믿고 그 말씀에 순종하는 것이다. 성경에 모든 하나님의 계시가 다 기록되어 있다. 벵겔은 자신은 평범한 것(성경)을 통해 하나님의 뜻을 알기 때문에 특별한 방법으로 하나님의 뜻을 찾지 않는다고 하였다. 이 가르침이 바로 참된 기독교의 신앙이라는 것을 알기 바란다.

누가 성령을 파괴하는 자들인가?

"성경과 분명한 이성에 의해 자신이 설득되지 않는" 한 루터는 자신의 주장을 철회할 수 없다고 하였다. 루터의 이 유명한 말은 자신의 신앙이 무엇으로 인해 결정되었는지를 보여준다. 배도한 로마 가톨릭의 거짓 신앙 앞에서 자신의 생명을 조금도 귀한 것으로 여기지 않고 오직 성경의 말씀과 분명한 이성에 의해 자신의 양심은 이미 하나님의 말씀에 붙잡혀 있기 때문에 로마

교회로부터 이단이라고 정죄당한 것을 전혀 부끄러워하지 않았다. 로마교회는 루터를 이단으로 정죄하였지만 하나님은 성경으로 로마교회를 이단으로 정죄하신 것을 우리는 믿는다.

로마교회와 개신교의 차이 가운데 하나는 특별계시에 대한 무오성의 기준이었다. 로마교회와 개신교는 성경이 무오하다는 것을 인정하였다. 하지만 로마교회는 성경과 교회의 전통을 무오하다고 한 반면 개신교는 오직 성경만이 무오한 것으로 여겼다. 여기에서 로마교회는 성경에 없는, 인간이 만든 전통 신앙을 무오한 것으로 받았기 때문에 결국 성경과 상관없는 종교가 되고 만 것이다.

종교개혁 이후 위대한 신학자들과 선진들이 교리와 신조들을 세웠지만 이것들 앞에 "오직"이라는 단어를 붙이지 않은 것은 성경만이 유일한 하나님의 계시이고, 완성이기 때문이었다. 성경 앞에 "오직"이라는 말을 사용함으로 성경만을 성문화된 하나님의 말씀이자 음성으로 가르친 것이다. 이러한 성경의 무오성은 단순히 종교개혁 이후에 결정된 것이 아니다. 이미 사도 시대부터 교회가 받아들였고 확증한 것이다. 성경이 하나님의 음성이라는 것을 분명하게 말해 주고 있는 칼빈은 만약 기록된 성경이 하나님의 음성이 아니라면 성경이 권위를 가질 이유가 없다고 하였다.

우리는 왜 성경만이 유일한 하나님의 계시이며 음성이라고 하는가? 칼빈은 이것을 부인하고 자신들의 감정을 가지고 사사롭게 성경을 해석하여 만든 신앙을 광신자들의 신앙이라고 비판하였다. 오늘날 우리 주변에는 이러한 광신자들이 아주 많다. 특히 성령운동을 하는 자들은 단 한 번도 성경의 진리를 맛보지 못한 자들이 분명하다. 그들은 자신들이 성령으로 충만한 자들이라고 스스로 여기지만 마치 무당과 같은 자들이다. 무당이 하는 일들과 오늘날 성령운동을 하는 자들이 얼마나 닮아 있는지 비교하면 쉽게 알 수 있다. 예수님께서 사탄이 광명의 천사임을 말씀하셨다. 할 수만 있으면 표적을 통해서 믿는 자들을 미혹하게 한다고 하셨다. 요한계시록에서도 사탄이 표적을 사용하여 믿는 자들을 주 예수 그리스도를 믿는 믿음에서 떨어지게 한다고 하였다. 루터는 "성경과 분명한 이성"이라고 밝힌다. 하나님의 말씀인 성경이면 모든 것을 다 증명할 수 있지 않겠는가? 그러나 성경이 하나님의 말씀이라는 것을 온전하게 그리고 바르게 증거하기 위해서는 인간의 분명한 이성이 있어야 한다고 말해 주고 있다. 오늘날 현대교회 안에 일어나고 있는 괴이한 신앙현상들은 결국 성경이 무엇을 말씀하고 있는지 바른 이성을 가지고 배우고 이해하려고 하지 않기 때문이다. 하나님의 말씀인 성경은 인간의 이성을 사용하신다. 성경이 인간의 이성을 사용하신다고 할 때 이 의미는 성경에서 말씀하시는 모든 것이 진리라는 것을 믿게 한다는 의미이다. 하나님의 창조와 인간의 타락과 죽음, 모든 인간은 죄인이라는 진리, 죄인을 구원하시기 위한 하나님의 작정과 예정, 삼위일체 하나님의 구원 사역, 하나님의 아들의 대속의 죽음과 부활과 재림 등등, 이러한 모든 성경의 말씀을 인간의 이성을 통해 진리라고 선언하시는 것이다. 그런데 하나님의 말씀인 성경을 인간이 가진 이성으로 해석하려는 어리석음 때문에 기독교의 신앙이 왜곡되고 있는 것이다. 인간이 하나님의 말씀인 성경을 바르게 해석할 수 있다고 교만하게 된 것이다. 이러한 현상으로 인해 성경의 말씀을 인간의 필요에 의해 마음대로 해석하고 있는 것이다. 하지만 성경은 하나님의 말씀이다. 그러므로 성경을 해석하는 것은 인간이 아니다. 바로 하나님이신 성령께서 성경을 깨닫게 해 주신다. 이러한 성경의 바른 해석을 이미 사도들과 속사도, 그리고 교부들과 종교개혁자들에 의해 밝히 드러내 주셨다. 하지만 현대교회는 조상들을 통해 해석하여 주신 성경의 말씀을 거부하고 자신들의 이익을 위해 성경을 조작하며 오히려 성도들을 미혹하고 있다.

누가 성령을 파괴시키는 자들인가? 하나님의 음성을 듣는다고 하는 자들은 이미 기록된 성경이 하나님의 말씀이고 음성이라는 것을 부인하는 자들이다. 겉으로는 하나님의 음성을 듣는다고 하며 자신들이 가진 신앙이 뛰어나다고 주장하지만 결국 이들은 한결같이 성경의 권위를 인정하지 않는다. 하나님은 성경을 통해 말씀하신다는 불변의 진리를 파괴시키고 있는 것이다. 이제는 현대교회가 성령 운동을 교회의 전통으로 삼고 있다. 교회가 이것을 버리지 못하면 전통이 되는 것이다. 그러나 거짓이다. 성경만이 유일한 하나님의 계시라고 하였기 때문에 개신교가 로마교회로부터 이단으로 정죄받았다. 하지만 하나님은 더 이상 인간들을 통해 말씀하시지 않는다. 오직 자신의 아들을 통해서만 말씀하셨고, 그것을 기록하게 하셨다. 사도들과 교회는 그 가르침에 충실하게 순종하였다. 우리가 이단으로 정죄하는 모든 것의 기준이 바로 오직 성경이다. 성령 운동은 성경에 없는 거짓 가르침이고 다른 복음이다.

만왕의 왕 예수 그리스도의 통치 방식

기독교는 주 예수 그리스도가 하나님의 보좌 우편에서 우주 만물의 왕으로, 만주의 주로 다스리시고 통치하신다고 믿는다. 우리의 신앙고백 가운데 "하나님의 보좌 우편에 앉으셨다"는 고백은 대제사장으로서 중보자의 사역을 감당하신다는 의미도 있지만 그것은 성부 하나님께서 아들에게 통치의 권세를 위임하셨다는 것을 또한 함의하는 것이다. 그렇다면 하나님의 아들 예수께서 정말로 이 우주 만물과 세상을 통치하시는 만왕의 왕으로 어떻게 나타나시는지 성도들은 반드시 알아야 한다.

인간의 눈에 보이지 않는 하나님의 아들의 통치가 정말로 이 세상 가운데 나타나고 있는가, 아니면 그것은 단지 교회의 신앙고백으로만 외쳐지는 소리에 불과한 것인가? 사실 교회가 하나님의 아들 예수 그리스도께서 만왕의 왕이라고 가르쳤지만 만왕의 왕께서 어떻게 이 세상을 통치하시는지한 구체적인 방식에 대하여는 가르치지 못했다고 할 수 있다. 그렇다면 하나님의 아들 예수 그리스도께서 자신이 세상 만물의 통치자라는 것을 어떻게 나타내시고 있는가?

그것은 다름 아닌 영적 통치 방식이다. 예수님께서 물리적으로 세상의 왕으로 오셨다면 예수님은 십자가를 질 이유가 없다. 뿐만 아니라 예수님은 자신의 나라가 이 세상 가운데 속해 있지 않다고 하셨다. 또한 물리적인 왕으로 이 세상을 통치하신다면 교회는 그야말로 이 세상에서 가장 높은 곳을 차지하고 있어야 한다. 마치 로마교회의 교황처럼 말이다. 하지만 예수님께서 만왕의 왕으로 이 세상을 통치하시는 방식은 영적 통치다.

그것은 자신의 백성들을 통해서 나타내시는 통치다. 다시 말하면 예수님께서는 자신의 피로 구원받은 자녀들을 이 세상에서 하나님 나라의 백성으로 살아가게 하신다. 이때 성도들은 자신들의 옛 사람의 모습을 버리고 새 사람의 모습으로 삶을 산다. 이러한 성도의 삶을 통해 거짓되고 부패한 세상 속에서 성도는 거룩의 모습을 드러낸다. 이것이 바로 예수 그리스도의 왕적 통치 방식인 것이다. 예수님은 자신의 백성들을 통해 세상의 왕으로 나타나신다는 것을 믿어야 한다. 물론 예수님은 우리와 상관없이 창조 이전부터 하나님의 영원한 아들이시며, 영원한 왕이시다. 그러나 예수님께서 인성을 가지시고 지금도 하나님의 보좌 우편에서 자신의 자녀들과 세상을 다스리시는 만왕의 왕으로 통치하시기 위해 성령을 보내주셨다.

성령을 보내 주신 것은 오순절 성령 강림에서 나타나는 은사와 기적을 이루시기 위함에 목적이 있는 것이 아니라 이방 나라까지 아들의 복음이 증거되게 하시기 위함이고 또한 구원받은 백성들이 거룩한 모습으로 이 세상에서 구별되고 죄와 어둠이 있는 곳에서 그리스도의 빛을 비출 때 그곳에 아들의 왕적 통치가 발현되게 하기 위함이었다. 하지만 이러한 예수 그리스도의 왕적 통치를 단지 물리적으로 이해하면서부터 교회가 세상으로부터 오히려 지탄의 대상이 되고 만 것이다. 교회는 세상 나라를 위해 존재하지 않는다. 오직 삼위일체 한 분 하나님만을 섬기기 위해 존재한다. 그러므로 주님은 이 세상 나라를 위해 통치하시는 것이 아니라(물론 이 세상도 주님의 통치 아래에 있

다) 자신의 몸인 교회를 다스리시고 사랑하시고 보호하시는 것이다. 이러한 관점에서 교회의 지도자들은 하나님께서 물리적인 이 나라를 복 주시고 있다고 가르치면 안 된다. 왜냐하면 하나님의 아들은 자신의 몸인 교회를 위해 기도하시고 자녀들을 보호하시기 때문이다.

예수 그리스도께서 이 세상을 통치하신다는 개념을 마치 세상 나라의 권세로 통치한다는 것으로 받아들이면 안 된다. 대부분의 성도들이 이러한 세상 나라의 권세자로 예수 그리스도의 통치를 믿는 순간부터 교회와 성도는 세속주의에 빠지게 되는 것이다. 계속해서 말하지만 예수 그리스도의 통치는 자신의 자녀들을 통한 통치다. 이것이 바로 영적 통치이다. 이 영적 통치 방식은 아주 구체적으로 성도들에게 요구되는 거룩한 삶이다. 성도는 자신의 구주이시며 왕이신 예수 그리스도를 날마다 의지하며 주님께서 주신 법을 사랑하고 이웃에게 친절을 베풀어야 한다. 성도가 세상과 구별될 때 바로 그 속에서 자신이 믿고 있는 예수 그리스도가 만왕의 왕으로 계시되고 증거되는 것이다. 이러한 주님의 통치 방식을 온전히 깨닫게 될 때 성도는 어떻게 살아야 하는지를 알게 된다. 영적 통치라고 해서 단순히 기도하고 말씀을 읽고 묵상하는 것에서 멈추는 것이 아니라 예수 그리스도의 모든 가르침에 철저하게 순종하는 것이다.

세상의 가치관에 물든 교회

요즘 우리는 알든지 모르든지 '다수가 그렇게 살아간다면' 그것이 정의가 되어 버린 세대 속에서 살아가고 있다. 이러한 흐름은 세상에서 아주 **빠르게** 나타나는 사상이다. 많은 사람들이 그렇게 생각하고 그렇게 행동한다면 문제가 되지 않는다고 여긴다. 사회 법규에 대한 이해도 다르게 진행되고 있다. 그런데 이러한 사상이 교회 내에서도 나타나고 있다.

하나님께서 말씀하시고 가르치신 규율들이 다 사라지고 있는 실정이다. 특히 예배 가운데 이러한 모습들은 더욱 분명하게 나타나고 있다.

이렇게 교회가 세상의 가치관을 따라가는 이유가 어디에 있는가? 우리 사회는 젊음을 부추기고 강조하고 있다. 경제적인 능력과 이미지 때문에 모든 회사는 젊고 유능한 사람들을 더 우선하고 그들에게 더 많은 기회를 주려고 한다. 그렇게 되다 보니 사람들의 퇴직연수는 더 빨라졌고 사회 노령화는 급속히 이루어지고 있는 실정이다. 이제 일하지 않는 사람은 더 이상 환영을 받지 못하는 사람이 되고 말았다.

결국 경제 원리에 의해 인간의 존엄성이 멸시당하는 악한 사상이 우리들 사이에 파고든 것이다. 연장자들의 조언이나 경험은 더 이상 필요가 없는 것이 되었고, 도덕적이거나 윤리적인 전통도 진부한 사상으로 전락하게 되고 말았다.

이러한 현상은 이제 교회라는 믿음의 공동체 안에서도 나타나고 있는데 요즘은 커뮤니티 처치라고 이름을 붙인 교회들이 많이 등장한다. 그 이유 중에 하나가 바로 젊은이들에게 모든 사역을 맞추려고 하기 때문이다. 성경적이고 전통적인 장로정치를 하는 교회들은 환영을 받지 못하고 있다. 교회에 대한 새로운 인식과 새로운 사역을 위해 세상처럼 나이 든 사람들의 활동(사역)을 필요로 하지 않는 교회가 되어 가고 있는 실정이다(그렇다고 해서 젊은이들의 사역을 제한하자는 것은 아니다).

하지만 이런 청년제일주의를 목표로 하는 교회의 특징은 사도적 신앙고백과 종교개혁의 모든 교회 신조들을 무시하는 경향을 드러내면서 젊은 사람들의 육체적이고 감각적인 부분에 영향을 주어 일시적인 신앙고백은 있을지 모르지만 환난과 핍박 앞에서 자신의 생명을 초개같이 버리는 그런 믿음을 갖게 하는 신앙에까지는 성장하지 못하게 만들고 있다는 것을 알아야 한다. 하나님이 교회를 세우시고 그 안에 직분을 두신 이유가 어디 있는가?

세상의 원리대로 그렇게 한다면 교회는 더 이상 직분이 없는 무교회주의로 갈 수밖에 없다. 교회는 여전히 하나님의 말씀에 순종하는 것을 생명으로 삼고 있다. 그렇기 때문에 성도는 교회에서 증거되는 복음과 (율법) 교훈에 귀를 기울여야 한다.

많은 목회자들이 전통적인 교리교육과 신앙교육을 하지 않는다. 그 이유는 신학교에서부터 이러한 역사적 교회의 전통에 관심이 없기 때문이다. 많은 사람들이 신학교에서 배움을 통해 목회자가 되지만 신학교 교육과 목회 현실은 다르다는 이유로 가르치지 않는다. 목사는 하나님께서 목사 자신들의 목회를 위해 부르신 것이 아니라 교회의 주인이시고 머리 되신 그리스도의 교회를 위해 부르신 것이다. 목사 자신이 하나님을 위해 무엇인가를 해 보겠다고 하면서 뜨거운 열정을 가지고 목회 현장에서 사역을 하지만 결국 하나님의 방식, 하나님께서 원하시는 신앙의 체계를 위해 말씀하시고 분부하신 그 방식대로 목회를 하지 않고 있다.

성도를 온전하게 하시기 위해 하나님께서 교회에 목사와 교사를 두셨다고 하신다. 뿐만 아니라 믿음의 조상들에게 한결같이 말씀하신 신앙의 방식을 성도들에게 가르치라고 하셨다. 한마디로 복음으로 성도는 온전하게 된다. 성경에 기록되어 있는 단어 하나하나 중요하지 않은 것이 없다. 하나님께서 성경에 기록하게 하신 단어들은 인간의 영혼에 충만한 은혜를 주시기 위해 분별되게 사용하신 것이다. 하나님의 다스림과 통치 그리고 보호하심, 우리는 이것을 섭리라고 한다. 예정, 선택, 구원, 거룩, 온전하게 하심, 신실하심 등등 이러한 모든 용어들은 하나님께서 채택하신 것들이다. 또한 교회 안에 두신 직분들, 장로, 집사, 교사와 목사 이렇게 하나님께서 말씀하신 것들은 시대가 변하면 다르게 사용되는 것들이 아니다. 언제나 교회 내에서 계속 있어야 할 직분들이다. 주님께서 재림하시기 전까지 말이다. 그런데 이러한 신앙의 길을 버리고 인간의 생각대로 하나님께 열심을 가지고 목회를 해 보겠다고 하는 것은 결국 하나님을 위한 것이 아닌 자신을 위한 목회가 되는 것이다. 그러므로 목사로 부름 받은 자들은 자신의 생각과 인간의 방식을 내려놓고 오직 하나님께서 걸어가라고 하신 그 길로 가야 한다. 비록 더디고 느리게 보일지라도 결국 그렇게 가는 것이 가장 빠른 길이며, 하나님이 원하시는 길이다.

사순절 절기는 기독교 절기가 아니다

대한예수교장로회 합동측 교단은 제84회 총회에서 사순절이 비성경적이므로 사순절을 지키지 말 것을 결의하였다. 왜 합동 교단은 사순절을 비성경적이라고 하였는가?

먼저 사순절이란 로마교회가 정한 부활절 전날 밤까지 40일간 이어지는, 예수님의 수난 기간을 기념하는 행사절기이다. 로마교회는 성도들로 하여금 금식을 권장하고 음식을 제한하였다. 고난주간 특히 마지막 금요일에는 고기를 먹는 것을 완전히 금했지만 이것을 위해 사육제를 하고 고기를 많이 먹은 후에 점차로 고기 먹는 양을 줄여 갔다. 사실 고기를 먹는 것을 금하기 위해 고난주간 마지막 금요일을 이렇게 금식하는 것으로 정했지만 오히려 사육제는 고기를 많이 먹기 위해 만들어진 날로 변질된 것이다.

이러한 비성경적인 절기를 종교개혁자들이 성경을 통해 잘못된 절기임을 알고 완전히 폐지하였다. 특히 칼빈은 사순절이 미신적으로 시행되고 공로를 세우며 금식이 하나님께 예배가 된다고 주장하고 실행하였기 때문에 완전히 폐지하였다(『기독교강요』 IV. 12). 칼빈은 사순절 기간에 금식을 하는 것은 잘못된 신앙의 행위이며 오히려 하지 않는 것이 좋다고 하였다. 오늘날 현대교회는 금식을 의무적으로 하게 만든다. 고난주간에 금식하는 날을 만들어 모든 성도들에게 금식하라고 하지만, 금식을 의무로 엄격하게 지키게 하는 것은 성경에서 말하는 금식이 아니다. 마음의 변화 없이 금식하는 것은 하나님께서 원하지 않으신다. 육체적 금식을 열심히 강조하고 지키면 오히려 교만해지고 거짓되고 사사로운 생각으로 부패된 신앙을 드러내고 만다.

하지만 우리가 사순절을 지키면 안 되는 이유는 단지 종교개혁자들의 가르침 때문만이 아니다. 사순절을 지키는 것이 마치 하나님께 예배드리는 것으로 착각하게 만들기 때문이다. 예배는 오직 삼위일체 하나님 한 분만을 대상으로 삼는다. 삼위 가운데 어떤 한 위만을 기억하고 기념하는 것이 아니다. 또한 예수님의 모범된 삶을 따르는 것으로 만들기 위해 연례적으로 행하는 이러한 기념은 예수님께서 가르쳐 주신 교훈이 아니다. 예수님은 자신의 제자들에게 세례를 베풀고 성찬을 기념하라고만 하셨다. 다른 것을 기념하라고 하신 적이 없다. 로마교회가 예수님의 모습을 그림으로 그려 많은 사람들에게 눈으로 보고 믿으라고 하였다. 라틴어로 성경을 읽고 설교하는 예배가 일반 사람들에게 전혀 도움이 되지 않자 그림을 그려 그것을 보고 믿음을 일으키라고 한 것이다. 하지만 믿음은 들음에서 나온다. 그러므로 종교개혁을 통해 기독교는 성화(예수님과 관련된 그림)를 미신으로 규정하고 예배당에 이러한 그림들이 있는 것을 허락하지 않았다. 하지만 로마교회는 그림을 통해 눈으로 보고 믿음을 가지는 것이 믿음이 없는 것보다 더 낫다고 가르쳤다. 하지만 성경과 다른 거짓 믿음만 만들어 낸 것이다.

이처럼 혹 사순절을 교회의 전통으로 알고 그래도 지키는 것이 지키지 않는 것보다 좋다고 하는 사람들이 있을 것이지만 이러한 것을 긍정적으로 여긴다면 결국 성도들의 신앙은 성경과 거리가 먼 왜곡된 신앙으로 가득 차고 말 것이다.

　예수님께서 금식을 하시고 고난의 길을 가신 것은 자신의 백성들을 구원하시기 위함이다. 이것을 우리가 모범으로 삼을 수 없다. 오직 예수님만이 하시는 구원 사역이시다. 이러한 예수님의 모습을 교회가 지켜야 하는 절기로 삼는다면 이것을 지키지 못하는 성도들은 양심의 무거운 짐을 지고 오히려 고통 가운데 지내고 만다. 이렇게 성경에 없는, 사도들의 가르침에도 없는 교회의 절기를 만들어 지키게 한다면 오늘날 교회가 단지 사순절을 지키는 것으로 끝나지 않는다. 요즘 대강절, 현현절, 고난절 등등 이러한 날들은 로마교회가 만든 미신 절기인데 기독교회가 하나 둘 지켜 나가고 있는 것을 볼 수 있다. 마치 이것을 지키면 교회가 되고 교인이 되는 것처럼 말이다. 하지만 성경은 눈에 보이지·않는 예수 그리스도를 믿는 자들을 복이 있는 자들이라고 말씀하신다.

　인간은 부패하고 타락하였기 때문에 자신들의 눈으로 무엇인가 보고 느껴야 뛰어난 신앙을 소유하였다고 믿는다. 그러나 이러한 인간의 감정을 하나님의 말씀 위에 두면 결국 미신으로 변질되고 만다. 종교개혁자들이 오직 성경이라고 하는 이유가 어디에 있겠는가? 하나님의 모든 은혜는 말씀과 성례를 통해서만 주어진다는 것을 왜 믿지 않는가? 여전히 교회의 전통을 중요한 신앙으로 여긴다면 그것이 바로 로마교회의 정신이다. 수많은 믿음의 조상들이 잘못되고 거짓된 로마교회의 전통이라고 한 것을 다시 부활시켜 지키는 것은 어리석은 일이다.

성범죄에 대한 교회 지도자들의 인식

　최근 우리 사회는 여성에게 가하는 성범죄와 관련된 일련의 사건들을 계속 접하고 있다. 서구 사회에서 시작된, 성범죄를 드러내는 이러한 운동은 이제 모든 사람들의 초미의 관심이 되어 버렸다. 우리나라에서도 서지현 검사가 자신의 성추행 사건을 언론에 알림으로 운동이 시작되었다고 할 수 있다. 이렇게 성범죄 폭로가 언론을 통해 시작된 것은 바로 가해자 안태근 씨가 온누리교회(서울 소재, 통합)에서 회개 간증을 했는데 이 모습을 본 피해자 서지현 검사가 회개는 하나님이 아닌 가해자에게 하는 것이라고 하면서 언론에 공개함으로 사회 모든 분야에서 성적으로 학대를 받고 범죄를 당한 여성들이 계속 용기를 내어 가해자들의 범죄를 드러낸 것이다. 필자는 오늘날 이렇게 계속 성범죄가 일어나고 있는 모습을 보면서 목회자들의 성범죄 문제를 다루지 않을 수 없다.

　최근 우리는 이런 미투 운동을 통해 가해자들의 모습을 보고 있다. 그중에 종교인들과 관련되는 부분으로 천주교 사제들의 성폭행에 대처하는 그들 지도부의 강력한 의지를 보면서 종교개혁의 후손들이라고 하는 개신교는 과연 이러한 상황에 어떻게 대처하고 있는가 질문하지 않을 수 없다. 기독교 내에서 목회자들의 성범죄는 어제 오늘의 이야기가 아니다. 이미 교회 내에서 성범죄가 말할 수 없을 정도로 이루어졌다는 것은 대부분의 목회자들이 다 알고 있다. 한국 교회에서 대형교회를 이룬 목사들의 여자 문제는 거의 다 알려진 사실이다. 필자가 속해 있는 노회에도 목사가 여전도사와 부적절한 성관계 이후 자신의 아내와 이혼하고 여전도사와 재혼한 사람이 목사로 활동하고 있다고 한다. 이미 과거에 여러 명의 여성도들에게 성추행과 성폭행을 가한 전병욱 목사는 그의 성범죄가 드러났음에도 불구하고 그가 속해 있는 노회에서는 아무런 징계도 없이 그를 목사로 인정하고 있다.

교회와 노회가 이렇게 성범죄를 행한 목사들에 대하여 아무런 조치를 취하지 않는 것은 성범죄에 대한 목사들의 인식이 너무나 부족하기 때문일 것이다. 아니면 그동안 함께 목사라고 하면서 밥도 먹고, 사우나도 다니고, 놀러 다니면서 생긴 의리를 어떻게 단번에 끊을 수가 있는가 하면서, 앞에서는 죄라고 하지만 뒤에서는 조금 자숙하고 지내면 다 지나가는 것이므로 정치하는 목사들이 뒤를 봐주는 것이 있기 때문이라고 여긴다. 여기에 성범죄를 가한 목사들은 다윗도 간음한 사람이라고 하면서 자신들의 범죄를 변명한다. 참으로 어처구니없는 일이다. 물론 다윗은 우리아의 아내 밧세바를 간음한 죄를 지었다. 그러나 성경이 이런 믿음의 조상들의 죄를 숨기지 않고 언급한 것은 그런 죄가 얼마나 비참한 결과를 가져오게 하는지를 말씀해 주시면서 하나님의 백성들은 그런 죄를 짓지 말 것을 반면교사로 경고하시는 것이다. 그럼에도 불구하고 오히려 범죄자들이 성경의 사건을 가지고 자신의 죄를 정당한 것으로 변명하는 것은 하나님을 모욕하는 것이 분명하다.

위에서 천주교 사제들의 성범죄를 이야기한 것은 그들보다 우리 목사들과 지도자들이 더 분명하고 확고한 의지를 보여 주어야 한다는 것이다. 바른 교리와 진리를 가르치지 않는 거짓 교회인 천주교도 성범죄자들에게 단호하게 징계를 내리고 있는데 복음과 진리를 선포하는 오늘날 기독교의 지도자들은 이보다 더 분명한 자세를 가져야 된다. 인간은 죄를 짓지 않을 수 없다. 그러나 성범죄는 자신의 인격뿐만 아니라 타인과 가족 모두에게 아주 큰, 지울 수 없는 상처를 줄 뿐만 아니라 그 구성원 전체에게 막대한 피해를 주는 아주 더러운 죄라는 것을 명심해야 한다. "배가 바다를 지나간 길과 도마뱀이 바위를 지나간 흔적과 마찬가지로 여자와 남자가 잠자리를 한 자리는 흔적이 없다"고 하는 말씀은 오늘날 현대인들이 성을 어떻게 대하고 있는지 아주 단적으로 지적해 주는 말씀이다. 성범죄는 서로가 말하지 않으면 아무런 일도 없었던 것처럼 지나갈 수 있다. 그렇기 때문에 계속 이런 범죄가 일어나는 것이다. 성적 타락은 다른 죄와 다른 특징을 가지고 있다. 그것은 한 번 저지른 것으로 끝나지 않는다. 마치 마약과 같이 계속 범죄를 저지르고 싶은 욕망이 그 속에 자리 잡고 있다. 그래서 한 번 성범죄를 저지른 자는 계속 성범죄를 저지르게 되어 있는 것이다.

한국 교회가 바른 길로 가기 위해서는 일반 사회 구성원들이 가진 성범죄 의식보다 더 엄중한 차원에서 교회와 노회, 그리고 교단에서 이것을 다루어야 할 것이다. 하나님은 우리의 죄를 용서하신다. 그러나 우리가 지은 그 죄를 다시 범하지 않게 하시기 위해 죄를 지은 자들의 기억 속에 계속 그것을 남겨 두신다는 것도 깨닫기 바란다. 그러므로 성범죄를 가한 자는 자신도 벌을 받고 있다는 것을 깨닫고 다시는 그런 죄를 범하지 않기 위해 부단한 노력을 해야 한다.

십일조 헌금은 폐지되었나?

한국 교회 안에서 개혁신앙을 추구하는 교회들이 흔히 주장하는 것 가운데 하나가 십일조는 구약의 규례이므로 폐지되었다는 것이다. 구약 시대에 있었던 절기들과 의식들 그리고 규례들은 예수 그리스도가 오심으로 인해 그 의무를 다하였다는 것은 사실이다. 또한 화란의 개혁교회와 명맥을 같이하는 개혁교회들은 십일조가 폐지되었다는 것을 인정하고 있다. 과거 고려신학대학원에서 신학을 가르쳤던 박윤선 박사도 십일조가 폐지되었다고 주장하므로 교단 차원에서 신학적 입장을 밝혔고, 그 일로 인해 고신도 박윤선 박사의 신학적 입장이 옳다고 인정하였다. 또한 개혁신학자인 핸드릭슨도 십일조가 폐지되었다는 것을 예수님의 말씀을 통해 주장하였다. 그러나 모든 개혁교회들이 **십일조가 폐지되었다고 주장한다고 해서 십일조가 필요 없는 것이라고** 한다면 그것은 성경을 부분적으로만 이해하는 지식밖에 되지 않는다.

일부 개혁교회는 십일조라는 말은 사용하지 않지만 교회 운영을 위해 연초가 되면 성도들이 일 년 동안 받는 연봉의 십분의 일을 작성하여 교회에 제출하게 한다. 그리고 일 년 동안 자신이 작성한 헌금을 내도록 하고 있다. 십일조라는 말은 사용하지 않지만 결국 십분의 일을 교회 운영을 위해 의무로 정해 놓은 것이다. 장로교회에서 십일조를 성도의 의무라고 교단 차원에서 결의한 것은 단순하게 성경에서 십일조라는 말이 사용되었기에 의무로 정해 놓은 것이 아니다. 물론 말라기서에 십일조에 대한 말씀이 나온다. 그러나 이 십일조를 어떤 의미로 하나님께서 원하시는지를 알고 — 기복을 위한 십일조가 아니라 이스라엘 민족의 신앙을 위한 것 — 그렇기 때문에 십일조는 구약 교회를 위해 반드시 필요한 것이었고, 그것은 이제 신약교회를 위해 또한 필요한 것임을 알아야 한다.

모든 구약의 역사는 예수 그리스도를 예표하고 그리스도와 연관되었기 때문에 구약은 그 생명인 그리스도와 연관되어 해석해야 한다. 그렇기 때문에 세상 구원의 유일한 길인 예수 그리스도의 표상으로 나타났다. 왜냐하면 구약에서 하나님의 모든 섭리는 세상 구원의 오직 한 길인 예수 그리스도의 예비였기 때문이다. 예수님은 하나님의 지혜가 산출해 낸 세상 구원과 하나님 나라 건설의 유일한 길이다. 구약 역사에서 하나님의 모든 사역은 예수 그리스도를 목표하고 전개되었다. 그러므로 구약 역사가 그리스도의 사전 모형으로 나타난 것은 당연하다. 그리스도의 준비요, 예표인 구약은 그 성취인 그리스도로부터 읽히고 이해되고 해석되어야 한다. 또 성취인 신약도 약속이요 예언인 구약으로부터 이해되고 해석되어야 한다.

그러므로 십일조 헌금도 이것과 연관해서 이해되어야 한다. 구약의 제도들, 특히 의식 규례들은 그리스도의 구속 사건에서 다 성취되고 종결되었다. 구약에서처럼 구원의 길로서 지켜지고 시행되지 않는다. 구약의 바치는 제도들은 다 그리스도의 완전한 희생과 바쳐 드림에서 성취되었다. 그러므로 구약의 바치는 제도들이 십자가에서 성취가 없었던 것처럼 구약교회에서 신약교회에로 그냥 이어지는 것이 아니다. 성취된 것은 성취의 관점에서 고찰되고 해석된다.

그러므로 신약교회 혹은 현재 교회에서 시행되고 있는 헌금제도는 구약 율법제도의 연속이 아니다. 그것은 성취 후의 일이다. 즉 율법적 제도로서 연속되고 시행되고 있는 것이 아니다. 칼빈은 율법의 성취와 종결을 말하면서 율법의 정신 혹은 실체가 우리와 함께 남음을 말한다. 바로 이 관점에서 신약교회에 시행되고 있는 헌금제도를 이해하고 설명할 수 있다.

총신신대원에서 조직신학을 가르쳤던 서철원 박사는 구약교회의 헌금제도는 신약교회의 존립과 연관해서 이해함이 그 율법 정신에 적합하다고 하였다.

서철원 박사는 구약교회는 여호와 신앙의 유지를 위하여 제사장들의 유지가 필수적이었기 때문에 (구약교회는 하나님과 백성들 사이에 서서 중보사역을 담당한 제사장들의 유지 없이 존속할 수 없었다. 제사장의 중보 없이 백성이 하나님께 이르는 길이 불가능하였다. 제사장들은 그리스도의 예표로서 구약교회를 가능케 하였다. 이 제사장들의 유지 없이 구약교회는 존속될 수 없었다.) 이스라엘 민족의 신앙을 위해 십일조와 다른 기타 헌금은 필수적인 것이라고 주장하였다.

그렇다면 이러한 신앙의 원리를 통해서 본다면 여전히 십일조 헌금의 원리와 정신은 성립되고 적용되어야 한다. 예수 그리스도의 복음 전파와 가르침을 위해 부름받은 사역자들의 유지 없이는 교회가 온전하게 설 수 없다. 이 복음을 위해서 말씀의 봉사자로 세움받은 자들을 유지하기 위해서는 십일조 헌금이 필수적이다. 오늘날 성도들이 십일조 헌금만 잘하면 다른 기타 명목 헌금이나 작정헌금을 하지 않아도 된다. 또한 이 십일조 헌금은 교회와 복음을 위해 반드시 필요한 것이지만 성도 각 개인의 소유는 창조주 하나님이라는 신앙이 성립되는 것이다. 일부 개혁교회에서 십일조가 폐지되었고 이제는 더 많이, 십의 일 이상으로 성도는 하나님께 헌신해야 한다고 하지만 사실 십분의 일도 제대로 하는 사람들이 없다는 것을 인정한다면 십분의 일은 모든 성도의 삶이 자신의 것이 아닌 하나님의 것이라고 인정하는 가장 기본적인 신앙의 자세이면서도 참된 신앙적 고백이라고 할 수 있는 것이다. 따라서 성도가 수입의 십분의 일을 드리는 것은 모든 수입과 소유가 다 하나님의 것임과 그분의 소유권을 인정해 드리는 것이다. 그러므로 신약교회도 수입의 십분의 일을 드림으로 하나님의 소유권을 반복적으로 인정해 드려야 할 것이다.

그러나 이러한 십일조 헌금은 구약에서처럼 율법적으로 강제적으로 드리는 것이 아니다. 바울이 가르친 대로 자발적으로 해야 하며, 또한 성도의 형편에 맞게 해야 한다. 구원받은 성도는 구원의 참된 기쁨으로 모든 헌신을 자발적으로 하게 된다. 이에서 십일조라는 헌금도 기쁨으로 하며, 더 많은 것을 하나님께 드리게 되는 것이다.

그리스도인의 자기 부인이란?

예수 그리스도께서는 제자들에게 자기를 부인하고 자기 십자가를 지지 않고서는 예수님 당신을 따를 수 없다고 말씀하셨다. 이 말씀은 공관복음을 통해 한결같이 가르쳐지고 있다. 말씀대로 읽고 느끼는 대로 언뜻 생각한다면 자기를 부인한다는 것은 마치 자신을 인정하지 않고 자신의 주장과 생각을 버려야 한다는 것으로 볼 수 있다. 그러나 예수님께서 제자들에게 자기를 부인해야 한다고 하신 이 말씀의 의미는 제자들이 자기 생각을 버리고 자신들의 주장이 틀렸다고 인정해야 한다는 뜻으로 말씀하신 것이 아니다. 사람은 언제나 자기 자신을 드러내기를 원한다. 자신의 존재감을 타인들이 알아 주기를 바란다. 사실 사람은 자신을 부인할 수 없는 존재이다. 자기애(自己愛)가 강한 인간에게 예수님의 이 말씀은 쉽게 순종할 수 없는 말씀이다. 하지만 예수님께서 자신을 부인하라고 하시는 의미는 단순히 인간 스스로의 자기애를 멀리하라고 하시는 도덕적 수준으로 말씀하신 것이 아니다.

그렇다면 예수님께서는 자신을 사랑할 수밖에 없는 이런 사람들에게 어떻게 하면 자신을 부인할 수 있는지 가르쳐 주셔야 한다. 이미 예수님은 당신의 제자들에게 어떻게 하면 사람이 자신을 부인할 수 있는지 그 방법을 가르쳐 주셨다. 다름 아닌 하나님의 계명에 적극적으로 순종할 때 자신을 부인하는 것이라는 진리를 가르쳐 주셨다. 가장 먼저 이것을 친히 예수님 스스로가 보여 주셨다. 하나님 아버지의 뜻에 순종하심으로 인해 하나님의 아들께서 자신을 부인하신 것이다. 예수 그리스도께서 아버지의 뜻에 적극적으로 순종하심으로 자신을 부인하고, 십자가를 지셨다. 아버지의 뜻에 순종하는 것이 바로 아들께서 자신을 부인하신 것이다. 이렇듯 제자들에게도, 또한 성도들에게도 예수님께서는 사람이 자신을 부인할 수 있는 방법은 바로 하나님의 계명에 순종하는 것임을 밝히셨다. 만약 성도가 예수를 자신의 구주로 믿고 하나님의 계명을 사랑하고 순종한다면 그는 자신을 부인하며 사는 자가 되는 것이다. 하지만 믿노라고 하면서 여전히 하나님의 말씀에 순종하지 않는다면 자신을 부인하는 것이 아니라 자기를 사랑하는 옛사람으로 사는 것이다.

성도가 자신을 부인하라고 하신 주님의 말씀에 순종하려면 결국 하나님의 계명에 순종하면 된다. 이것을 위해 예수님께서 십계명을 재해석하여 주셨고, 그것이 바로 산상수훈이다. 그러므로 기독교에서 말하는 자기 부인이란 단지 도덕적이거나, 종교적 수양을 위한 가르침 정도가 아니다. 자기를 부인하라 는 것은 그리스도인의 삶의 총화이다. 모든 그리스도인들은 자기를 부인하며 살아야 한다. 왜냐하면 성도에게는 하나님의 법이 주어졌기 때문이다. 우리 는 어리석게도 성화를 말하면 행위구원론자로 비난한다. 하지만 하나님께서 택하여 구원받은 자는 하나님의 법을 사랑하게 된다. 하나님께서 자신의 자 녀들을 구원하실 뿐만 아니라 거룩하게 성화되는 은혜를 주신다. 택자는 하 나님의 법을 지키고 순종한다고 해서 그것을 인간의 행위로 자랑하지 않는 다. 성도가 하나님의 법을 사랑하고 순종하는 것은 구원의 은혜와 확신에서 나타나는 열매이다. 성도가 자신을 부인하는 것은 쉽다. 성도에게 주신 하나 님의 법에 순종하면 된다. 가장 먼저 하나님을 사랑하고 하나님의 아들 예수 그리스도를 믿으라고 하실 때 십계명에서 말씀하신 하나님을 예배하고 섬기 면 된다. 이 계명에 순종하면 성도는 자신을 부인하고 하나님을 섬기게 되는 것이다. 또한 이웃과의 관계에서 성도는 자신을 부인할 수 있다. 이웃을 향한 하나님의 계명대로 순종하는 것이 바로 이웃을 대하여 섬기는 것이다. 남을 나보다 더 낮게 여길 수 있는 길은 바로 하나님께서 자신의 백성들에게 주신 계명에 순종할 때 가능한 것이다. 성도가 자신을 부인함은 어떤 높은 신앙적 경지에 이를 때 이루어지는 것이 아니다. 이제 갓 믿음을 가지고 주 예수 그리스도를 믿는 순간부터 하나님의 계명에 순종하면 성도는 자신을 부인하면서 주님을 따를 수 있다.

이러한 모습이 오늘날 성도들에게 나타나지 않기 때문에 그리스도인의 능력이 사라지는 것이다. 오히려 오랫동안 신앙생활을 하여도 자신을 부인하지 않는 것을 우리는 종종 본다. 자신을 부인하는 것은 신앙의 연수와 직분에 있지 않다. 그것은 오직 하나님의 법을 사랑하고 순종할 때 가능한 것이다. 그러므로 자신을 부인하라고 하시는 예수님의 요구는 하나님의 법에 순종할 때 가능하다는 가르침이다. 가난한 이웃에게 먹을 것을 주고 자신의 것을 아낌없이 나눠주며 교회를 위해 기꺼이 헌신하고 충성할 때 성도는 자신을 부인하는 일을 시작하는 것이다. 따라서 성도는 자신의 모든 삶 속에서 자기를 부인하면서 매일매일 살아간다. 이것이 그리스도인의 삶이다.

노회의 존재 목적

각 교단마다 교회들의 연합회라고 할 수 있는 노회가 있다. 노회가 만들어진 가장 중요한 목적은 교회의 복음이 변질되지 않기 위해 목사를 바르게 세우는 것이다. 역사적으로 대한예수교장로회에서 독노회가 만들어진 과정을 살펴보면 노회는 목사를 세워 복음을 충성스럽게 전하기 위해 설립되었다. 이 것이 가장 중요한 목적이 되어야 한다. 이것을 위해 노회는 교리와 예배모범, 그리고 정치를 가르치는 것을 같이 공유하고 그 안에서 같이 활동한다. 그러 므로 노회는 하나의 구성체를 갖는다. 이렇게 노회가 모이는 이유는 다름 아 닌 삼위일체 하나님의 다스림을 드러내는 것이다. 계속 말하지만 노회는 하 나님의 합당한 복음의 말씀을 선포하는 목사들을 세우는 일에 가장 우선순 위를 두어야 한다.

그러나 오늘날 현대교회는 노회에 대해 이러한 바른 인식을 갖지 못하고 있다. 노회가 모여 논의하고 중요하게 여기는 관심사가 다름 아닌 총회 총대 를 누가 가느냐가 되었다. 노회 회원들이 모여 무엇을 해야 하는지에 대한 인 식이 부족하다. 그렇기 때문에 노회는 일찍 끝나고 가는 것이 아니다. 장로교 회 목사라면, 또는 웨스트민스터 신앙고백서를 자신들의 표준문서로 받는 교 단이라고 하면 장로교회의 정치 원리 및 예배모범을 따라 교회를 섬겨야 한 다. 그리하여 항상 주 예수 그리스도의 다스림이 나타나야 한다. 이런 의미에 서 성경에 총괄하는 교리와 질서를 위해 목사는 시간을 내어 노회에 참석해 야 한다. 이것을 모르면 노회라는 모임을 그저 자신들의 사사로운 사익을 위 해 나가는 정도로 생각하고 또는 목사 개인적인 일로 참석하지 않는다. 대형 교회 목사는 자신들 교회의 행정과 사무가 더 바쁘다는 이유로 부목사들의 참석도 허락하지 않는 경우도 있다. 이것은 노회가 단지 행정적인 기관이라 는 어리석은 판단을 보여 주는 방증이다. 노회는 치리회이다. 치리회라는 것 은 바르게 다룬다는 것이다. 누가 목사들과 장로들의 모임을 바르게 다스리는가? 두말 할 것도 없이 우리 주 예수 그리스도시다. 주님께서 교회를 다스리기 위해 주신 법도를 따라 모든 노회 회원들이 그 다스림에 순종하는 것이다. 이것을 가르치고 배워야 한다. 노회의 구성원은 목사와 장로다. 하지만 장로는 어리석게도 자신들을 평신도라는 말로 스스로 비하시켜 노회 참석을 하지 않는 경향을 보인다. 그러나 노회는 목사와 장로가 동등한 회원으로 섬긴다. 과거 종교개혁 당시에는 목사회가 존재하였지만 종교개혁 이후 장로교회에서는 목사와 장로가 동등한 회원이다. 노회의 회무를 진행하는 데 있어 같은 위치에서 함께 의사를 나누고 사무를 수행하는 것이다. 교회의 항존직인 목사와 장로직을 갖는 사람들의 참석은 반드시 필요한 것이다. 서로 다른 3개의 당회 이상이 모이지 아니하면 노회는 개회할 수 없다는 것을 안다면 마땅히 장로들의 참석은 반드시 수행되어야 한다.

또한 자신의 목적을 위해 타협하고 마땅히 교회법 안에서 처리해야 할 사무들을 비정상적으로 다루어서는 안 된다. 위에서 언급하였듯이 노회가 모이는 가장 중요한 목적을 잊어버리고 몇몇 노회총대들이 원하는 것을 이루기 위한 일반 세상 정치적 모임으로 여겨서는 안 된다. 목사와 장로는 노회 때 참된 신앙고백을 따라 선서한 그대로 교회를 섬기고 살피기 위해 예민하게 진리를 드러내야 한다. 자신이 먼저 목사 안수를 받았다는 선배 의식을 버려야 하고, 교회가 외형적으로 크다는 힘의 원리를 버리고 진리를 따라 말을 해야 한다. 연령과 경험에 따라 먼저 말할 수 있지만 그렇다고 해서 노회 모임의 바른 목적을 훼손하고 말하는 것은 인정되지 않는다. 연륜이 많은 회원들이 교회법의 합당한 질서와 정신을 가지고 노회를 이끌고 가면 오히려 후배들과 노회의 경험이 미약한 회원들이 그것을 보고 바르게 노회를 계속 섬기게 된다.

그러므로 모든 노회원들은 신앙의 바른 원리에 의해 노회에서 발언하고 의사를 진행해야 한다. 만약 자신과 가까운 회원이 성경의 원리와 노회 정치 원리에 위반된 것이 있다면 단순히 아는 사이이기 때문에 넘어가는 것이 좋다고 해서는 안 된다. 그것을 용납하게 되면 결국 노회는 자신들의 사익을 위한 단체로 전락하게 되는 것이다. 개인적으로, 또는 시찰회를 통해 권면하고 그것이 개선되지 않으면 노회에서 치리하는 것이 바람직한 정치라는 것을 알아야 한다. 노회 정치를 세상 정치처럼 생각해서는 안 된다. 세상은 너나 할 것 없이 자신의 이익을 위해서 거짓말도 할 수 있다. 그리고 진리와 비진리를 따지지 않는다. 하지만 노회는 오직 진리 안에서 모든 것을 수행하고 판단해야 한다. 그러므로 노회의 정치에서는 거짓말을 해서는 안 되고 오직 진실을 말하고 자신의 이익을 추구해서는 안 된다. 목회와 정치는 하나이다. 그러므로 진실해야 한다. 모든 노회 회원들은 진리를 위해, 그리고 복음이 각 지교회를 통해 증거되기를 위해, 하나님의 다스림이 자신들의 모임을 통해 나타나기를 위해 진리의 사자후로 가득해야 한다.

현대교회의 문제와 해결

오늘날 다음세대를 위한 목회를 준비하는 자들이 많이 일어나고 있다. 이러한 현상은 세속주의에 물들어 가는 조류 속에서 교회가 바른 복음을 증거하고 성도를 온전하게 하기 위해 노력하는 귀한 모습이다. 하지만 현대교회는 아주 큰 늪에 빠져 있다. 아무리 다음세대를 위한 목회를 준비한다고 하지만 사실 그것은 목사 자신이 목회를 하는 동안만 사람들에게 이목을 이끌기 위한 자구책에 불구하다. 왜냐하면 이미 우리 조상들이 바른 교회와 신앙을 위해 어떻게 성도들을 가르치고 이끌어야 하는지를 아주 분명하게 준비해 주었기 때문이다. 현대교회가 더 암울하게 느껴지는 것은 바로 목회자들이 자신이 목회하는 동안만 교회에 열정을 쏟고 있는 것이다. 이 말은 부정적으로 하는 말이다. 사실 목사들이 지교회에서 목회를 하고 은퇴를 한다. 은퇴가 가까워지면서 일부 목사들은 자신들의 노후를 걱정하고 급기야는 교회에 큰 부담을 주기도 한다. 교회가 목사의 은퇴를 위해 준비하지 못하면 후임 목사에게 그 짐을 지우는 모습도 본다. 지금 현대교회는 다음세대를 위한 목회를 말하고 있지만 사실 자신이 목회를 하는 동안에만 다음세대를 위한 목회를 염려할 뿐이다. 사실 다음세대를 위한 목회를 염려한다면 가장 중요하고, 아주 중요한 목회는 바로 후임 목사를 통해 교회를 더 바르게 세우고 성도들로 하여금 복음의 빛에 충성된 자들로 세우는 것이 아니고 무엇이겠는가?

목사가 자신이 은퇴를 하면 모든 것이 끝난다는 이러한 목회 구조 속에서 다음세대를 위한 목회를 염려하는 것은 그야말로 요원한 것이다. 이것을 성도들은 모르고 있다. 교회가 건강하고 바르게 세워지면서 성도들이 복음의 진리 안에서 구원의 확신을 누리고 살아가는 삶을 살기 위해서는 후임 목사의 자질이 얼마나 중요한지를 알아야 한다. 그럼에도 불구하고 목사는 자신이 은퇴를 하면 얼마의 은퇴비를 받는지에 대해서만 관심을 가진다. 자신이 그동안 피와 땀을 흘리면서 목회를 하여 성도들에게 복음을 전하여 가르쳤던 그 중요한 진리를 위해 후임자에 대한 관심을 가지지 않는다면 목사는 그동안 무엇을 위해 목회를 했는지 뒤돌아보아야 할 것이다. 현대교회가 이처럼 헤어 나올 수 없는 늪에 빠져 있다는 것은 바로 올바른 목사를 세우는 일을 등한시하기 때문이다. 이것이 목사의 문제만이 아니다.

교회의 장로들은 미래를 향한 이러한 교회 사역에 전혀 관심이 없다. 담임목사가 은퇴를 하고 나면 자신들이 원하는 자를 모셔 목회를 한다고 자부심을 갖는다. 교회가 무엇인지, 목양이 무엇인지도 모르는 장로들이 육신의 안목으로만 사람을 모집하여 자신들의 담임목사로 세운다. 그런데 여기에서 담임목사가 자신들의 뜻대로 목회를 하지 않으면 그때부터는 불편한 관계가 되고 급기야는 목사를 사임시키고 만다. 이렇게 반복되는 관계 속에서 현대교회가 믿음의 선조들이 만들어 놓은 바른 신앙을 가지고 나갈 수 없다. 오히려 교회는 더 세속화되고 결국 유럽과 같은 일들이 일어날 것이 자명하다. 이제 우리는 현대교회가 점점 세상과 같이 되어 가는 것을 보고 있다. 성도들이 다음세대를 위한 신앙에 관심을 가지지 않는다면, 후임 목사들의 신학과 자질과 성품과 인격에 관심을 가지지 않는다면 우리는 아주 큰 위험에 빠질 것이 분명하다. 노회와 총회가 교회를 위한 정책을 해야 하는데 노회와 총회는 교회를 위해 목사를 세우는 일에 관심이 없다. 그저 정치적으로 더 악순환을 만들고, 교회를 위하는 것이 아닌 자신들의 정치세력화를 위해 목사를 세운다. 목사의 비위가 있음에도 불구하고, 알고 있으면서도 노회회원으로 받아들인다. 교회와 성도에 대한 관심이 없다. 그저 정치를 위해 목사를 부르고 세우는 것이다. 교회를 위한 염려와 복음을 위한 관심이 없다. 결국 교회는 자정 능력이 없고, 노회와 총회도 기독교 신앙과 상관이 없는 모임으로만 전락하고 만다. 그러면 어떻게 해야 하는가?

당연히 목사는 다음세대를 위해 자신의 목회뿐만 아니라 후임목사를 바로 선택하여 성도들에게 추천해야 한다. 그저 자신을 잘 섬기고, 자신의 말을 잘 듣는 자를 추천하는 것이 아니라 복음을 바르게 알고 전하고 가르치는 자를 교회에 추천해야 한다. 오히려 목사 자신보다 더 뛰어난 신학과 목회관을 가진 자를 추천해야 함이 마땅하다. 이러한 일이 시작된다면 교회는 비난을 받지 않을 것이다. 결국 성도들은 진리 위에서 세상을 향해 복음을 담대히 외칠 것이다.

누구의 문제인가

현대교회의 문제는 결국 목회자의 문제임에 분명하다. 목회자의 문제라고 할 때 목사 개인의 문제일 수도 있지만 그것은 목회자라는 신분의 정체성 문제로 보아야 한다. 목사가 누구인지에 대한 확실한 인식이 가장 우선시되어야 한다. 목사는 성도 자신이 원한다고 해서 될 수 있는 그런 직분이 아니다. 목사는 주님께서 자신의 일을 하시기 위해 부르신 종이다. 그러므로 목사는 자신의 일을 하기 위해 존재하는 것이 아니다. 목사는 오직 하나님의 나라와 주의 복음을 위해 일한다. 이러한 목사를 세우기 위해 노회라는 단체가 존재하는 것이다. 노회의 존재 목적의 가장 첫 번째가 목사를 세워 복음을 증거하고 교회를 섬기는 것이다. 그렇기 때문에 노회는 목사를 세우는 일을 최우선으로 삼아야 한다. 그렇다면 노회라고 할 때 노회는 무엇인가? 당연히 목사들과 장로들로 구성된 단체이다. 다시 말해 목사들과 장로들이 목사를 세우기 위해 최우선으로 일해야 한다. 장로교회 정치가 가장 성경적이라고 말하는 이유가 성경에서 목사와 장로를 세워 교회를 다스리게 하고 있기 때문이다. 그러므로 노회는(목사와 장로 구성원들은) 교회를 위해 목사를 세우는 일에 전념한다. 그러나 오늘날 현대교회는 목사를 세우는 일에 아주 인간적인 모습을 가지고 일한다.

오늘날 현대교회는 신학교를 나오면 목사가 되는 것으로 여긴다. 또한 목사가 되기 위해 신학교를 가는 자들을 보면 교회에서 다른 성도들보다 더 헌신적으로 일을 하는 자, 기도했는데 하나님께서 자신을 부르셨다고 하는 자, 사업을 하다가 계속 실패하는 자, 육신의 질병이 생겨 치료받기를 원하는 자, 기도원에 가서 사명자라고 기도받은 자, 남편의 문제, 자식의 문제 때문에 결국 하나님께서 목사로 자신을 부르셨다는 사연을 가진 자들이 대부분이다. 여기에서 이미 한국 교회는 복음의 본질이 왜곡되고 있다. 왜냐하면 성경은 교회와 복음을 위해 어떤 자가 목사로 세워져야 하는지 말씀하는데 이러한 성경적 기준에 합당한 자들을 목사로 세우는 것이 아니라 단지 은혜받았다고 주장하면 거의 모든 사람들이 목사로 세워지는 실정에 있다. 결국 목사는 하나님의 창조경륜과 구속경륜에 대한 충분한 이해가 있어야 하고, 목사로 부르심을 받은 자는 반드시 외적 소명에 대한 인정이 있어야 한다. 그런데 현대교회는 외적 소명을 그렇게 중요하게 여기지 않는다. 단지 목사가 되겠다고 하는 사람의 내적 소명에 모든 것을 집중한다. 이러한 현상 때문에 복음이 무엇인지도 모르는 자가 기도해서 부름받았다고 하면 너 나 할 것 없이 신학교를 간다. 이렇게 목사가 되겠다고 원하는 사람이 쉽게 목사로 세워지는 것은 구약 시대 하나님께서 선지자들을 부르실 때 직접 부르셨다는 것에서 벗어나지 못한 결과이다. 그러나 신약 시대에 교회를 위해 목사를 세우는 것은 구약 시대와 같이 하나님이 목사를 직접 부르시는 것이 아니다. 그리고 신약 시대 이후 선지자는 더 이상 항존직이 아니다. 이미 사도들을 통해 교회를 세우신 주님께서 자신의 제자들에게 어떤 자들을 목사로 세워야 하는지를 가르쳐 주셨다. 결국 사도는 목사들을 세워서 주님의 양떼를 맡기고 있음을 알 수 있다.

예수님께서 목사들을 직접 부르시고 세우신 것이 아니라 사도들에게 어떤 자를 목사로 세워 교회를 섬기게 하는지 가르쳐 주고 있다. 이러한 성경적 직분의 선택이 오늘날에는 전무하다. 결국 교회를 위해 어떤 자가 목사로 세워져야 하는지를 노회가 판단하고 추천해야 하는데 목사 되기를 원하는 사람 자신의 의지를 더 중요하게 여기게 된 것이다. 하지만 아무리 자신이 목사가 되기를 원한다고 해도 초대교회는 목사로 세우지 않았다. 사도들과 교회의 지도자들이 분별하여 선택해서 안수하여 목사로 세웠다. 사도들이 목사를 세우는데 단지 사람 좋은 것을 가지고 판단하지 않았고, 봉사를 열심히 한다고 해서 그런 자를 목사로 세우지 않았다. 사도 바울이 디모데를 목사로 세운 것을 인정한다면 디모데는 복음의 내용을 아주 분명하게 배워서 알 뿐 아니라 사도 바울의 가르침대로 교회를 다스리고 섬긴 것이다. 단지 배웠다고 목사가 되는 것이 아니라 배운 것을 그대로 실천할 때 참된 목사가 된다. 이것이 목사의 정체성이다.

오늘날 노회는 주님의 교회를 위해 어떤 사람을 목사로 세워야 하는지를 아주 중요하게 그 기준을 세워야 한다. 결국 성경적 기준만이 목사를 세운다. 정치와 인간관계로 목사를 세우고 받는 일을 그만두고 성경에서 가르치는 대로 목사를 세워야 한다. 우리는 사도 시대까지 가지 않아도 장로교회 정치 원리가 만들어지고 목사를 세우기 위해 노력하였던 17세기 장로교회 역사만 바르게 깨닫는다면 어떤 자가 목사로 합당한 자인지를 분별하여 세울 수 있다. 목사가 복음을 바르게 배우고 이해하여 복음을 바르게 전하면 성도를 온전하게 할 수 있다.

복음을 부끄러워하는 현대교회

개혁주의 신학자 존 그레샴 메이천은 오늘날 현대교회가 신비주의와 은사주의로 기울어진 것은 신앙에 대하여 반지성적인 영향이라고 보고 있다. 현대 기독교의 신앙을 반지성적이라고 비판하는 것은 정당하다. 왜냐하면 기독교는 정확히 지적인 것을 무시하지 않기 때문이다.

기독교가 지성적이라는 것을 비판하는 자들은 예를 들면, 예수님 당시나 초대교회 당시 삼위일체라고 하는 교리가 없었다고 주장한다. 예수님은 교리를 가르치지 않았다고 한다. 물론 그런 용어들은 없다. 하지만 이렇게 주장하는 자들이 얼마나 무식하고 기독교에 대하여 단 한 번도 바르게 배우려고 하지 않았는지 알 수 있다. 우리는 이렇게 질문해 오는 자들에게 어떻게 대답을 해야 하는가?

예수님은 오늘날 우리가 가지고 있는 성경 교리들에 대한 분석과 정리를 할 이유가 없었다. 왜냐하면 예수님은 친히 자신께서 하나님의 아들이시며, 그리스도라고 하는 것, 또한 자신을 본 자는 하나님 아버지를 보았다고 말씀하시고 있기 때문이다. 예수님의 제자들에게 예수님은 우리가 배우고 있는 신학적 교리들을 만들어 가르치지 않았다. 모든 제자들은 예수님의 구속 사역을 친히 본 목격자들이고 증인들이다. 인간적으로도 자식이 아버지에 대하여 특별하게 배울 이유가 없다. 자식은 부모에 대하여 전부를 안다. 부모에 대하여 정리할 이유가 없다. 이와 마찬가지로 사도들은 예수님이 어떤 분이신지를 알고 있었다. 하지만 사도들이 초대교회 성도들에게 성경을 통해 하나씩 증거하는 것을 보면 예수님께서 사도들에게 가르치셨던 방식과 다르다고 하는 것을 알아야 한다. 예수님은 주님 자신께서 하나님의 아들이시기 때문에 자신에 대하여 교리적으로 가르칠 이유가 없다. 그러나 사도들이 복음을 전하면서 교회가 세워지고 예수님에 대하여 전혀 보지도 못한 자들에게 예수님에 대한 가르침을 하기 위해서는 독특한 형태의 가르침이 필요했던 것이다. 사도 바울이 증거하고 있는 서신서들을 보면 그것을 알 수 있다. 특히 로마서에서 바울이 성도들에게 무엇을 증거하고 있는가?

1세기 그리스도인들에게 사도들이 예수님에 대하여 이미 교리적으로 가르치기 시작한 것을 볼 수 있다. 여기에 우리는 1세기 그리스도인들과 또 다른 시간적이 차이가 있다는 것을 인정해야 한다. 1세기 그리스도인들은 자신들의 눈으로 예수님을 보지 못했지만 예수님의 제자들인 사도들을 통해 친히 예수님에 관한 모든 것을 들을 수 있었다. 하지만 2천 년이 지난 지금 우리들은 단지 성경을 통해 하나님에 대한 모든 것을 믿어야 한다. 그렇기 때문에 우리는 한 번도 보지 못한 예수님에 대해서 더 많은 배움이 필요한 것이 분명하다. 이것을 위해 성경을 연구하고 교회를 통해 가르쳐진 교리를 배워야 하는 것이다. 이러한 것을 종합해 볼 때 믿음은 당연히 우리의 지성을 통해 바르게 세워진다.

그러나 오늘날 현대교회는 반지성적이다. 인간의 이성을 중시하였던 칸트 철학은 결국 성경에서 말씀하시는 모든 것을 반지성적인 것으로 삼고 말았다. 인간이성의 강조는 하나님의 말씀인 성경을 부인한다. 이러한 영향으로 기독교의 신앙은 단지 신비스러운 것이며, 인간이 체험하고 경험하는 것만이 신앙이라고 여기게 만들었다. 결국 자유주의 신학은 성경이 하나님의 말씀이 아니라 인간이 경험될 때만 하나님의 말씀이 된다고 가르친다. 이러한 사탄의 계략으로 결국 교회에서 인간의 경험, 즉 신앙의 체험만을 강조하게 되었고 하나님의 말씀에 대한 배움보다는 신비주의와 은사주의 신앙이 강조되고 있는 실정이다. 하지만 신비주의와 은사주의는 참된 기독교가 아니다. 기독교의 옷을 입은 거짓 신앙이다. 종교개혁자 칼빈은 그의 책에서 성도의 체험을 강조한다. 신앙의 체험은 마땅히 성도에게 나타나야 한다고 가르친다. 그러나 칼빈이 말하는 신앙의 경험과 오늘날 신비주의와 은사주의에서 말하는 신앙의 경험은 다르다. 칼빈은 철저하게 하나님을 믿는 자들에게는 말씀에 순종하는 신앙의 모습이 나타난다고 한다. 이 때 성도가 하나님의 말씀에 순종하는 것이 바로 신앙의 경험이다. 그러므로 모든 그리스도인들은 자신들의 삶 속에서 날마다 하나님의 말씀을 경험하고 체험하는 것이다. 이렇게 하나님에 대한 참된 지식이 성도에게 주어지면 성도는 세상 속에서 복음을 부끄러워하지 않고 담대하고 복음을 증거하고 살아간다. 하지만 하나님에 대하여 무지한 자들은 자신들의 경험만을 강조하기 때문에 세상 속에서 복음에 대하여 자랑하지 못할 뿐 아니라 복음이 무엇인지도 모르기 때문에 자신 또한 복음 안에서 살지 못하는 것이다. 성도가 복음을 부끄러워한다면 그것은 구원받은 자의 참된 모습이 아니다. 예수님은 복음을 부끄러워하는 자들은 예수님 자신을 부끄러워하는 자들이라고 말씀하셨다. 그러므로 교회는 계속 복음을 전하고 성도들에게 복음에 대한 바른 가르침을 계속해야 한다. 해 아래 새로운 것이 없다. 하나님은 구약 백성들에게 그들이 어떻게 구원을 받았는지 후손들에게 계속 가르치라고 하셨다. 이와 마찬가지로 교회는 계속 하나님에 대한 모든 것을 아주 정확하게 그리고 세밀하게 가르쳐야 한다. 복음의 능력은 하나님의 말씀에 대한 참된 지식에서 나타나는 것이다.

대세를 따르는 교회

사도바울은 자신이 "약한 자들에게 내가 약한 자와 같이 된 것은 약한 자들을 얻고자 함이요 내가 여러 사람에게 여러 모습이 된 것은 아무쪼록 몇 사람이라도 구원하고자 함이니 내가 복음을 위하여 모든 것을 행함은 복음에 참여하고자 함이라"(고전 9:22-23). 바울의 이러한 메시지는 오늘날 복음을 상황화시키는 실용주의 복음을 위한 것이 아니다. 바울은 복음의 내용을 단 한 번도 바꾼 적이 없다. 바울은 하나님을 기쁘시게 하는 자로 끝까지 복음을 위해 살았다. 그는 이 복음을 위해 자신이 사용할 수 있는 권한을 주장하지 않았다. 결국 바울의 이 증거는 복음으로 구원하는 것을 위해 자신의 권리를 포기한 것이다. 하지만 바울의 이러한 증거는 스펄전의 말처럼 오용되고 있는 것이다.

"일부 예배 처소에서 이루어지는 참으로 경박한 태도와 완전히 정신 나간 오락은 믿기 어려울 정도가 되곤 했다. 무대 연극과 거의 비슷한 온갖 오락이 예배 처소에서 이루어져 왔고 또 지금은 상당한 호응을 받고 있다. 이런 것이 거룩함을 증진시키거나 하나님과의 교제에 도움이 되겠는가? 사람들이 그런 일에서 벗어나 죄인의 구원과 신자의 성화를 위해 하나님께 간절히 구할 수 있는가? 우리는 거룩하지 않은 주제를 다루기가 몹시 싫다. 그런 주제는 믿음의 행보와 하늘의 교제의 길과는 아주 먼 것 같다. 때로 불평의 대상이 되는 어리석은 것들은 심지어 인간의 존엄성 이하의 것들이고 사려 깊은 사람보다 백치에게 더 어울린다."(찰스 스펄전).

오늘날 현대교회는 많은 사람들에게 복음을 효율적으로 증거하기를 바라고 있다. 복음을 효율적이고 생산적으로 증거하기 위해 사람들의 눈과 귀를 즐겁게 해야 한다고 가르친다. 인간의 오감을 이용하여 사람들을 즐겁게 하면 교회는 사람들로 붐비게 된다는 실용주의가 대세를 이루고 있다. 최근에는 예배 시간에 공중에서 천사의 모습을 하고 공중그네를 타면서 나타나는 퍼포먼스를 하고 주변에 안개를 깔아 주면서 목사가 등장한다. 이렇게 신비한 모습으로 하나님의 말씀이 전해지면 그것을 바라보는 성도들은 최고의 분위기를 통해 정말 하나님께서 임재하시는 예배를 경험하게 된다고 한다. 이것을 시도하면 교회가 부흥이 되고 성도들은 자연스럽게 목사가 마치 하늘의 중보자가 되는 것처럼 존경을 받는다고 한다. 과연 이러한 현상은 어디에서

부터 시작된 것인가? 이미 찰스 스펄전이 살았던 1800년대 후반에 예배의 타락은 오락 중심으로 나타나고 있었다. 예배의 타락은 인간이 예배의 중심 가운데 서 있게 만들었다.

하나님의 구원 사역의 핵심과 예수 그리스도의 중보자 사역은 어디에서도 찾아 볼 수 없다. 단지 성령의 사역을 위해 성령을 구하고 괴이한 음성으로 기도하면서 인간의 감정을 극대화시킨다. 이러한 예배에서 성도를 복음으로 이끌고 이웃을 사랑하라고 가르치는 하나님의 말씀은 전해지지 않는다. 하나님은 인간을 위해 존재하시는 분으로 전락시키고 있다. 이제 현대교회는 하나님이 없어도 존재할 수 있는 시스템을 가지고 있다. 이 시스템을 유지시키는 것이 바로 돈이다. 교회가 하나님의 일을 한다고 말하면서 돈으로 사업을 한다. 예배당을 크고 화려하게 짓고, 주차장을 위해 일한다. 교육 사업을 위해 복지센터를 거액의 돈을 들여 짓는 계획을 세운다. 여기에 또 주차장이 필요하므로 땅을 사야 한다고 사업 계획을 성도들에게 말한다. 이것은 하나님을 위한 헌신이라고 하면서 말이다. 그러나 이것은 세상과 같은 사업이다. 하나님의 일이 아니다. 하나님의 일이란 교회가 성도 한 사람, 한 사람을 대상으로 복음을 가지고 가르치면서 온전히 세우는 것이다. 이것을 위해 교회 일꾼들이 필요하고 때로는 건물도 필요한 것이다. 그러나 주객이 전도되었다. 오직 돈을 위해 사람들을 모으고 있다. 돈이 필요하므로 참된 복음을 전하면 안된다. 참된 복음을 전하면 사람들은 교회에 나오지 않는다. 예수 그리스도의 피의 복음을 듣는 것은 사람을 부담스럽게 하기 때문이다. 참된 복음은 자신의 죄를 기억나게 하고 마음을 괴롭게 한다. 그러므로 강단에서 복음만 전하면 사람들이 떠나므로 복음을 전하지 않는다. 돈 때문에 복음을 이용하는 것이다. 그러므로 성도가 복음이 무엇인지 제대로 말할 수 없다. 결국 사람들을 모으기 위해 화려한 퍼포먼스가 필요하고 사람들의 눈과 귀를 만족시킬 만한 예배가 만들어지는 것이다.

과연 이러한 현대교회의 모습을 우리는 성경에서 말씀하시는 교회라고 할수 있겠는가? 물론 성경에서는 고린도 교회와 또는 요한계시록에 등장하는 책망받는 몇 교회의 모습을 볼 수 있다. 그렇다고 해서 이러한 교회들이 주님의 교회가 아닌 것이 아니다. 여전히 지상의 교회는 완전하지 않다. 그러나 완전하지 않은 지상의 교회이기 때문에 더더욱 복음으로 온전하게 되라고 사도들이 증거하고 있는 것이다. 지상의 교회가 완전하지 않기 때문에 우리가 세속적인 방식으로 교회를 세워도 된다고 하는 것은 하나님의 말씀을 완전히 오용하는 것이고 거짓으로 이끄는 것이다. 결국 주님께서 불법을 행하는 자들을 향해 "내가 너희를 도무지 알지 못한다"고 하시는 이 말씀을 두려워해야 한다. 목사는 자신의 일을 하는 자가 아니다. 오직 자신의 주인이신 예수 그리스도의 부름을 받고 예수님께서 위탁한 일을 하는 자이다. 이 사명을 죽음의 자리까지 가지고 가야 한다는 것을 명심해야 한다.

나에게 맞는 교회가 있는가?

오늘날 사람들은 자신들에게 맞는 교회를 찾고 있다. 교회를 다니다가 마음에 맞지 않으면 교회를 쉽게 떠나 다른 교회로 옮긴다. 이 때 한결같이 말한다. "그동안 교회를 다녔는데 우리 가정과 맞지 않는 교회라고 여겨 교회를 옮기기로 했습니다"고 한다. 사실 자신과 맞지 않는 교회라서 교회를 옮기는 것이 아니다. 그 속에는 목사와의 갈등, 아니면 성도들 간의 문제, 또는 당사자 자신이 부도덕한 모습을 보여 더 이상 교회를 나가지 못하는 상황이 발생할 때 대부분의 사람들은 다른 교회를 찾는다. 최근의 떠나는 현상 하나는 더 좋은 시설과 환경이 마련된 교회를 찾아 떠나는 자들이 생겨나고 있다. 그러나 이렇게 교회를 떠나 다른 교회로 가는 자들은 아주 비본질적인 것을 가지고 자신들이 더 나은 신앙생활을 위해 좋은 교회를 찾는다고 주장한다. 이런 주장 속에는 예수 그리스도의 몸 된 교회를 바르게 이해하지 못한 어리석고 무식하고 타락한 인간중심적인 사고가 그 중심에 자리 잡고 있는 것이다.

사실 교회는 하나의 통일성을 갖는다. 지상의 교회는 지역의 한계를 갖고 있다. 또한 민족과 혈통 그리고 언어와 문화의 차이를 갖는다. 하지만 모든 교회는 신앙고백에 있어 일치하고 참된 믿음을 고백하므로 하나라는 통일성을 갖는다. 교회는 주 예수 그리스도를 창조주와 구속주라고 고백하는 믿음을 가지고 있기에 한 교회일 수밖에 없다. 모든 성도가 주 예수 그리스도와 연합하여 교회를 이루었기 때문에 교회는 하나이다. 지상의 교회가 지역의 한계를 가지고 있지만 그러나 하나의 교회이다. 과거나 현재 그리고 미래에 세워지는 지상의 교회들은 어느 곳에든지, 어느 시대에서든지 하나의 예수 그리스도의 교회인 것이다. 로마 가톨릭의 가르침대로 교황 아래에 있기 때문에 한 교회가 아니라 교회의 머리이시고 통치자이신 주 예수 그리스도를 믿음으로 고백하기 때문에 하나의 교회인 것이다. 또한 교회는 보편적이다. 주 예수 그리스도가 교회의 설립자이시고 머리이시기 때문에 모든 지상의 교회는 보편성을 가진다. 그리고 지상의 교회는 사도성을 갖는다. 이 말은 사도들이 처음부터 예수 그리스도가 하나님의 아들이시며 구원자라고 선포하였고, 예수 그리스도의 피의 속죄제사로 죄 사함을 받은 복음을 선포하여 이것을 믿는 자들이 교회를 이루었다는 것을 말한다. 그러므로 교회는 사도적이다. 교회의 터는 선지자와 사도들의 증거로 세워졌다. 그렇기 때문에 교회는 오직 주 예수 그리스도의 사역과 삼위일체 한 분 하나님의 사역을 바르게 선포하고 가르쳐야 한다.

오늘날 일반 성도들이 이런 교회에 대한 바른 이해가 전혀 없다. 그러므로 자신들이 왜 교회를 섬기고 교회를 통해 무엇을 받아야하는지를 모른다. 하나의 교회, 보편의 교회, 그리고 사도적인 교회라는 교회를 바르게 이해하면 오직 주 예수 그리스도에 대한 구원 선포만이 교회를 세우고 유지한다는 것을 알 수 있다. 성도가 자신에게 맞는 교회를 찾는다고 할 때 이러한 바른 교회관이 없으므로 그것은 허상에 불과할 뿐이다. 결국 오늘날 일반적으로 교회를 떠나 다른 교회로 옮기는 자들의 주장은 거짓에 불과하고 자신에게 맞는 교회란 오직 예수 그리스도의 복음만이 선포되는 교회만 있을 뿐이다. 이러한 진리를 알고 있었던 종교개혁자 칼빈은 지상에서 복음이 선포되지 않는 교회에 속해 있다면 복음선포를 하는 교회를 찾아 떠나라고 했고, 찾을 수 없다면 나그네로 살라고 하였다. 그만큼 교회가 복음을 선포하지 않으면 눈에 보이는 교회는 교회가 아니다. 칼빈 당시 복음이 선포되지 않은 교회는 바로 로마교회였다. 아무리 웅장한 성당과 성당 안에 화려한 인테리어와 사람의 마음을 감동하게 하는 파이프오르간의 소리가 나온다고 해도 그곳은 교회가 아니었다. 오늘날 현대교인들이 이러한 외적인 것에 교회를 판단하는 잣대를 가지고 있다면 그것은 여전히 로마교회의 거짓신앙 전통에 머물고 있는 것이 아니고 무엇이겠는가?

결국 성도에게 맞는 교회는 오직 예수 그리스도의 복음이 선포되고 역사적 개혁교회의 신앙고백을 계속하는 교회만이 성도에게 맞는 교회임을 알아야 한다. 다른 어떤 이유로 교회를 떠나는 것은 합당하지 않다. 오직 강단에서 복음이 선포되어야 한다. 비록 오늘날 현대교인들의 어리석은 모습을 보고 있지만 먼저 강단에서 참된 구원의 복음과 은혜의 복음만이 선포될 때 공교회의 참된 모습이 세워질 수 있다는 것을 목사들은 알아야 한다. 지상의 모든 교회는 선지자들과 사도들이 증거하고 선포하였던 복음에 충실해야 한다. 만약 성도들이 이러한 교회를 찾는다면 강단에서 인간의 이야기는 사라질 것이다.

하나님의 절대 주권을 믿고 일반은총을 무시하지 말라

성경 말씀은 특별은총으로 하나님의 계시를 증거하고 있다. 하나님께서는 죄인을 부르시고 구원하실 때 성경의 말씀을 통해 깨닫게 하신다. 죄인이 믿음으로 주 예수 그리스도를 자신의 구주로 고백할 때 성령의 세례를 베푸신다. 믿음을 고백할 때 성령으로 세례를 받는 것이다. 오순절주의자들의 비성경적 가르침대로 예수 믿고 나서 후에 성령으로 세례를 받는 것은 성경에 없다. 성령은 아버지와 아들의 영광을 위해 역사하신다. 죄인이 구원을 받아 의롭게 되는 것을 통해 예수님은 기쁨을 누리신다. 이런 아들의 기쁨을 위해 성령은 하나님의 택자들을 구원으로 이끄신다. 그러므로 성경은 특별계시의 충만으로 가득한 하나님의 말씀이다.

이러한 특별계시의 말씀을 듣고 하나님의 백성으로 살아가는 성도들에게 한 가지 아주 연약한 부분이 나타난다. 그것은 바로 세상을 바라보는 성도의 눈이다. 성도는 자신을 특별한 은혜를 받은 자로 판단하기 때문에 자신을 기준으로 모든 것을 보고 판단하기 시작한다. 믿음이 없는 자는 악인이고, 세상은 심판을 받아야 마땅한 그런 곳으로 여긴다. 이렇게 이원론적인 신앙을 가지게 되면 성도 자신은 스스로 의롭고, 타인은 불의한 사람으로 여기며 살아간다. 왜 성도가 이러한 신앙을 가지게 되는가? 그것은 다름 아닌 성경의 특별계시를 통해 죄인이 구원을 받는다는 것만 받아들이기 때문이다. 하지만 성경은 특별계시에 대하여 말씀하시는 것으로만 여기면 안 된다. 하나님께서 이스라엘 백성들을 택하신 이유는 그들을 제사장 나라로 삼아 이방 나라까지 하나님의 실존에 대하여 증거하시기를 바라셨기 때문이다. 그러나 이스라엘 민족은 자신들을 부르시고 구원하신 하나님을 자신들 안에 가두어 버리고 만 것이다. 하지만 하나님은 온 우주 만물의 창조주이시며 세상 모든 나라 가운데 계신 분이시다. 이스라엘을 택하신 이유는 그 민족을 통해 세상 이방에까지 하나님의 아들로 구원받는 복음이 증거되게 하기 위함인데 이스라엘은 자신들만 하나님을 섬기는 백성들이라는 어리석은 신앙에 머물고 말았다.

이러한 선민 신앙은 결국 세상 가운데 하나님께서 이루고자 하시는 뜻을 온전하게 알 수 없을뿐더러 세상에서 자신들이 어떤 삶을 살아야 하는지를 모르고 하나님을 자신들 안에 가둔 것이다. 이런 신앙의 모습은 오늘날도 여전하다. 이제 하나님의 아들 예수 그리스도를 통해 세상 가운데 교회가 세워지고 하나님의 백성들이 모인다. 하나님은 여전히 교회를 통해 세상에 하나님의 뜻이 나타나기를 원하고 있다. 그러므로 성령은 하나님의 자녀들을 위해 특별한 구원의 역사를 이루고 계시다. 여기에 성령께서는 일반 세상 속에서도 하나님의 일을 하고 계시다는 것을 깨달아야 한다. 그러므로 성령은 성도 안에서만 역사하는 것이 아니라 불신자들 안에서도 역사한다. 물론 불신자에게 역사하시는 성령은 구원을 위한 사역이 아니다. 하나님의 창조 세계를 다스리시고 통치하시는 섭리를 이루시기 위해 역사하시는 것이다. 그러므로 불신자에게 나타나는 다양한 은혜들은 모두 성령의 역사이다. 예술을 통해 사회의 문화가 발전되고, 도로나 항만, 그리고 철도, 항공, 의료, 학문, 법, 정치, 경제 등 모든 사회 영역에 성령은 역사하신다. 다시 말해 성령은 교회 안에서만, 성도 안에서만 역사하시는 분이 아니다. 성령은 창조 전부터 계셨고, 창조 때도 역사하셨다. 그리고 창조 이후 모든 우주와 세계 가운데서도 역사하고 계시다. 구원 역사는 아니지만 불신자 안에서도 계속 역사하신다. 불신자가 탁월한 재능을 발휘하고 그것을 통해 세상을 발전시키고 사람들에게 유익을 주는 것은 모두 다 성령의 역사이다. 이러한 성령의 역사 이해는 특별은총을 넘어 일반은총에 이른다는 것을 알아야 한다. 그러므로 교회에서 하나님의 섭리를 배우는 자들은 바른 교리를 배워야 한다. 하지만 오늘날 현대교회는 성령은 신자 안에서만 역사하는 것으로 한정시키고 있다. 예를 들면 병이 생기면 기도만 하는 것으로 가르친다. 물론 성도는 가장 먼저 하나님께서 자신의 병을 치료해 주시기를 위해 기도해야 한다. 하지만 성령께서 병을 고치시기 위해 의사를 세우시고 의료기술을 통해 병을 고치신다는 것을 부인하면 안 된다.

최근에는 네덜란드 개혁교회를 한국 교회가 소개받으면서 개혁교회 목회를 하는 자들이 세상 학교에 자신의 자녀들을 보내지 않는 경향이 나타나고 있다. 세상은 악하여 믿음의 자녀들로 자라날 수 없다는 인식을 가지고 홈스쿨링이나 대안학교와 같은 곳에 보내지만 어리석은 일이다. 여전히 인간은 죄인이다. 세상의 학교가 불의한 것이 아니라 인간이 불의한 것이다. 결국 일반 은총의 영역에 대한 바른 이해가 부족한 결과이다. 하나님은 모든 우주만물의 주인이시다. 하나님의 절대주권은 교회 안에서만 한정되지 않는다. 일반 세상 모든 영역에 하나님의 주권이 나타나고 있다. 그러므로 성도는 세상에서 하나님의 자녀로 자신의 정체성을 분명하게 보여 주어야 한다. 참된 신앙은 세상에서도 하나님의 통치와 섭리를 인정하고 모든 영역에 하나님의 주권이 성령을 통해 계속 나타나고 있다는 것을 믿는 것이다.

"열매로 알리라"고 하신 주님의 가르침

예수님께서 거짓 선지자들을 삼가라고 말씀하신 것을 우리는 들을 수 있다. 특히 이 말씀은 산상수훈에서 말씀하시는 내용이다. 보통 대부분의 신학자들과 목회자들, 그리고 일반 성도들은 이 말씀을 행위의 결과물로 판단한다. 물론 그렇게 볼 수도 있다. 하지만 예수님께서 거짓 선지자들을 삼가라고 하시면서 그들의 열매로 그들을 알리라고 하신 것은 거짓 선지자들의 마지막 모습을 보고 판단하라는 것이 아니다. 우리는 위선자들과 거짓 교사들이 얼마나 인격적으로 사람을 대하는지 알고 있다. 위선자라는 것은 얼굴에 가면을 쓰고 있다는 말이다. 이렇게 성도를 속이는 자들이 바로 위선자, 거짓 선지자들이다. 오늘날로 말하면 거짓 목사를 말한다. 예수님께서 그들의 열매로 그들을 알 수 있다고 하셨다. 가시나무에서 포도를, 또는 엉겅퀴에서 무화과를 따지 못한다고 하셨다. 이렇게 말씀하시는 예수님의 의도는 아주 분명하다. 거짓 선지자들의 행위를 말하는 것이 아니다. 이미 말했듯이 거짓 선지자들의 행위는 아주 신앙적이다. 그들이 사용하는 언어나, 겉으로 나타나 보이는 모습들을 보라. 예수님 당시 거짓 선지자들의 모습은 더더욱 종교적인 냄새가 짙었다. 하지만 예수님은 그들에게서 시체가 썩는 냄새를 맡으신 것이다. 일반 사람들이 그들의 행위로 그들을 판단할 수 없다. 지금 예수님은 거짓 선지자들의 가르침을 열매로 말씀하시는 것이다.

예수님께서 이 말씀을 산상수훈에서 계속 하시는 이유는 예수님 자신께서 새로운 율법을 만드시기 위해 계명들을 가르치고 계신 것이 아니다. 예수님 당시 이스라엘 백성들에게 하나님의 계명을 가르치고 있었던 서기관들이나, 율법교사들, 그리고 종교지도자들은 한결같이 하나님의 계명을 인간의 유전과 전통으로 잘못 가르치고 있었기 때문에 예수님은 구약의 이스라엘 백성들이 들었던 십계명의 말씀을 바르게 해석하여 주신 것이다. 그러므로 예수님의 가르침은 하나님의 신적 권위를 가지고 계신다. 율법 수여자께서 율법의 내용을 바르게 가르치고 계신 것이다. 그런데 거짓 선지자들은 이미 그들이 가르치는 것이 나쁜 열매이기 때문에 도저히 좋은 열매를 거둘 수 없다고 지적하신다. 거짓 선지자들이 가르치는 것은 이미 열매를 맺은 것이다. 그것은 바로 나쁜 열매이다. 그렇기 때문에 예수님은 자신이 가르치는 것과 거짓 선지자들이 가르치는 것을 비교하신다. 이스라엘 백성들에게 거짓 선지자들이 가르치는 열매를 통해 그들을 알라고 하시는 이 말씀은 예수님께서 가르치신 것과 비교하여 판단하라는 것이다. 이제 이스라엘 백성들은 하나님의 율법을 바르게 가르치고 계신 예수님의 가르침에 순종해야 한다. 참된 진리는 좋은 열매를 맺게 마련이다. 그러므로 거짓 선지자들의 열매는 그들이 가르치고 있는 거짓 가르침이다.

오늘날 교회의 교사가 이런 바른 성경의 이해를 가져야 성도들을 바르게 이끌 수 있다. 이단들의 가르침은 처음부터 거짓 열매가 분명하다. 그들의 행위로 그들을 판단하면 안 된다. 어떻게 보면 이단들의 행위는 사람들을 속이기 위해 거짓으로 선한 일들을 보여 주고 있다. 최근에 하나님의 교회 안상홍 증인회가 자신들의 건물에 영국 여왕 봉사상 수상이라는 현수막을 걸어 놓은 것을 볼 수 있다. 이들만이 아니라 통일교, 신천지 등등, 이런 사회봉사를 한다고 선전하고 있다. 이런 것으로 그들의 신앙을 판단할 수 있다고 여기면 안 된다. 이미 그들은 거짓 선지자들이다. 그들의 가르침은 누구나 다 알 수 있는 나쁜 열매를 가지고 가르치고 있는 것이다. 그러면 이단들만 조심해야 하는가? 아니다. 이미 교회 안에 거짓 복음을 전하고 가르치는 거짓 목사들이 있다. 그들은 마치 하나님의 복음을 아는 것처럼 말한다. 그러나 사실 그들의 마음속에는 노략하는 이리의 모습을 가지고 있기 때문에 복음을 변질시켜 성도들을 속이고 있다. 자신들의 배만 위해 복음을 이용한다. 하나님의 복음은 죄인을 거룩하게 하는 능력이 있다. 그러나 복음을 바르게 이해하지 못하므로 가르치는 자가 먼저 성화의 모습으로 나가지 못하는 것이다.

거짓 선지자들은 자신들이 가르친 거짓 복음이 마치 하나님께서 인정하여 준 것으로 여긴다. "그날에 많은 사람이 나더러 이르되 주여 주여 우리가 주의 이름으로 선지자 노릇 하며 주의 이름으로 귀신을 쫓아내며 주의 이름으로 많은 권능을 행하지 아니하였나이까 하리니 그 때에 내가 그들에게 밝히 말하되 내가 너희를 도무지 알지 못하니 불법을 행하는 자들아 내게서 떠나가라 하리라"(마 7:22-23). 대부분 사람들이 생각하는 것처럼 인간의 행위, 즉 좋은 열매를 맺어 하나님의 나라에 들어가는 것이 아니다. 좋은 열매는 하나님의 복음이다. 즉 주 예수 그리스도를 믿음으로 하나님의 나라에 들어간다. 그러므로 불법이란 하나님의 뜻대로 행하지 않는 것이다. 거짓 선지자들은 가장 먼저 하나님의 뜻을 왜곡시켜 가르쳤다. 이처럼 거짓 선지자들의 모습을 알 수 있는 것은 그들이 가르치는 거짓 복음이다. 거짓 복음이 그들의 열매인 것이다. 성도는 복음을 전하지 않는 자들을 보고 판단할 수 있어야 한다. 그래야 노략질을 당하지 않는다. 하나님은 자신의 양떼를 위해 오늘날 목사를 교회에 세우셨다. 목사는 두 가지 목소리를 가져야 한다. 거짓 선지자들을 쫓아내기 위해 사자와 같은 포효하는 목소리와 주님의 양들을 사랑하는 목소리를 가져야 한다.

구원의 확신이 없으면 구원받지 않은 것인가?

구원의 확신에 대하여 우리는 이런 가르침을 받아야 한다. 그것은 하나님으로부터 택함받은 자들이 은혜를 받아서 믿음으로 예수 그리스도를 믿어 구원을 받았음에도 불구하고 자신의 죄가 용서 받았는지, 그리고 자신의 영혼이 구원받았다는 사실에 대하여 확신을 갖지 못할 수도 있다는 것이다.

예수를 믿어 경건하게 사는 사람임에도 불구하고 자신이 영원한 천국에서 구원의 기쁨을 누리면서 복된 삶을 살 것이라는 사실을 확신하지 못하는 경우도 있다. 다시 말해 자신이 하나님의 아들을 믿음으로 이미 하나님의 백성이 되었음에도 불구하고 하나님의 백성이라는 사실을 확신하지 못하는 경우도 있다. 자신의 영혼이 예수 그리스도를 믿음으로 평안과 위로와 복된 자리에 있음에도 그것을 깨닫지 못할 수도 있다. 이미 하나님의 법정에서는 자신이 구원받았음에도 불구하고 양심의 법정에서 괴로워하면서 고통을 당하는 자들이 여전히 있을 수도 있다. 하지만 구원은 우리의 확신과 상관없이 하나님의 아들의 순종으로 말미암아 하나님의 백성들에게 주어지는 것이다. 구원의 확신은 단지 그리스도인들에게 기쁨과 감사에 있어서 필요한 조건이 될 수 있다. 그러나 그리스도인이 되는 신분을 결정짓는 조건이 되는 것이 아니다. 다시 말해 구원의 확신은 성도의 구원을 결정하는 꼭 필요한 조건이 아니다. 구원 확신은 다만 성도가 지상에서 살아가면서 만나는 수많은 고난과 슬픔, 그리고 자신의 죄 때문에 당하는 고통 등에 대해 위로를 받고 평안을 누리는 은혜라고 할 수 있다.

믿음이 없는 사람은 구원을 받지 못하지만 구원의 확신이 없는 자라도 구원을 받는다. 성경에서 믿음이 없이는 하나님의 나라에 들어갈 수 없다고 하지만 구원의 확신이 없으면 구원받지 못한다고 하지 않는다. 그렇다면 구원의 확신에 이르지 못하는 성도들이 있는 이유는 무엇인가? 여기에는 많은 이유들이 있다. 그 이유들을 다 열거할 수 없으나 분명한 것은 자신의 의로 구원에 이르려고 하는 기질이 죄악 가운데 있기 때문이다. 인간은 그 어떤 행위로도 하나님께로부터 의롭다고 여김을 받을 수 없다(롬 3:20). 그럼에도 불구하고 인간은 자신의 행위로 의를 이루려고 한다. 그것은 죄가 가지고 있는 기질이다. 오늘날 이러한 죄의 기질 때문에 교회 안에서 계속 주장되고 있는 사상이 있다. 그것이 바로 알미니안주의 사상이다. 하나님의 은혜와 인간의 행위가 공존해야 구원에 이른다는 것이다. 이렇게 인간의 행위를 주장하게 되면 결국 구원의 확신은 누릴 수가 없다. 인간의 행위가 어느 정도 이루어져야 구원에 이른다는 말인가? 그러므로 이러한 악한 사상에서는 성도가 구원의 확신을 가질 수 없는 것이다.

최근에는 성도가 구원의 확신을 가진다는 것에 극단적인 불만을 품는 자들이 있다. 그들은 바로 언약을 중요시하는 일명 언약주의자들이다. 일명 페더럴비전주의자들이다. 한국 교회 안에도 이런 자들이 있다는 것을 우리는 심각하게 여겨야 한다. 이들의 주장은 구원은 믿음으로 되는 것이 아니라 하나님께서 언약 백성들 간에 맺으신 그 언약에 충실해야 구원을 받는다는 것이다. '어떻게 언약을 지키지도 않았는데 구원의 확신을 가질 수 있단 말인가?'라고 하면서 오히려 구원의 확신은 교만한 자들이 갖는 것이라고 가르친다. 이들은 성도가 구원의 확신을 가졌다고 하면 아주 불쾌하게 여긴다. 그러나 이들의 가르침은 마귀적인 것이다. 언약을 지켜야 구원에 이른다는 것은 성경에 없다. 오히려 언약을 지켜 구원에 이른다는 것은 하나님의 아들의 피의 구속의 효력을 부인하는 것이다. 이들은 자신들이 개혁주의 신학을 바르게 하는 교회라고 주장하면서 성도들을 속이고 있다. 이런 자들은 위선자들이며 분리주의 자들이며 이단이다.

구원의 확신을 가지지 못했다고 해서 구원에 이르지 못한 것이 아니라는 것을 알아야 한다. 하지만 구원의 확신은 하나님께서 자신의 자녀들에게 주시는 가장 큰 축복 가운데 하나라는 것을 소중하게 여기기를 바란다. 비록 구원의 확신이 없다고 할지라도 주 예수 그리스도를 믿는 믿음을 가지고 있다면 그 사람은 구원받은 사람이라는 것을 믿기를 바란다. 구원의 확신은 다른 사람이 평가하는 것도 아니고 타인의 신앙과 비교하여 갖는 것도 아니다. 구원의 확신은 오직 자신만이 알 수 있을 뿐이다. 그 어떤 사람도 그것을 알 수 없다. 주 예수 그리스도를 믿는 그 믿음의 처음 시작에 구원의 확신을 갖는 자도 있을 것이고 그렇지 않고 시간이 흘러 나중에 구원의 확신을 갖는 자도 있을 것이다. 하지만 성도는 자신이 주 예수 그리스도를 믿는 그 믿음 때문에 구원받는다. 그 믿음으로 구원받았기 때문에 구원의 확신을 가질 수 있다. 비록 구원의 확신이 없다고 해서 하나님이 백성이 아닌 것이 아니다. 다만 구원의 확신이 없을 뿐이다. 하지만 주 예수 그리스도를 믿음으로 구원을 받았다는 이 진리가 가장 위대한 하나님께서 주시는 왕관임을 믿어야 한다.

성탄의 의미를 왜곡시키는 행사들

최근에 현대교회 안에 성탄의 의미를 비성경적으로 왜곡시키는 교회 행사들이 계속 늘어나고 있는 것을 볼 수 있다. 이제는 세상도 성탄을 축하해 주고 다른 종교들도 예수 그리스도의 탄생을 축하는 메시지를 보내고 있다. 이런 분위기가 마치 하나님께서 아들을 세상에 보내신 목적에 부합하는 것처럼 가르친다. 하지만 하나님께서 성경을 통해 우리에게 보여주시는 성탄의 모습은 전혀 그렇지 않다. 예수께서 이 땅에 오실 때 그 당시 분위기를 성경과 세상 역사를 통해 볼 수 있다. 우선 성경의 말씀을 통해서 보면 예수님은 보잘것없는 처녀에게, 그리고 가난한 동네에서 태어나셨다. 하나님의 아들께서, 온 우주 만물을 창조하신 창조주께서, 그리고 마지막 때 모든 것을 심판하시는 심판주께서 오셨지만 아무런 일들이 일어나지 않았다. 단지 조용하게 천사들이 찬송하고 목동들이 축하해 주는 모습만이 나타난다. 오히려 헤롯 왕은 유대인의 왕이 태어났다는 예언의 소식을 듣고 두 살 이하의 모든 아이들을 다 죽이라고 명령을 내렸다. 로마제국의 황제는 변함없이 주변국들을 통치하고 더 넓은 땅을 차지하기 위해 자신의 참모들과 함께 군사회의를 하고 있었다. 그리스도가 오셨는데도 유대인들은 자신들의 종교적인 방식으로 제사를 드리기 위해 동물의 피를 흘리고 있었다.

사람들은 하나님의 아들께서 이 세상에 오셨다는 것에 전혀 관심도 없고, 설사 하나님의 아들이 오셨다고 인정한다고 해도 자신들의 삶과는 무관한 것으로 여기고 있었다. 세상적이고 종교적인 축하의 모습은 없었다. 그런데 오늘날은 세상도 교회와 함께 축하하고 좋은 일이라고 반겨 준다. 하지만 과연 교회와 세상이 축하하는 그 의미는 무엇인가? 하나님께서 이 세상을 사랑하시기 위해 독생자 아들을 보내셨다고 한다. 예수 그리스도가 이 세상에 온 것은 모든 사람들을 사랑하시기 위해 오신 것이라고 전하고 있다. 하지만 성경은 그렇게 말씀하지 않고 있다. 하나님께서 아들을 세상을 사랑하셔서 아들을 보내셨다는 것은 모든 세상의 사람을 구원하고 사랑하시기 위해 보내신 것이 아니라 죄로 인해 타락한 세상과 그 속에 있는 자신의 백성들을 구원하시기 위해, "세상을 사랑하는 정도"를 보여 주시기 위해 아들을 보내신 것이다. 죄인 된 자신의 자녀들을 어떻게, 얼마나 사랑하시는지를 보여 주시기 위해 아들을 보내신 것이다. 그런데 마치 온 세상을 사랑하시기 위해 예수님께서 오신 것처럼 그렇게 왜곡되게 복음을 전하고 있다. 뿐만 아니라 세상도 예수님께서 오신 것은 모든 사람들이 서로 사랑하고 평화를 누리게 하시기 위해 오신 것이라고 가르친다. 결국 교회와 세상의 가르침이 같다. 그러나 이런 가르침에 구원이 없고 복음이 없다는 것을 우리는 알아야 한다.

교회 축하 행사의 모습 속에 하나님의 품속에 계셨던 독생하신 아들의 영광이 과연 얼마만큼 나타날 수 있는지 우리는 스스로 자문해 보아야 한다. 성탄과 상관없는 크리스마스 트리를 만들고 그 주변에 아기 예수의 인형과 양떼들, 그리고 목자들의 모형을 만들어 놓는다고 해서 예수 그리스도의 영광이 얼마만큼 나타날 수 있는가? 이러한 모형물들을 보고 성도들은 무엇을 느끼는지 우리는 되돌아보아야 한다. 오히려 성탄은 하나님께서 모든 세상 사람들이 알 수 없도록 자신의 아들을 보내신 날이다. 지혜를 구하는 자들과 표적을 구하는 자들이 알 수 없도록 그렇게 하나님의 아들은 오셨다. 오늘날도 마찬가지이다. 교회와 세상이 예수 그리스도의 탄생을 축하한다고 해서 하나님의 지혜를 알 수 있는 자들은 없다. 단지 하나님은 전도의 미련한 것을 통해 자신의 자녀들을 죄에서 구원하신다. 이것이 성탄의 의미이다. 예수 그리스도께서 처녀의 몸을 통해 세상에 오신 것은 축하를 받으려고가 아니라 십자가를 지시기 위해서였다. 하나님께서 창세 전에 택하신 자신의 백성들을 구원하시려고 오신 사건이 바로 성탄이다.

오늘날 현대교회와 세상이 자신들의 기준으로 예수 그리스도의 탄생을 축하하지만 하나님은 그런 것에 전혀 관심이 없으시다. 하나님은 오직 자신의 아들을 믿고 구원받는 자녀들에게만 관심을 가지신다. 해마다 반복되는 성탄의 행사들을 통해 죄인이 구원받는 것을 기대하지 말고, 세상 모든 사람들이 서로 사랑하기를 기대하지 말고 오직 십자가의 미련한 것을 통해 구원하시는 하나님의 지혜를 찬양하고 그 일에 순종하는 자들이 되기를 바란다.

이단에 예배당을 매각하는 행위에 대하여

요즘 한국교회에 회자되는 말들 중 교회가 이단에 예배당을 매각하였고, 그 일로 인해 목회자와 성도 간의 불화, 또는 성도들 간의 불화가 생겨 교회가 분쟁 가운데 있다는 이야기가 자주 등장한다. 필자가 사는 전라북도에서도 몇몇 교회들이 이단에 예배당을 매각한 사실로 인해 분쟁 가운데 있다. 그렇다면 왜 교회의 지도자들, 특히 목사들은 교인들과 함께 신앙 생활하였던 예배당을 이단에 매각하고 있는가? 사실 예배당을 이단에 매각하는 일은 단순히 돈과 연관된 문제가 아니다. 이러한 일이 자연스럽게 행해지는 것은 목회자의 목회관의 결여, 또는 교회가 시대정신에 세속화되었다는 증거이다. 우리는 예배당이 이단에 매각되는 현상을 두고 잘잘못을 논하기 전에 이러한 현상이 일어나는 이유를 먼저 언급해야 한다.

오늘날 일부 목회자들은 대형교회에 대한 꿈과 이상을 가지고 목회를 한다. 성도의 수가 많아지면 그것이 목회의 성공이라고 여기고 있다. 결국, 목회 성공주의는 거대한 건물을 필요로 한다. 이때 예배당 이전으로 부흥의 물결을 타려면 새로운, 더 큰 예배당을 짓기 위해 기존 예배당을 매각해야만 하는데 이 건물을 매입할 수 있는 노회나 교회가 없기 때문에 이단들이 매입하고 나서는 것이다. 그런데 자신의 예배당을 누가 매입하는지 교인들은 몰라도 목사나 당회는 이미 알고 있다. 혹 이단이 자신들의 예배당을 매입하는 것을 알면 교인들이 교회를 떠나거나 문제를 일으킬까 봐 누가 매입하였는지는 모른다고 변명 아닌 변명을 한다. 교회 지도자들이 교인들을 기망하고 자신들의 탐욕을 위해 쉽게 거짓과 속임수를 일삼는 것이다.

예배당은 더 이상 성전이 아니다. 단지 건물이다. 성도들이 함께 모여 예배드리는 장소에 불과하다. 그러면 건물인 예배당을 매각하는 것은 전혀 문제가 되지 않는다. 하지만 이단에 매각하기 위해 거짓을 행하고, 더 크고 새로운 예배당을 위해 과도한 은행 빚을 지고, 건축하는 일로 성도들에게 과하고 성경에 없는 헌금을 강요하는 일이 바로 죄가 되는 일이다.

또한 우리는 사도 바울이 고린도 교인들에게 쓴 서신에서 그들을 사랑하는 마음으로 한 사람도 실족하지 않게 하기 위해 자신이 사용할 수 있는 모든 권한을 연약한 성도를 위해 사용하지 않는다고 가르쳐 준 말씀을 알고 있다. 만약 이단에 예배당을 매각하는 일로 연약한 성도가 실족하는 일이 생긴다면 목사와 당회는 그 일을 당장 그만두어야 한다. 또한, 이단에 유익을 주는 행위가 되므로 교회가 자신들이 가지고 있었던 예배당을 매각하는 행위는 더더욱 정당화될 수 없다는 것을 알아야 한다.

이러한 현상을 방지하기 위해서는 목사의 올바른 목회관 정립과 바른 교회 부흥의 개념에 대한 분명한 인식이 우선되어야 한다. 하나님의 나라는 먹고 마시는 것에 있지 않고 오직 성령 안에 있는 의와 평강과 희락이라고 하신 복음의 말씀에 있다.

현대교회가
가르쳐야 할
진리

그 어떤 인간도 선을 행할 수 없다 – 전적 타락

우리는 칼빈주의 5대 교리라고 불리는 교리적 메시지를 통해 현대교회가 어떤 신앙을 추구하고 있는지 알아야 한다.

먼저 거의 모든 교회지도자들이 알고 있는 칼빈주의 5대 교리는 사실 개혁교회자체에서 만들려고 한 것이 아니었다. 아르미니우스(1560-1609)라는 교회 장로가 개혁주의 신앙에 대한 반론으로 제기한 다섯 가지 주장에 항론하여 만들어진 변증서라고 할 수 있다.

사실 칼빈주의 5대 교리는 칼빈이 만든 것이 아니라 1618-1619년에 네덜란드 도르트에서 개혁교회가 아르미니우스의 반기독교적인 주장에 대하여 거짓이라고 만장일치로 결의한 회의에서 비롯된 것이다. 결국 아르미니우스는 교회에서 이단으로 정죄당하여 퇴출되었다. 우리는 이것을 도르트회의에서 결의한 도르트신경이라고 한다. 그렇다면 아르미니우스가 주장한 다섯 가지 주장은 무엇인가?

가장 먼저 그는 모든 인간은 죄로 인해 타락하였다는 것을 인정하지 않았다. 인간이 비록 죄를 지어 사망에 이르렀지만 여전히 인간 안에 선한 기질이 있다고 주장한 것이다. 인간은 자신의 능력과 의지로 선한 일을 할 수 있기에 하나님의 구원 사역에 협력자가 될 수 있다는 주장으로 오직 예수 그리스도의 구원 사역과 하나님의 은혜를 부인하는 결과를 가져왔다. 비록 그가 성경에서 나타나는 예수 그리스도의 구속의 사역을 인정한다고 해도 여전히 인간의 공로를 통해 구원이 완성된다는 것을 주장한 것이다. 인간은 부분적으로 타락하였지 완전히 타락하지 않았다는 것이 그의 주장이며 아르미니우스를 따르는 자들의 주장이었다. 하지만 성경은 아주 분명하게 모든 인간은 아담의 죄로 인해 타락하였고, 그 누구도 이 죄의 책임에서 벗어나지 못한다는 것을 말씀하고 있다. 이러한 성경의 가르침을 통해 교회는 인간은 전적으로 타락하였다고 주장한 것이다. 그러나 이것은 교회의 주장이 아니다. 이미 성경의 가르침이었다. 하나님은 모든 인간은 선을 행할 수 없다고 말씀하신다. 그 어떠한 선한 일도 인간은 할 수 없다. 인간자체가 죄로 인해 완전히 타락하였기 때문에 인간이 하는 선한 일이란 결국 하나님 앞에 더러운 냄새만 풍기는 것이다. 그러면 정말 우리는 선한 일을 통해 하나님께 인정을 받을 수 없는 것인가? 아니다. 인간이 선한 일을 통해 하나님께 영광을 돌릴 수 있는 길이 있다. 오직 하나님의 아들 예수 그리스도 안에서 인간이 행하는 공로가 선한 공로가 된다고 여겨주신다. 이 부분에서도 하나님이 자신의 아들을 통해 성도들의 선한 일을 여겨주시는 것이지 그것이 구원을 이루는 방편이 아님을 반드시 알아야 한다.

결국 인간은 자신 안에서 구원을 이룰 수 있는 그 어떤 능력도 없다. 구원을 위해 무엇을 어떻게 시작해야 할지도 모를 뿐만 아니라 구원의 과정과 완성도 어떻게 해야 할지도 모른다. 세상의 수많은 종교들이 있다. 세속 종교에서 인간에게 내려진 죽음의 형벌을 이길 수 있는 길을 제시하는 종교는 아무것도 없다. 비록 있다고 주장한들 결국 인간들이 만들어 낸 공로를 의지하는 것이다. 그렇게 인간 안에 선한 능력과 의지가 없다는 것을 말씀하시는데도 이것을 부인하고 자신들의 힘으로 구원을 이루려고 하는 것이 바로 세속 종교들이다.

이제 우리는 오늘날 교회 안에 이러한 아르미니우스의 사상을 계속 좇는 어리석은 자들을 볼 수 있다. 가장 대표적인 사람이 바로 교황이다. 천주교는 아르미니우스의 사상이전에 이미 펠라기우스의 영향을 받아 여전히 인간 구원이 하나님의 은혜와 인간의 공로를 통해 이루어진다고 가르치고 있다. 또한 일부 개신교 안에서도 인간의 선한 능력과 의지를 인정함으로 예수 그리스도의 구원 사역을 완전히 의지하지 못하게 만들어 놓고 있다. 최근에는 성도의 구원이 마지막 종말에 가서 확인될 수 있다는 것을 주장하는 신학자들과 목사들이 대거 나타나는 중이다. 성도가 주 예수를 자신의 구주로 믿고 지금 구원을 받은 것이 아니라 종말에 가서 확인할 수 있다면 예수 그리스도의 구원의 효력은 완전하지 않을 뿐만 아니라 결국 인간의 선한 공로가 구원의 완성에 협력하는 것이므로 예수 믿고 구원받는 것은 있을 수 없다. 이러한 거짓 가르침은 결국 사도 바울이 갈라디아 있는 교회에 편지한 갈라디아서에서 잘 나타나고 있다.

사도는 갈라디아 성도들에게 주 예수를 믿음으로 믿어 죄인이 구원을 받는다고 가르쳤는데 거짓 교사들이 예수 믿음으로만 구원받는 것이 아니라 율법을 지켜야 완전한 구원을 받는다고 한 것이다. 이것을 바울이 거짓 복음이라고 하였다. 갈라디아 교인들이 예수를 믿지 않은 것이 아니다. 그들도 예수를 믿었다. 결국 거짓 복음은 예수를 믿는다고 하지만 그 안에 인간의 공로를 더해야 한다고 한다. 오늘 일부 현대교회도 예수를 잘 믿으라고 한다. 그리고 선한 일을 해야 구원을 받는다고 가르친다. 하지만 이것은 거짓이다. 구원은 오직 하나님의 은혜이다. 그리고 세상 모든 인간들은 다 죄로 인해 그 어떤 선한 일도 할 수 없다. 하나님의 아들의 피를 믿는 자는 자신이 죄인이라고 고백한다. 그리고 선한 일을 하면서 살아가는 성화의 삶을 이룰 수 있다. 성도의 성화도 예수 그리스도의 피를 믿는 것에 있다는 것을 히브리서 기자가 말씀해준다(히 9:14). 이처럼 인간의 구원은 전적으로 하나님의 은혜로만 가능한 것이다. 인간이 완전히 타락하여 구원에 이를 수가 없다는 것을 아는 자만이 하나님의 아들의 구원 사역을 존귀하게 여길 수 있는 것이다.

인간의 구원은 하나님의 절대적 주권이다 - 무조건적 선택

예수라는 이름은 하나님께서 자신의 백성을 죄에서 구원하시기 위해 주신 이름이다. 성자께서 이 땅에 성육신하여 오실 때 그 이름을 예수라고 하셨다. 하나님의 아들께서 인간의 이름을 취하신 것이다. 그러나 인간의 이름을 취하셨다고 해서 성자의 능력과 권능이 한계를 가진 것이 아니다. 단지 아버지의 뜻에 순종하시기 위해 스스로 낮아진 것이다. 그런데 이 이름 속에 하나님의 자기 백성이라는 제한된 개념이 이미 존재한다. 하나님은 온 인류를 구원하시기 위해 자신의 아들을 세상에 보내신 것이 아니다. 하나님께서 창세 전에 선택하신 자신의 백성들을 구원하시기 위해 아들을 보내셨다.

죄로 인해 타락한 인간은 계속 하나님의 뜻을 거역한다. 하나님께서 하시는 구원 사역에 조금이라도 인간의 공로를 더하려고 애를 쓰고 있다. 그러나 타락한 인간은 절대로 선을 행할 수 없다. 이미 성경은 피조물의 전적 타락을 통해 그 누구도 하나님 앞에 의롭지 못하다는 것을 말씀하신다. 그렇다면 인간의 구원도 전적으로 하나님 편에서만 행하시는 것이다. 하나님께서 죄인을 구원하시기 위해 작정하시고 그 구원의 길을 제시하기 위해 삼위께서 논의하셨다는 것이 개혁신학의 핵심이다. 삼위일체 한 분 하나님께서 자신의 백성을 구원하시기 위해 창세 전에 논의하셨다고 가르친다. 여기에 타락한 인간의 협력은 있을 수 없다. 아담의 죄로 인해 죽음과 영원한 사망이 그 죄 값으로 정해졌는데 이 죄를 속죄하여 주시기 위해 하나님의 아들께서 인간이 되신 것이다. 창조주께서 피조물이 되신 것이다. 죄인들이 이것을 이해하고 믿을 수 있는가?

아르미니우스와 그를 추종하는 자들은 하나님께서 아들을 세상에 보내셨지만 이것을 믿는 것은 인간의 의지에 달려 있다고 하였다. 또한 그들은 하나님께서 아담과 언약을 맺으셨다고 한다. 아담이 인류의 대표가 아니라 개인으로 언약을 맺은 것이므로 아담이 죄를 지었고 그 죄는 후손들에게 전가되지 않는다고 가르친다. 하지만 성경은 아담이 죄를 지음으로 인해 모든 인류가 죄를 지었다고 분명하게 말씀하고 있다. 그러므로 모든 인간은 죄인이다.

죽음과 사망의 형벌이 모든 인류에게 내려진 것을 보면서도 이것을 부인하는 것은 가장 어리석고 미련할 뿐이다. 인류 역사 가운데 예수 그리스도의 죽음과 부활을 배제하면 그 어떤 인간도 죽지 않은 자가 없다는 것을 다 알면서도 악인들은 계속 인간 안에 선한 것이 있다고 주장하고 있다. 아르미니우스를 따르는 자들은 하나님께서 인간을 구원하실 때 조건을 통해 구원하신다고 주장한다. 즉 어떤 죄인이 예수 그리스도를 믿을 것을 아시고 구원하신다고 하는 것이다. 믿음과 회심 그리고 경건을 미리 아시고 구원하신다는 것이다. 이것은 죄인이 선택받기 위해 어떤 자질을 가지고 있어야 한다는 것이다. 결국 인간 안에 하나님 보시기에 어떤 조건적인 것들이 있어야 구원에 이른다고 하는 것이다. 하지만 하나님께서 인간을 구원하실 때 어떤 조건들이 있어야 구원하신다고 말씀하신 적이 없다. 만약 아르미니우스의 주장처럼 인간 안에 어떤 구원의 조건들이 있어야 구원이 된다면 그것은 하나님의 은혜가 아니다. 하나님께서 죄인을 구원하실 때 죄인들의 조건과 상태를 미리 아시고 구원하신 것이 아니다. 하나님께서는 조건 없는 선택, 즉 부르심으로 죄인들에게 믿음이라는 구원의 방편을 제시하셨다. 우리 믿음의 조상들은 이런 아르메니우스의 주장이 거짓이라는 것을 증거하기 위해 하나님께서 죄인의 구원을 위해 먼저 부르셨고, 그 다음에 믿음을 선물로 주셨다는 것을 성경으로 증거하였다.

그러나 인간의 죄성은 이러한 하나님의 무조건적인 선택을 부인한다. 오늘날 현대신학은 하나님의 무조건적인 구원사역을 인간의 노력과 함께 같이 이루려고 하고 있다. 결국 하나님의 구원이 절대적인 주권이 아니어야 하는 이유는 예수 그리스도를 믿지 않는 자들이 결국 구원의 대상이 된다는 것을 주장하기 위한 아주 사악한 사탄의 계책인 것이다. 죄인의 구원이 절대적인 하나님의 주권이라면 오직 예수 그리스도만 믿어야 구원이 있다는 성경의 말씀이 진리이기 때문이다. 하지만 죄인의 구원이 하나님의 절대적인 구원이 아니라 인간 안에 있는 구원의 조건들로 주어진다면 예수를 믿지 않아도 구원이 일어나는 것이다. 가톨릭의 구원론에 있어 "익명의 그리스도인"이라는 저주스러운 개념은 예수 그리스도를 믿지 않아도 불신자들 안에 그리스도인이 있다는 것이다. 어떻게 보면 논리적으로 맞는 말이지만 그러나 이 개념은 이미 죽은 자들에게도 구원의 조건들을 가진 자들이 있기 때문에 언젠가는 구원을 받는다는 것이다. 여기에 연옥 사상이 가능한 것이다. WCC에서 주장하는 모든 종교에 구원이 있다는 것, 여기에 익명의 그리스도인이 있기 때문이다.

그러나 하나님의 절대적인 구원을 부인하면 성도 안에 구원의 확신과 기쁨은 사라진다. 죄인의 구원이란 아무것도 할 수 없는 자가 하나님의 전적인 은혜로 구원받음을 인정할 때 그 구원의 확신과 기쁨이 온전하게 주어지고 누리게 된다. 이렇게 성도가 구원의 은혜를 바르게 알면 어떤 환경에서도 배도의 길을 가지 않는다. 이것을 위해 부지런히 하나님의 절대적 구원의 은혜를 가르쳐야 한다.

인간의 구원은 하나님께서 택한 자들만 구원하신다 – 제한 속죄

제한 속죄는 하나님께서는 오직 선택하신 자들만 그리스도의 속죄 사역에 의해 구원에 이르게 하신다는 것이다. 이 제한 속죄에 대해 많은 오해를 가진 자들이 여전히 오늘날에도 우리 주변에 있다. 아르메니우스가 예수 그리스도가 죽으신 것은 일부 사람들을 위해 죽으신 것이 아니라 모든 사람들을 위해 죽으신 것이라고 주장한 이유는 개혁교회가 잘못 가르치고 있다고 판단하였기 때문이다. 아르메니우스는 "그리스도의 죽으심이 일부 사람들만을 위한 것이기 때문에, 다른 사람들은 구원받을 기회가 없다"고 개혁교회가 가르치는 것으로 생각한 것이다. 이러한 그의 생각은 결국 개혁교회의 구원 교리는 그리스도를 믿지 않고 죽는 자들이 지옥에 가므로 모든 책임이 그리스도에게 있게 된다고 판단한 것이다. 하지만 그의 주장은 개혁교회가 가르친 것을 완전히 오해한 것이다.

이에 대하여 우리 믿음의 조상들은 그리스도를 믿지 않는 불신앙은 그리스도의 책임이 아니라 죄인들의 책임이라고 제시하였다. "복음을 통하여 부름받은 많은 사람들이 회개하지도 않고 그리스도를 믿지도 않고 불신앙으로 멸망받을 수밖에 없는 것은 그리스도께서 십자가에서 제공해 주신 희생제사에 결점이나 부족이 있기 때문이 아니"라고 하였다. 그리스도의 희생제사는 완전한 것이다. 히브리서 기자는 예수 그리스도의 희생제사로 인해 단번에 완전한 구원이 이루어졌다고 증거하고 있다. 따라서 더 이상 짐승의 피의 제사를 드릴 이유가 없다는 것을 성도들이 믿어야 한다고 증거한다.

제한 속죄는 오직 하나님께서 선택하신 자들만 구원을 받는다는 것이다. 모든 인류가 구원받는 것이 아니다. 그렇다면 오히려 예수 그리스도의 피의 속죄는 불완전하고 충분하지 않는 것이 되고 만다. 왜냐하면 여전히 수많은 사람들은 그리스도를 믿는 것을 거부하면서 죽음을 맞이하고 있기 때문이다.

예수님께서 이 세상에 오신 것은 세상을 구원하시기 위함이다. 그러나 모든 인류를 구원하기 위함이 아니라 세상 가운데 있는 하나님의 백성들을 구원하시기 위해 오신 것이다. 흔히 많은 사람들이 잘못 이해하고 있는 성경의 말씀 가운데 "하나님이 세상을 이처럼 사랑하사 독생자를 주셨으니 이는 그를 믿는 자마다 멸망하지 않고 영생을 얻게 하려 하심이라"(요 3:16) 하는 이 말씀은 하나님께서 모든 인간을 구원하시기 위해 자신의 독생자를 보내신 것이라고 가르치지만 사실은 모든 인간을 구원하기 위해 독생자를 보내신 것이 아니다. 오히려 말씀을 바르게 보면 하나님께서 세상이라는 "범위"를 말하고 있는 것이 아니다. 하나님은 세상을 사랑하기 위해 자신의 아들을 보내셨다는 "얼마 정도까지"를 말씀하여 주고 있는 것이다. 하나님이 자신의 아들을 십자가에 주시기까지 사랑하셨다는 그 사랑의 정도를 말씀하고 있는 것이다.

또한 예수님께서는 이 말씀을 하신 이후 바로 자신을 믿는 자는 심판을 받지 않을 것이지만 믿지 않는 자는 하나님의 심판을 벌써 받은 것이라고 하셨다. 이뿐만 아니라 예수님의 말씀은 아버지께서 부르시지 않으면 아들을 믿을 수 없다고 하였다. 이러한 예수님의 말씀과 성경의 가르침은 오직 하나님께서 구원하시는 자들은 하나님의 주권적인 선택으로 말미암는다는 것을 보여 주고 있다. 에서와 야곱을 통해서 하나님께서 이들이 리브가의 복중에 있기도 전에 하나님은 야곱을 선택하시고 에서를 버리셨다고 말씀하신 것을 기억해야 한다. 하나님께서 쓰시고자 하는 일에 피조물인 인간이 자신들의 주권을 가진 것처럼 그렇게 대항할 수 없다. 토기장이가 자신이 원하는 대로 만들고 쓰신다는 것이 사도 바울의 가르침이다.

모든 인류가 구원을 받을 대상이 되지만, 모든 인류가 구원을 받지 못한다는 것을 믿어야 한다. 아르메니우스의 어리석은 주장으로 인해 결국 모든 종교에 구원이 있다는 거짓 가르침이 생겨나게 되었다. 제한 속죄에 반하여 만들어진 보편 속죄는 거짓이다.

하나님은 자신이 부르시는 자들만 의롭게 하신다. 의롭게 하시기 위해 독생자를 믿는 믿음을 선물로 주신다. 그러므로 누구든지 주 예수를 믿는 자는 구원을 받는다. 이것이 개혁교회의 가르침이고 성경의 진리이다. 이러한 제한 속죄는 인간의 구원이 오직 하나님의 은혜라는 것을 가장 강력하게 증거하여 준다. 택자들만 구원하시기 위해 그리스도께서 죽으셨다는 이 진리는 죄인이 구원받았다는 확신뿐만 아니라 오직 하나님의 은혜라는 겸손의 열매를 맺게 하여 준다.

하나님의 부르심에는 후회하심이 없다 - 불가항력적 은혜

하나님은 자신의 백성들을 부르실 때 복음을 통해 부르신다. 하나님은 택자들이 회개하고 믿도록 복음으로 진지하게 부르신다. 하지만 이 복음을 듣는 모든 자들이 다 구원에 부름을 받은 것은 아니다. 아르미니우스주의 자들은 철저하게 이성주의를 따른다. 그들은 인간이 하나님의 부르심에 대항하여 거부할 수 있다고 한다. 뿐만 아니라 하나님께서 죄인을 부르실 때 그 부름에 순종하는 것은 인간 자신이라고 한다. 결국 하나님께서 죄인을 부르시고 구원하시는 그 일의 권한은 결국 인간 자신에게 있다고 한다. 이러한 아르미니우스주의 자들의 주장은 "인간은 죄로 인해 전적으로 죽은 것이 아니라 이해력이 우둔하여져서 훼방을 받을 뿐"이라고 주장하기 때문이다. 인간 이성에 대한 긍정적 사고가 그들에게 있다. 하지만 성경은 모든 인간은 죄로 인해 죽었다고 말씀한다. 이미 죽은 것이다. 죽은 자들에게 그 어떠한 선택의 능력이 없음에도 불구하고 그들은 마치 인간이 하나님의 부르심을 선택할 수 있다고 가르쳤다. 하나님의 부르심에 거부권을 행사할 수 있는 것도 인간이라고 한다. 그러나 성경은 모든 인류가 죄인이고 의인은 하나도 없다고 말씀하신다.

이러한 인간의 비참하고 처참한 모습을 보고서도 인간은 하나님의 은혜에 감사하지 않는다. 하나님께서 이러한 죄인들에게 저항할 수 없는 은혜를 주시면 죄인은 하나님의 복음을 듣고 믿음으로 주 예수 그리스도를 믿는다. 그러므로 믿음을 선물이라고 하였다. 구원함에 이르는 믿음을 선물로 주신다. 히브리서 기자는 11장 1절에서 "믿음은 바라는 것들의 실상이고 보이지 않는 것들의 증거"라고 하였다. 이 말씀은 주 예수 그리스도를 믿는 믿음을 가진 자는 하나님께서 약속하신 영적인 모든 축복들을 이미 소유하고 있다는 것이다. 믿음으로 구원과 영생을 소유하고 있다. 죄인이 바라는 것은 죄와 사망에서 구원받는 것이다. 이것은 믿음의 방식으로 받는다.

하나님의 아들이신 주 예수 그리스도를 자신의 구주로 믿는 믿음으로 구원을 받는다. 즉 이 믿음은 인간 안에서 나오는 것이 아니다. 믿음은 외부에서 주시는 것이다. 모든 인간이 죄인이기에 하나님 앞에서 영적인 그 어떤 보화를 얻지 못한다. 하지만 하나님께서 택한 자들은 자신들의 의지로 이 은혜를 거부할 수 없다. 믿음을 선물로 주시기 때문에 이 믿음을 받는 것이다. 그러므로 불가항력적 은혜는 하나님께서 선택하여 구원하시는 사역을 기초로 한다. 하나님의 부르심에는 후회함이 없다. 결국 효과적인 부르시는 사역의 결과이다. 구원의 은총이 주어질 때 죄인은 이 은총을 거부할 수 없다. 하나님께서 부르시는 이 구원의 은혜는 중간에 탈락할 수 없다. 끝까지 성도의 견인과 함께 믿음으로 구원의 완성을 이룬다. 이미 구원받은 자는 구원의 모든 과정 가운데 있다. 마지막 구원의 완성이 이루어지는 그 길에서 탈락할 수 없다. 이것이 하나님의 효과적인 부르시는 사역이다.

그러나 아르미니우스주의자들은 하나님의 부르심에 인간은 자신의 이성을 가지고 거부할 수 있다고 한다. 또한 믿음으로 시작하였지만 자신이 그 과정 가운데서 믿음을 부인할 수 있다고 가르쳤다. 이들은 성경에서 배도한 자들이 있다는 것을 주장하므로 이러한 불가항력적 구원의 은혜를 믿지 않는다. 그러면 정말 성경에서 배도한 자들은 믿음을 가졌지만 중간에 주 예수 그리스도를 믿는 믿음을 버린 것인가? 전혀 그렇지 않다. 그들은 처음부터 주 예수 그리스도를 믿는 믿음을 가진 자들이 아니다. 주 예수 그리스도를 믿는 자들에게 주신 믿음은 히브리서 기자가 언급하는 것처럼 구원함에 이르게 하는 믿음이다. 구원함에 이르게 하는 믿음은 끝까지 인내하며 주 예수 그리스도를 믿는 믿음이다(히 10:32 이하 말씀). 보통 사람들은 믿음에 대한 이해를 바르게 갖지 않고 있다. 그저 믿음이라고 하면 내가 믿는 것으로 여긴다. 그러나 하나님의 아들을 믿는 믿음은 죄인들이 믿을 수 있는 것이 아니다. 오직 하나님께서 주실 때만 가능한 것이다. 성령께서 이것을 위해 역사하신다. 성령의 역사 가운데 가장 중요한 사역이 바로 죄인들에게 믿음을 주시는 사역이다. 주 예수 그리스도가 하나님의 아들이시며, 하나님이라는 것을 믿게 하신다. 이것을 위해 모든 성경을 조명하여 성도를 진리 가운데 인도하신다.

아르미니우스주의자들은 결국 구원에서 탈락할 수 있다는 것을 주장한다. 이러한 사상이 오늘날 현대 신학자들 안에서 제기되고 있다. 마지막에 가서 구원을 받았는지 알 수 있다고 하는 거짓 가르침은 아르미니우스주의자들과 같은 주장이다. 주 예수 그리스도를 믿는 자들이 가지고 있는 구원의 확신을 빼앗는 자들이 바로 아르미니우스주의자들이다. 현대교회가 이런 거짓 교사들의 가르침을 통해 성도들에게 구원의 확신을 빼앗고 있다. 하나님의 아들께서 흘리신 피는 단번에 속죄와 거룩함을 위해 부족함이 없다. 이 믿음을 주실 때 거부할 수 있는 죄인은 아무도 없다. 따라서 구원은 전적인 하나님의 은혜이다. 이 구원의 은혜를 아는 자는 자신의 뜻대로 더 이상 살지 않는다. 성도의 거룩한 삶은 이 구원의 은혜 위에 기초한다.

주의 손에서 빼앗을 자가 없다 - 성도의 견인

요즘 현대인들은 성도의 견인을 마치 하나님께서 구원을 이끌어 주시는 기관차의 머리인 것처럼 이해하고 있다. 예수를 믿으면 모든 것을 다 알아서 해 주신다고 그렇게 믿는다. 그러나 이러한 가르침은 일부 대학선교 단체들의 간편한 복음전도식의 가르침이다. 복음의 내용은 없고 그저 하나님을 믿으면 된다는 식의 가르침이 팽배하다. 믿음의 조상들이 성도의 견인에 대하여 가르칠 때 그 속에는 믿음을 가진 자들의 삶에 대한 강조가 있었다. 왜냐하면 구원받은 성도일지라도 심각한 죄에 빠질 수 있기 때문이다. 성도는 하나님의 불가항력적 구원의 은혜를 받고 믿음으로 살아도 날마다 연약하여 범하는 죄들이 있다. 그럼에도 불구하고 하나님은 택하신 자녀들을 당신의 소유로 끝까지 보존하여 주신다. 이러한 하나님의 구원 은총에 대하여 아르미니우스주의자들은 인간이 하나님을 믿는 믿음을 견디고 참고 인내하며 나가는 데 있어 그 결정권이 인간 자신에게 있다고 주장하였다.

그들의 주장은 "참된 신자들의 견인은 선택의 열매나 그리스도의 죽음으로 획득한 하나님의 선물이 아니라, 새 언약에서 사람이 자신의 결정적인 선택과 칭의 이전에 자유의지를 통하여 성취하는 조건이다"라는 것이다. 이러한 주장은 결국 하나님을 믿는 믿음을 가지고 견디고 인내하며 나가는 데 필요한 모든 것들과 하나님께서 성도의 신앙을 보존하시기 위해 주시는 은혜들이 주어진다고 해도 결국 그것을 선택하는 것은 인간의 의지에 있다고 하는 것이다. 결국 아르미니우스주의자들의 가르침은 인간이 하나님의 은혜를 받고 거부하는 것을 결정하는 주체가 된다. 신앙의 모든 것은 신자에게 달려 있다고 가르치고 있다. 가령 하나님께서 우리에게 필요한 모든 은혜와 구원의 방편을 다 주신다고 해도 견인에 관한 그 모든 것은 성도가 "자기 의무를 다하는 것"에 있다고 한다. 이러한 이들의 주장은 죄인의 구원은 인간의 행위에 있다는 것을 말한다.

아르미니우스주의자들에게 있어서 사람의 자유의지는 완전 성화를 목표로 하는 것이다. 완전 성화가 최종 구원인 것이다. 하지만 성도는 믿음으로 살아도 여전히 연약하여 죄 가운데 살아간다. 그럼에도 불구하고 하나님은 자신의 자녀들을 구원의 완성에 이르게 하신다. 이것이 바로 성도의 견인이다. 성도의 견인은 하나님의 구원 은혜가 인간에게 있지 않고 오직 하나님께 있다는 절대주권을 나타낸다. 환난과 고난의 삶 속에서 참고 견디고 인내하는 것은 성도가 하는 것이지만 이것을 할 수 있도록 인도하여 주시는 분이 바로 성령이시다. 택함을 받은 자들이 일시적으로 죄로 인해 넘어질 수 있지만 영원히 타락하지 않고 다시 성령께서 일으켜 주신다. 주 예수 그리스도를 믿는 믿음에 대한 신앙을 버리지 않고 다시 죄와 싸워 이길 수 있도록 인도하여 주신다. 이것이 바로 성도의 견인이다. 성도의 견인 교리는 성도 안에 남에 있는 죄와 연관된다. 뿐만 아니라 성화의 삶과도 연관되어 있다. 하나님은 택자들을 기계적으로 이끄시지 않는다. 성도가 죄를 죄었는데도 하나님은 그저 이끄시는 분이 아니다. 죄에 대한 벌을 행하신다. 오늘날은 성도가 죄를 짓는 것에 대하여 그렇게 경각심을 갖지 않는다. 왜냐하면 왜곡된 가르침 때문이다. 하나님은 자신의 자녀들이 죄를 짓고 방탕하게 살면 반드시 징계하시는 분이다. 징계가 없다면 사생아라고 하신 것을 기억해야 한다. 죄를 짓고도 더 형통하고 번영한다면 그것은 저주다. 이러한 연약한 성도가 죄와 싸워 이길 수 있도록 보존하여 주시고 인도하여 주신다. 그러므로 성도의 견인은 결국 성도 자신이 얼마나 연약한지를 알고 날마다 하나님 앞에 나가야 한다는 것을 깨닫게 해 주는 진리의 가르침이다.

그러나 아르메니우스주의자들의 왜곡된 가르침으로 인해 오늘날 현대교회가 구원을 위해 거짓 교리를 믿고 있다. 구원의 완성이 인간의 의지에 있다고 다른 구원의 방식을 가르친다. 대표적인 예가 바로 오순절 교회들의 성령 세례이다. 주 예수를 믿은 다음에 성령으로 세례를 받아야 구원받은 것이라고 가르치고 있다. 그렇다면 성령으로 세례를 받은 그 증거는 무엇인가? 그들에 의하면 바로 방언이다. 성도가 방언을 하면 성령으로 세례를 받은 것이라고 가르친다. 결국 방언하는 자가 구원받은 자가 되는 것이다. 하지만 성령세례는 주 예수를 믿음으로 받는다. 성경은 주 예수를 믿을 때 성령께서 성도에게 인 치셨다고 한다. 그러므로 인간이 무엇을 행하고 이루어야 구원을 받는 것이 아니다. 주 예수 그리스도를 믿음으로 구원을 받는다. 아르메니우스의 가르침이 마귀적이라는 것을 성도들은 반드시 알아야 한다. 결국 아르메니우스는 이단으로 정죄를 받았다. 이단의 가르침이 오늘날 교회에서 여전히 행해지고 있다는 것을 주의 깊게 판단해야 한다. 교회의 목사들은 이러한 거짓 가르침을 분별하고 오직 하나님의 은혜와 성경의 진리를 계속 증거해야 한다.

자연의 빛을 통해 나타나는 하나님 법의 권위는 인정되는가?

오늘날 대부분의 기독교회에서 강조되는 것은 성경의 법이다. 특히 율법은 그리스도인들이 당연히 배우고 순종해야 하는 법임에 틀림이 없다. 사도들과 교부들 그리고 개혁신학자들의 한결같은 목소리는 복음과 율법이 교회에서 선포되어지고 가르쳐져야 한다는 것이다. 그러나 현대교회는 복음만을 강조하고 있든지 아니면 율법만을 강조하고 있다. 복음과 율법이 균형적으로 선포되고 가르쳐지는 교회를 찾아보기가 드물다. 우리는 이 부분에서 한 가지 더 중요한 하나님의 법에 대하여 관심을 가져야 한다. 그것은 성경에서 일반은총이라고 할 수 있는 자연의 빛을 통해 나타나는 하나님의 법이다.

사도 바울은 이것을 이방인들 안에 하나님을 알 만한 것이 그들 속에 보였고 하나님께서 그것을 이방인들에게 보이셨다고 하였다. 그렇다면 하나님은 자연의 빛의 근원이자 창조자이시다. 하나님은 이스라엘 백성들에게는 율법을 주셨다. 그들은 죄가 무엇인지 율법을 통해 알 수 있었다. 그러나 이방인들은 율법이 없어도 자연의 빛을 통해 죄를 인지하게 하신 것이다. 예를 들면 고린도 교회 안에 근친상간의 음행의 죄가 일어났다는 것을 알 수 있다. 이때 바울은 그런 음행은 이방인 중에도 없는 것이라고 말하고 있다. 이 말은 이방인들도 그것이 죄라는 것을 안다는 것이다. 또한 문화적으로나 관습적으로도 자연의 빛은 그 사회를 유지하고 발전시키기 위해 사용되고 있었다는 것을 알 수 있다.

이스라엘 민족만 법이 있는 것이 아니라 헬라와 로마에도 각각의 법이 존재하고 있었고, 모든 나라와 민족 안에도 이러한 자연의 빛을 통해 하나님은 그 사회를 유지하고 통치하고 계셨다. 그러므로 성령께서 성도에게만 역사하는 것이 아니라 불신자들에게도 역사한다고 가르쳤던 칼빈과 개혁주의자들의 가르침은 올바른 것이었다. 하나님의 영이신 성령께서 자연의 빛을 통해 어떤 것들은 악하다고 가르쳐 주시고 또 다른 것들은 도덕적으로 탁월하다고 칭찬한다면 그 자연의 빛은 당연히 신적인 권위가 있는 것이다. 따라서 세상의 일반 법도 하나님께서 자연의 빛을 통해 불신자들이 만들고 계속 연구하여 사회를 유지 발전시킬 수 있도록 하셨다는 것을 깨달아야 한다. 여기에 모든 교회와 성도들은 세상의 법을 반드시 지킬 의무가 있다. 최근에 서울 강남에 있는 대형교회가 지하도를 침해하면서까지 예배당을 확장시킨 것이 언론에 회자되었다. 이때 담임목사는 당회원이 문제를 제기하자 하나님께서 주신 기회를 잃어버리면 안 된다면서 믿음이라고 밀어붙여 공사를 진행하였다. 결국 세상은 그것을 불법이라고 정죄하였다. 이러한 일들이 발생하는 것은 목사의 신학이 부족하거나 신학이 실종된 상태임이 분명하다.

그렇다면 종교적인 문제에 이러한 세상의 법이 신적인 권위를 가지지 않는다고 할 수 있겠는가? 현대에 이르러 교회의 분쟁으로 인한 문제들이 과거보다 더 자주 발생하는 것은 교회가 교회 정치 문제에 있어서 교회법을 무시하고 노회의 권위를 인정하지 않고 있기 때문이다. 하나님께서 자연의 빛을 통해 이방인들에게까지 선하고 악한 것이 무엇인지 알게 하셨다면 마땅히 교회법이라고 하는 것을 통해서 하나님은 교회가 어떻게 바르게 세워져야 하는지를 가르쳐 주고 계신 것이다. 이것이 바로 하나님의 신적 권위가 교회법과 교회 정치 안에도 있다는 사실이다. 오늘날 현대교회들은 이미 당회와 노회의 권위를 인정하지 않고 있다. 자신에게 이익이 있으면 쉽게 거짓을 일삼는다. 자신과 관계된 사람의 잘못된 죄를 덮어 주고 용서하는 것이 하나님의 은혜라고 쉽게 말한다. 하나님의 은혜가 무엇인지도 모르는 사람들이 하나님의 은혜를 말한다. 교회 정치와 법이 요구하는 것을 묵살하고 자신들의 이익을 위해 정치세력화하여 거짓을 만들어 낸다. 결국 하나님의 법의 권위를 무시하는 자들이 누구인가?

세상의 사회마다 각각 제 나름의 독특한 정치와 법이 존재하고 있다. 그렇지 않으면 그 사회는 존재할 수 없다. 독재국가도 그 나름대로의 독재를 위한 법이 존재한다(독재를 옹호하는 것이 아님). 이렇듯 모든 나라와 각 사회는 그들만의 법이라고 하는 것을 통해 존재를 유지한다. 이와 마찬가지로 신앙의 공동체를 이루고 있는 교회 역시 고유한 정치를 가지고 있다. 만약 이러한 정치와 질서가 교회에 없다면 교회는 존속할 수 없을 것이다. 당회와 노회와 총회는 결국 목사들과 장로들이 모여 구성된 구성체다. 여기에 정치와 법이 성문으로 규정되어 있다. 이것을 무시하고 정치를 하는 자들은 결국 하나님의 신적 권위를 파괴하는 사악한 자들이다. 이들은 정죄를 받을 것이다. 지금 당장 하나님의 심판이 나타나지 않았다고 안심하면 안 된다. 하나님은 반드시 신적 권위를 파괴하고 무시하는 자들을 심판하신다. 대한예수교장로회 합동 교단에 소속된 필자가 바라본 교단의 상황은 너무나 불법이 난무한다. 돈과 술수와 형제를 미워하는 살인이 난무한다. 자기 정치를 정당하게 하기 위해 불법을 용인하고 거짓 목사들과 하나가 되는 이런 죄악을 벗어버리지 못하면 결국 망하게 된다. 세상의 법이 신적 권위가 있다면 교회법은 더더욱 하나님의 권위가 탁월한 것임을 알고 교회를 사랑하고 성도를 사랑하는 지도자들이 되기를 바란다.